# Die Rechtsverhältnisse

der vier

# Mecklenburgischen Jungfrauenklöster

nach ihrer geschichtlichen Entwicklung

dargestellt

von

Dr. L. Viereck.

Zweiter Theil.
(Beilagen.)

Springer-Verlag Berlin Heidelberg GmbH
1875.

ISBN 978-3-662-40926-8 ISBN 978-3-662-41410-1 (eBook)
DOI 10.1007/978-3-662-41410-1

# Beilage Nr. 1.

## Auszüge aus den Kirchenordnungen, betreffend die Säcularisation und Reformation der Klöster.

(1552, 1602, 1650.)

---

Kirchenordnung vom Jahre 1852. A. 552.

Theil II. Von der Visitation.

Die Visitatores sollen auch den Stiften und Klöstern ernstlich befehlen, daß sie sich den Pfarrkirchen gleichförmig machen mit Predigen, mit der Communio und mit andern christlichen Ceremonien, und mit Abthuung der Mißbräuche, der Opfermeß, der Heiligen Anrufung, Gelübden und Kappen u. s. w. Sollen auch nicht mit den Horis Canonicis beladen sein.

Und wo in Stiften oder Klöstern noch nicht christliche Predicanten sind, sollen alsbald solche dahin verordnet werden. Und soll jenen aus den Stiften oder Klöstern gewisse Besoldung gereichet werden.

Man soll auch Erkundung haben von den Gütern und Einkommen und niemand etwas davon zu reißen gestatten. Denn von diesen Gütern muß mit der Zeit den Pfarrkirchen, Studiis und Hospitaln Hülfe geschehen.

Welche Personen außer den Klöstern sein wollen, und sonst ehrlich leben, im Ehestand oder ledig, denen soll unverboten sein, sich herauszubegeben. Und so sie ehelich werden, soll jenen aus dem Kloster Hülfe geschehen.

Wo in Jungfrauenklöstern die Domina junge Jungfrauen, zu christlicher Zucht und Unterweisung, annehmen will, das mag sie thun, sollen aber mit Gelübden und Kappen nicht beladen sein. Sondern sollen da lernen lesen, schreiben, Predigt hören, den Catechismum sprechen, zum täglichen Gebet gehalten werden, mit solcher Unterweisung, daß sie rechten Verstand der ganzen christlichen Lehre erlangen, und sich zu rechter Anrufung Gottes und allen Tugenden gewöhnen.

In die Mönchеklöster soll niemand forthin eingenommen werden. Denn ob sie gleich fürgeben, Schulen anzurichten, so haben sie doch nicht tüchtige Personen dazu. Und müssen viel Ingenia neben einander sein, soll man Sprachen und Künste lernen. Dieweil aber noch alte Personen in Stiften und Klöstern sind, sollen sie Unterhaltung haben, und nicht verstoßen werden, sofern sie sich den Pfarrkirchen gleichförmig machen, wie gesagt ist.

Theil V. Von Unterhaltung und Schutz der Pastoren u. s. w.

So viel aber Kirchen=Güter unter dieser Herrschaft sind, Stifte, Klöster, Prebenden, will die Herrschaft dieselben nicht zerreißen lassen, sondern darzu erhalten, daß nach Gelegenheit der Städte und Dörfer daraus der Universität und den Kirchen mit gutem Rath Zulage verordnet werden. Denn dieses ist christlich, und den geschriebenen Rechten gemäß, daß diese Gaben, die vor Zeiten zu Erhaltung der christlichen Aemter gedacht sind, noch zu Erhaltung christlicher Lehre, Kirchen, Schulen und Hospitaln angewandt werden. Und sollen die Visitatores von den Kirchen Anzeigung thun, die fürnehmlich Hülfe bedürfen.

— — — — — — — — — — — — — — — — — — — — —

Derhalben ist der Herrschaft Wille und Gemüth, zu dieser Nothdurft die Stift- und Klostergüter anzuwenden. Denn sie erkennt sich schuldig, den Kirchen Hülfe zu thun, wie im Propheten Esaia Kap. 49 geschrieben stehet: „Die Könige werden Deine Nährer sein, und die Königinnen Deine Säugammen", das ist: Die Könige und Fürsten sollen die Kirchen als treue Väter und Nährer schützen und zum Predigtamt Unterhaltung verordnen, dergleichen sollen auch alle Städte und ehrliche Regimente treulich Förderung und Hülfe darzu thun, als ihre Säugammen.

Diesem göttlichen Befehl will die Herrschaft durch Gottes Gnade gehorsam sein, und weil der Spruch von allen Regenten redet, sollen die vom Adel und die Städte selbst auch zu diesem nützlichen Werke willig sein.

— — — — — — — — — — — — — — — — — — — — —

Weiter soll in jeder Stadt, klein oder groß, durch den Rath ein gemeiner Kasten, das ist, der Kirchen Einkommen und Vorrath also geordnet werden. Nachdem Capellen, Prebenden und Brüderschaften u. s. w. in den Städten von Alters gewesen sind, derselbigen Einkommen soll alles in einen gemeinen Kasten, zu der Kirchen Bau, Belohnung der Diaconen und Schulmeister, und zu Elemosynen für die Armen, geschlagen werden. Und sollen treue Leute zur Einnahme, Ausgabe, und Rechnung gewählt werden. Ein solcher Kasten, so er in Vorrath kommt, ist ganzer Stadt tröstlich. Darum, obgleich Privatpersonen in Städten ein Jus patronatus an etlichen Prebenden haben, sollen sie dennoch solche Prebenden nicht zu sich ziehen, und diesen gemeinen Nutzen verhindern, so doch solche Prebenden von ihren Eltern der Kirche zugeeignet gewesen. Wie auch die Herrschaft selbst, die Stifte und Klöster nicht zu sich ziehen, sondern allein zu Hülfe den Kirchen, Studien, Consistorien, Ordination und Visitation, beisammen erhalten will.

B. 1602. Die Kirchenordnung von 1602 (1650) stimmt in dem aus Theil V. der älteren Ordnung vorstehend abgedruckten Passus wörtlich mit der Letzteren überein, im Theil II. aber heißt es:

Was die Stifte und Klöster belanget, dieweil dieselben hiebevor in der gemeinen Visitation christlich reformiret sein, und sich jetzo mit Predigen des reinen göttlichen Worts, Verreichung der heiligen Sacramente, und andern christlichen Ceremonien andern Pfarrkirchen gleichförmig verhalten, lässet man es auch dabei billig bleiben.

Den Predicanten, so in Stiften und Klöstern sein, soll aus denen Gütern ihre gewisse Besoldung jährlich gereichet werden.

In die Jungfrauenklöster, so noch auf dem Lande und in den Städten vorhanden, und nach der Kirchenordnung reformiret sein, können von der Domina wohl mehr junge Jungfrauen angenommen werden, zu christlicher Zucht und Unterweisung, sollen aber mit Gelübden und Kappen nicht beladen sein, sondern andere ehrliche schwarze und demüthige Kleidung tragen, und sollen da lernen lesen, schreiben, Predigt hören, den Catechismum sprechen, zum täglichen Gebete gehalten werden, mit solcher Unterweisung, daß sie rechten Verstand der ganzen christlichen Lehre erlangen, und sich zu rechter Anrufung Gottes, und allen Tugenden gewöhnen, darauf denn auch neben der Domina der Kloster-Prediger fleißige Acht geben soll.

So auch etliche Personen hernach wieder aus dem Kloster sein wollen, und sonst ehrlich leben, im Ehestande oder ledig, denen soll unverboten sein, sich herauszugeben, und so sie ehelich werden, und unvermögend sein, soll ihnen aus dem Kloster Hülfe geschehen.

---

# Beilage Nr. 2.

## Landtagsverhandlungen, betreffend die Säcularisation und die Reformation der Klöster aus der Zeit von 1552 bis 1571.

(Auszüge aus Spalding's Landtagsverhandlungen, Band I. und anderen Schriften.)

Auf dem Landtage zu Güstrow d. 25. Juli 1552 beklagte die Landschaft sich darüber, daß das Silberwerk und Kleinodien aus den Klöstern, Kirchen und Gotteshäusern ohne ihren Rath, Wissen und Willen, unbewußt wohin und wozu, weggebracht worden, — sowie auch darüber, daß die Prälaten auf diesem Landtag nicht zugegen, vielmehr zum Theil ihrer Prälaturen entsetzt wären. A. 1552.

Der fürstliche Canzler replicirte hierauf (im Einverständniß mit den Landräthen):

„Daß die Geistlichkeit zu diesem Landtag nicht verschrieben sei, hätte zur Ursache, daß sie diejenigen gewesen, die alles Unglück im Deutschen Lande anrichten geholfen und zur Einführung des Interim nicht wenig gethan, wie denn auch der Bischof zu Suerin, Herzog Ulrich, der gemeinen Landschaft Bewilligung nicht zuwider sei, welchen als Landesfürst, sie als Diener zu diesem Landtag nicht hätten verschreiben können.

Die aus den Kirchen und Klöstern aufgehobene Kleinodien wären nicht so viel von Werth, als man meinte, und es sei bekannt, wie die Mönche hausgehalten, indem zu Dobberan und Dargun 20 Kelche von ihnen verkauft wären, gleich denn auch die vorigen Inhaber und Besitzer der Klöster selbst Ursache dazu gegeben hätten, daß selbige eingenommen worden, sie aber zu christlichem milden Gebrauch angewendet, und sonderlich zu der Universität Rostock gelegt werden sollten, als vornehmlich das Kloster Marienehe."

(Spalding Bd. I. S. 6 und 7.)

Landtag zu Güstrow d. Judica 1555. B. 1555.

Fürstliche Landtagspropositionen.

II. Da E. E. Landschaft Sie auf der Huldigung und vielen Landtagen gebeten, Gottes Ehre und Wort zu befördern und zu suchen, Sie auch geneigt wären, sie dabei zu schützen und zu handhaben; so suchten Sie der Unterthanen

Rath, wie die Kirchen und Schulen sollten versorgt werden, und da solches nicht füglicher, als vermöge der Kirchenordnung durch eine gemeine Visitation, dazu gottesfürchtige und gelehrte Leute von Adel und Theologen verordnet würden, geschehen könnte, so begehrten Sie, ob die christliche Visitation nicht im ganzen Lande förderlich vorzunehmen, und die vorige Instruction zu verbessern, und wer dazu zu verordnen sei.

III. Sermi. wollten mit Rath der Landschaft ein Consistorium, daß auf die Kirchen, Schulen und derselben Diener Achtung haben, und in geistlichen und Ehe-Sachen Urthel sprechen sollte, bestellen, die Universität Rostock mit gelehrten Leuten versorgen, und denselben von den geistlichen Gütern Unterhaltung verordnen, auch die Hospitalien und Armen davon versehen.

Antwort der Landschaft auf vorstehende Propositionen ad II. et III.

Bäte die Landschaft, daß alle Ketzereien und Secten aus den Stiften, Klöstern, Städten und Landen abgethan und verwiesen, und an dessen Statt die reine Lehre des Evangelii Inhalts der Augsburgischen Confession gepflanzet und erhalten, die Dignitates in den Stiften mit tüchtigen Personen von allen Ständen wieder besetzet, die Reformation D. Johannis Auri Fabri, so hiebevor der Landschaft zugestellet wäre, zur Hand genommen, die Stifte ergänzet und restauriret, die Visitation ohne jemandes Beschwerung oder Verkürzung an seinem jure Patronatus ins Werk gebracht, und wiederum ein geistlicher Gerichts-Zwang durch ein christliches Consistorium eingerichtet und geordnet werden möge, dazu die geistlichen Personen in allen Fällen, die ihre Jurisdiction belangten, auch in Ehe-Sachen Zuflucht haben und wo der Gerichts-Zwang zu schwach, das brachium seculare angerufen werden mögte.

Fürstliche Replik.

ad II. et III. Die im Druck publicirte Kirchenordnung sollte der Landschaft zugestellet werden, Sermi. begehrten aber, daß sie nach Verlesung derselben anzeigen mögte, ob was darin zu erinnern oder zu verbessern sei, imgleichen daß die Instruction der Visitation, daran sie in ihrer Antwort nicht gedacht, auf's neue übersehen, und durch Erinnerung der Landräthe verbessert werde. Die Dignitates wollten Sie gebührlicher Weise christlich versehen, auch das Consistorium mit christlichen und tüchtigen Personen und sonst allenthalben ordentlich bestellen. Sie könnten aber denen von Rostock und Wismar nicht geständig sein, daß selbigen die Visitation zu bestellen und die Diener zu verordnen gebühren sollte, sondern dies sei Ihnen als Landes-Herrn zuständig, sonderlich Ihnen das jus patronatus in allen Kirchen genannter Städte, auch wegen Administration und Verwaltung der Stifter Suerin und Ratzeburg die geistliche Jurisdiction in beiden Städten zustände, auch in selbigen die geistlichen Güter sehr gemißbrauchet würden. Wegen der Universität wären Sie Ihr voriges Erbieten ins Werk zu setzen geneigt.

Duplik der Landschaft.

ad II. et III. Die Landschaft ließe es bei der auf alle Artikel gegebenen Antwort beruhen, sowie die beiden Städte, wessen sie sich wider das Consistorium und die Visitation beschweret, sich auf die vorige Antwort bezögen.

(Spalding Bd. I. S. 8, 9, 10, 12.)

C. 1555. Gravamen 7. der Landschaft, auf eben diesem Landtage.

Daß die Fürsten die Klöster zu Aemter gemacht, die Klöster-Güter an Dörfern, Hölzungen, und Diensten, auch Pächten ungebührlicher Weise über alten Gebrauch eingezogen würden, dergestalt, daß denen von Adel und andern Ständen ihre gebührliche Gerechtigkeit um gemeldete Stücke gar entzogen würden.

Antwort der Landesfürsten.

In den Klöstern oder derselben Gütern wären auf Ihren Befehl niemanden seine Rechte oder Gerechtigkeit eingezogen, wenn aber jemand einige Beschwerden darthun könnte, wollten Sie, was recht und billig, verfügen.

(Spalding B. I. S. 12 f.)

Gravamen 14. der Landschaft, auf demselben Landtage. D.

Daß die Jungfrauenklöster noch mit dem Päbstlichen Greuel gefangen und 1555.
eingenommen wären, daher gebeten würde, selbige zu einer christlichen ehrlichen Reformation zu bringen, sie in ihren Haab und Gütern, auch Herrlichkeiten und Gerechtigkeiten ohngekränkt zu lassen, alle Jahre zwei Landräthe der Oerter, in welchen das Kloster belegen, auch zwei fürstl. Hofräthe zu ordnen, die von den Kloster-Vogten und Küchen-Meistern und andern Amts-Personen Rechenschaft nähmen, gebührliches Einsehen, wo es die Noth erforderte, thäten, und von dem Betragen der Amtleute, und allen Mängeln Sermis. Nachricht gäben.

Fürstliche Antwort auf dieses Gravamen.

Durch die christliche Visitation wollten Sie in den Jungfrauen-Klöstern die unchristlichen und päbstlichen Greuel und Mißbräuche abschaffen, und dagegen reine Lehre und Ceremonien aufrichten lassen, und nach gehaltener Visitation mit Rath der Landschaft gute und christliche Verordnung thun.

(Spalding B. I. S. 13 f.)

Landtag zu Güstrow d. 19. May 1555. E.

Fürstliche Landtags-Proposition. 1555.

I. Sie versicherten, daß Sie geneigt wären, die wahre Religion durch eine christliche Visitation zu befördern, die Unterthanen bei dem allein seelig machenden Göttlichen Wort zu schützen, und die geistlichen Güter in der sämmtlichen Regierung gehörig mit Rath der Landschaft zu christlichem milden Gebrauch, zur Bestellung der Universität, Consistorii, Schulen und Kirchen anzuwenden, auch die Gerichte ordentlich zu bestellen, damit einem jeden das Recht und die Billigkeit forderlich widerfahren möge.

(Spalding B. I. S. 15.)

Diese Verheißungen nahm die Landschaft mit Dank an. Weiterhin spricht Letztere von der „erlittenen Veränderung des Prälatenstandes" als von einer abgemachten Sache (Spalding B. I. S. 17) und seitdem fehlt es an weiteren Protesten gegen die Aufhebung dieses Theiles der Landstände.

Auf dem am Sonnabend nach Judica 1557 zu Güstrow gehalte- F.
nen Landtage ließen die beiden Herzöge die Visitations-Instruction und die 1557.
Fundation der Universität zu Rostock der Landschaft zustellen, um darüber deren rathsames Bedenken zu vernehmen. In ihrer desfallsigen Antwort hebt die Landschaft aller Stände abermals hervor, daß ihr versprochen sei, die Kirchengüter zu christlichem Gebrauche zu verwenden, jedoch „eines jeden Standes, als der von Adel und aller Städte juri Patronatus, und andern Herrlichkeit und Gerechtigkeit ohne Schaden und Abbruch". Hiebei protestirten die Städte Rostock und Wismar, wie hiebevor, der Visitation und der Universität halber, unter Bezug auf ihre Privilegien, Freiheiten und Gerechtigkeiten. (Spalding B. I. S. 21 ff.)

Dieser letzteren Protestation, bei ihren Kirchen, Klöstern und Gotteshäusern und deren Versehung unverhindert erhalten zu werden, inhärirte die Stadt

Rostock denn auch noch auf dem Landtage zu Sternberg d. 19. August 1557, die Herzöge wollten aber von Ihren Principien nicht abstehen und drohten vielmehr bei fernerem Widerstand mit der Anwendung von Gewalt. (Spalding B. I. S. 27.)

Später drehte sich der Streit wegen der säcularisirten Kloster- und Stiftsgüter eigentlich nur noch darum, ob dieselben zu den Reichssteuern mit heranzuziehen seien oder nicht. Daß dieselben „profaniret und zu Kammergütern gemacht", wurde als vollendete Thatsache nicht weiter angefochten. S. z. B. Spalding B. I. S. 29 und 32. Im Jahre 1571 äußert die Landschaft gelegentlich der landesherrlichen Ansinnungen wegen Uebernahme und Abtragung der Schulden: die Erhaltung der hohen Schule zu Rostock und andere Aufwendungen zu solchen und dergleichen christlichen milden Sachen seien Ihnen (den Landesfürsten) aus den Klöstern und andern Stiftungen reichlich erstattet. (Spalding B. I. S. 34.)

G. 1557. In dem Dotationsbriefe der Rostock'schen Academie vom J. 1557 (abgedr. in Franck A. u. N. M. X. S. 53 ff.) heißt es:

Wir Johann Albrecht und Ulrich Gebr. pp. — — — — — — derhalben wir auch — — eine christl. Visitation — — zu halten verordnet (haben), gottesfürchtige Predicanten, Seelsorger, Kirchen und Schulen zu bestellen, denselben von den Kirchengütern in Städten und Dörfern: (davon wir nichts in unsern Nutz anwenden oder durch andere verrücken lassen wollen) ehrliche nothdürftige Unterhaltung zu vermachen und alles, was übrig, zu Hospitalien, für die Armen, auch Studien für Junggesellen, so zum Studiren geschickt, zu ordnen.

Weil wir denn befinden, daß zu den Feldklöstern in unsern Landen (da wir denn auch die Abgötterei und Gotteslästerung abgeschafft haben) unstattlich jährlich Aufheben gehörig und wir nicht allein zu unsern Zeiten die wahre Religion gerecht erhalten, sondern auch auf unsere Nachkommen vererben und denselben junge Leute, so in Gottesfurcht auferzogen und des göttlichen Wortes und guter freier Künste wohl erfahren, nach uns lassen wollen, welches aber nicht füglicher und besser denn durch Aufrichtung hoher und anderer Schulen (geschehen kann, darinnen pp.). — —

So haben wir demnach aus wohlbedachtem Muthe, mit Rathe unserer lieben getreuen Unterthanen aller Stände unsere Universität Rostock mit gewissem ewigen Einkommen von neuem zu dotiren und zu versorgen — — — — uns entschlossen, und ordnen demnach — — von unserer Feldklöster Einkommen unserer Universität Rostock 3500 Fl. jährlich gewisser Aufhebung, nämlich

1500 Fl. so unsere Klöster Dobberan, Marienehe und Neukloster jährl. aus der Sulze zu Lünneburg und im Lande zu Pommern aufzuheben gehabt, und

500 Fl. von gewissen wiederkäufl. Summen — — — — — — — —; die hinterstelligen

1500 Fl. jährl. Aufhebens wollen wir unserer Universität Rostock aus unsern gewissen jährl. Pächten und Zinsen, so zu unsern Klöstern Dobberan und Marienehe gehörig, — — — anweisen lassen u. s. w. — — — — — — — — — — — — — — — — — — — — — — — — — — — —

H. 1561. Nach v. Flotow (Vortrag über die Rechte des eingeb. und recipirten Adels in Meckl. 1789) erklärten sich die Landstände im Jahre 1561 zur Abtragung des gebliebenen Fürstl. Schuldrestes von 368181 Fl. bereit.

„Damit Höchst Sie wegen des enervirten Zustandes Ihrer Kammer nicht aus Noth alle gewesenen geistlichen Güter an solche ziehen, sondern noch einige derselben nach der Intention der Fundatorum generatim geistlich und in specie zur Erhaltung der alten adligen Familien conservirt bleiben mögten."

Jene Schuld wurde demnächst auch durch eine allgemeine, auf alle Landesunterthanen ohne Ausnahme gelegte Steuer aufgebracht, und wurde dagegen von den Fürsten den Landständen ein Revers über die Erhaltung ihrer Privilegien ausgestellt, es enthält aber dieser Revers (Franck A. u. N. M. X. S. 92) von den Klöstern und geistlichen Gütern überhaupt kein Wort, mithin auch keine Zusicherung des Inhaltes, daß dieselben zur Erhaltung der alten adligen Familien conservirt werden sollten.

Aus dem Landtags-Protocolle von 1570 führt derselbe v. Flotow 1570.
a. a. O. ferner folgende ständische Bitte (mit völlig unverständlichem Schlußsatze) an:

„So, bitten wir unterthäniglich, E F. Gn. dasselbe (Kl. Dobbertin) neben den zween von F. E. Gn. bewilligten Klöstern, wie in anderen benachbarten Fürstenthum und Landen zu unser armen Kinder und Freunde Nothdurft und Unterhaltung mit vollkömmlicher Verwaltung gnädiglich übergeben wollen, — so sein wir erbötig, die Vorsehung zu thun, daß die Gebere und sonst gottesfürchtig christlich und ehrbarliche Leben nicht weniger als bis daher geschehen, erhalten werde (sic!).

Von dem Landtage zu Güstrow de 1563 erzählt de Beehr (Rer. Meckl. I. 1563.
p. 784 ff.) unter Bezugnahme auf die Landtagsacten (von welchen er jedoch gesteht, daß sie ihm nur sehr verstümmelt zu Händen gekommen und trotz aller Mühe vollständig nicht aufzufinden gewesen seien), daß die Stände die Herzöge daran erinnert hätten, daß Sie ihnen versprochen hätten, die drei Klöster Dobb., Ribnitz und Malchow herauszugeben (reddituros). Aber jene Ueberweisung (restitutio) sei von Tage zu Tage verschoben worden. Diese Klöster wären auf das härteste durch Einquartierungen und ihre Bauern durch allerlei Dienste mitgenommen, so daß die Nonnen kaum ihren Unterhalt davon übrig behalten hätten. Ueber das Kloster Ribnitz maaße die Aebtissin Ursula sich volle Eigenthumsrechte an und, was Malchow beträfe, so hätte die Familie v. Flotow ihren Proceß wegen der plena advocatia über das Kloster bei'm Reichskammergericht gewonnen. Stände könnten sich deshalb auch von der Uebergabe dieser drei Klöster fast gar keinen Nutzen versprechen, wenn die Herzoge nicht dafür die Klöster Neukloster und Ivenack substituiren wollten. Auch die übrigen Stifte, Capitel und Commenden seien den Herzogen und der Ritterschaft bisher sehr nützlich gewesen, jetzt aber sei letztere auch dieser Vortheile beraubt und dadurch gezwungen, ihre Söhne gleichsam auf die Schlachtbank zu schicken oder in Noth und Elend umkommen zu sehen. Die Ritterschaft bitte daher, diese Stifte, Canonicate und Commenden wieder herzustellen u. s. w.

# Beilage Nr. 3.

## Auszug aus dem sog. Ruppin'schen Machtspruch vom Jahre 1556.

(Gerdes' Urkundensammlung S. 198.)

Soviel die Klöster anlanget, soll, zu mehrer Pflanzung freundl. brüderl. Willens, Herzog Johann Albrecht die Klöster Rehna, Zarrentin für sich, und Herzog Ulrich das Kloster Dargun auch für sich allein und zu voraus behalten. Darnach sollen die folgenden drei Klöster, nämlich: das Neu-Kloster, Jvenack und Dobbertin für die Jungfrauen beider Stände gelassen werden.

Und nachdem im obgemeldeten Wismarschen Vertrage versehen, daß die Bestellung und Unterhaltung des Consistorii und Schulen von den Nutzungen und Einkünften der Geistl. Güter des Herzogthums Mecklenburg auch geschehen soll, und darauf auch Unsere freundl. liebe Vettern in dieser Handlung zu solcher Unterhaltung jährlich vierthalb tausend Gulden gewilliget; so sollen beide Ihr. Lbd. mit Rathe Ihr. Lbd. Land-Räthe solche vierthalb tausend Gulden auf etliche gewisse geistl. Rente und Güter verwidmen, und die alsdann zu der Universität, Consistorio und Schulen schlagen und austheilen, auch eine sonderliche Person verordnen und dazu vereiden, die die obgemeldete Summe vierthalb tausend Gulden jährlich einnehmen, und an die Oerter, dahin sie verordnet, distribuiren, auch deshalben Unsere Vettern jährlich Rechnung thun.

Was hierüber für andere mehr Klöster und Compterehen vorhanden, die sollen mit allen ihren Zubehörungen, durch die hiebevorige im Ruppin'schen Vertrage verordnete Land-Räthe, zum längsten zwischen hier und Michaelis, gleich von einander getheilet, und beiden unsern Vettern einem jeden sein Theil davon, von den andern ungehindert, eingeantwortet und zugestellet werden, auch mittler Zeit das eingeworbene Korn und aller Haus- und Vorrath, so in den Klöstern und Compterehen vorhanden, unverrückt bei einander bleiben, und ob sich Unsere Vettern, nach beschehener Theilung der Klöster und Compterehen der Wahl nicht könnten vergleichen, sollen Ihro Lbd. derohalben durch das Loos entschieden werden. Doch soll die Compterey Mirau in diese Theilung, bis dieselbe verlediget, nicht mit eingezogen werden.

Ob auch etwas von den Häusern, Klöstern und Compterehen verpfändet oder veräußert wäre, dasselbe soll durch die Landschaft von den bewilligten Steuern gefrehet, und zu den Häusern, Klöstern und Compterehen, dazu es gehöret, wiederum gebracht werden.

# Beilage Nr. 4.

## Landtagsverhandlungen und Urkunden, betreffend die Abtretung der drei Landesklöster an die Landstände, aus den Jahren 1572 bis 1599.

Landtag zu Güstrow d. 22. Januar 1572. A. 1572.

Gravamen 4. der Landschaft.

Wann Sermi. von den Jungfrauenklöstern Dobbertin, Ribnitz und Malchow Sich viele Gerechtigkeiten, Ablager, Dienste und dergleichen zu reserviren gewilliget, aber die Klöster Ribnitz und Malchow, und sonderlich Malchow wegen der Flotowen entstandenen Gerechtigkeit mit Beschwerung bereits beladen wären, so bäte sie, wiederholt an derselben beiden Klöster Stelle ihr Ivenack und Neukloster zu übergeben; wenn solches aber nicht zu erhalten, und dann Sermi. alle andern Klöster und Stifte für Ihr Fürstl. Cammergut eingezogen, so bäte sie, gedachte drei Klöster Dobbertin, Ribnitz und Malchow ohne einiges Reservat, pleno jure für ihre Kinder, Freundinnen und Nachkommen zu übergeben, und was Sermi Sich vorzubehalten bedacht, gnädiglich nachzulassen, dergestalt, daß sie und das Kloster die Provisoren zu nominiren, anzunehmen, und aus erheblichen Ursachen zu erlauben, Sermi. selbige aber zur Zeit der Annehmung zu confirmiren hätten, selbige auch ihr und dem Kloster sonderlich vereidet, Rechenschaft thun, und von ihr und dem Kloster quitiret werden sollten.

(Spalding B. I. S. 41.) B. 1572.

Die fürstliche Resolution auf dieses Gravamen erfolgte erst auf dem folgenden Landtage zu Güstrow d. 25. März 1572 und lautete dahin:

Obwohl Sie nicht unbillig Bedenken trügen, einiger Gerechtigkeit, so Sie auf die drei Jungfrauenklöster, Dobbertin, Ribnitz und Malchow von Alters her je und allewege gehabt, zu entbehren, so wollten Sie Sich doch E. E. Landschaft zu gnädigen Gefallen und Ehren, und damit den Jungfrauen in solchen Klöstern desto weniger Abkürzung an ihrer Unterhaltung widerfahre, so weit überwinden und hiemit erklärt haben, daß Sie den Auftritt und Atzung Ihrer Fürstl. Diener und Gesindes, desgleichen die Beleitung fremder Herrschaften in und auf genannten drei Klöstern, und die Fuhrdienste auf derselben Untersassen oder Bauersleuten gänzlich schwinden lassen, und hiemit abgeschafft haben wollten, jedoch vorbehältlich Ihres alt hergebrachten jährlichen 14tägigen Ablagers, so das Kloster Dobbertin hinführo, wie bisher geschehen Ihnen ins Hoflager, oder in welches Amt Sie es jedes Jahr begehren würden, mit seiner eigenen Fuhr liefern solle, desgleichen auch der Hasen-Jäger Ablager, welche Sie hiemit zur Verhütung des Mißbrauchs und Ueberflusses also gemäßigt haben wollten, daß es des Jahrs nur 14 Tage einem jeden Herrn 5 Jäger-Pferde und 7 Personen futtern, jeden Herrn mit Essen und Trinken versorgen, und 2 Drbt. Rocken, nämlich auf 10 Koppel Hunde und 4 Stück Winde jedem Herrn reichen sollte, dagegen Sermi. wenn Sie ohnumgänglicher Nothfälle halber im Kloster Tage-Leistung halten müßten (welches doch, so viel immer möglich, unterbleiben solle,) Ihre eigene Ausrichtung dahin zu verschaffen wissen wollten; es sollten aber auch die von Adel eben so wohl sich des Auftritts und Zehrens in solchen Klöstern gänzlich äußern, und sich enthalten, auf den Klöster-Feldern zu jagen, oder der Jagd halber mit dem Verwalter, Probst oder Amtmann Geding zu machen, oder ihre Hunde in die Klöster oder deren Güter zu legen, oder auch ihre Tageleistungen oder anderer Geschäfte Verrichtung unter dem Schein des Besuchs ihrer Freundinnen anzusetzen.

Daß Sermi. von den jährlichen Rechnungen der Klöster Einnahme und Ausgabe sich gänzlich sollten ausschließen lassen, sei Ihnen aus allerhand Ursache nicht allein bedenklich, sondern auch unthunlich, daher Sie es bei Ihrer vorigen Erklärung bewenden ließen.

(Spalding B. I. S. 55 f.)

Replik der Landschaft (auf demselben Landtage).

C. Die Landschaft bedanke sich unterthänig für die gnädige Erklärung wegen Uebergebung der Jungfrauenklöster Dobbertin, Ribnitz und Malchow. Wenn Sermi. Sich gleichwohl aber etliche Gerechtigkeit reservirten, und vorbehielten, so würde solches bei jedem Kloster zu specificiren sein.

Weil aber in specie Sermi. im Kloster Dobbertin Sich das Ablager reservirten, welches eine gewisse Masse und Anzahl jeder Stücke haben sollte, und ins Fürstl. Hoflager von dem Kloster geschickt würde, so müßte sie im Fall Sermi. ihrer Bitte und Hoffnung nach solches fallen zu lassen nicht geneigt wären, darunter nachgeben, daß Ihnen solches alsdenn verbleibe.

Was die andern Gerechtigkeiten beträfe, so Sie Sich darüber vorzubehalten und auszuziehen bedacht wären, sonderlich die Hasen-Jäger mit Futter und Mahl zu versorgen, so müßte sie, weil leicht andere Unordnungen dabei einreißen könnten, und es dem Kloster beschwerlich fiele, solches nachzugeben bitten, sonderlich weil Sermi. alle andern Stifte und Klöster vor Sich inne behielten.

Nicht weniger müßte sie bitten, die Klöster damit zu verschonen, daß Zusammenkünfte oder Handlungen darinnen beschieden würden, indem Sermi. ohne das sonst Statt und Raum genug hätten.

Sie verhoffe auch, Sermi. würden ihrer vorigen Bitte nach friedlich damit sein, daß sie einen Provisor, Probst oder Amtmann benennen, welcher von Ihnen zu confirmiren wäre, und daß von demselben jährlich die Rechenschaft seiner Administration so wohl von Sermorum. Zugeordneten, als der Landschaft Verordneten zu empfangen, und was erobert, in der Klöster Besserung anzuwenden wäre.

Weil auch, so viel das Jungfrauenkloster zu Malchow beträfe, die Flotowen zum Stuer durch ihre Vormünder bei der Landschaft sich bedinglich vorbehalten, was sie an dasselbe durch Urthel und Recht und beständigen Gebrauch und Besitz erhalten, nicht zu verlassen, so möchten Sermi. mit selbigen gewisse Abhandlung ihrer verhafteten angemaßten Gerechtigkeit machen lassen, damit das Kloster sowohl als die Flotowen stets gewiß sein möchten, was ein jeder zu gebrauchen Fug habe.

Wann auch zwischen dem Kloster Ribnitz und dem Fürstl. Amte daselbst an Grenzen und sonst Irrung und Unrichtigkeiten vorstehen sollten, so bäte sie, daß Sermi. selbige in bestimmter Zeit durch dazu sonderlich Deputirte forderlich richtig machen lassen, und alsdann dies Kloster sowohl als die andern Jungfrauenklöster pleno jure et dispositione ihr gnädiglich übergeben, und zum forderlichsten die Zeit benennen und ansetzen möchten, wann sie an solche Klöster zuvor und jetzt gehörter maßen wirklich angewiesen, und ihr selbige zur Verwaltung übergeben werden sollten.

(Spalding B. I. S. 73 f.)

Auf dem Landtage zu Sternberg d. 4. Juni 1572 erging hierauf folgende weitere fürstliche Resolution: D. 1572.

Obwohl Sermis. nicht unbillig bedenklich sei, Ihre uralte auf dem Kloster Dobbertin hergebrachte Gerechtigkeit verkürzen und schmälern zu lassen, so wollten Sie doch aus besondern Gnaden die vorbehaltene vierzehntägige Futterung der 5 Jäger-Klepper auf $2^1/_2$ Drbt. Haber, und 10 Fl. auf 7 Personen Kostgeld, und 2 Drbt. Rocken auf 10 Koppel Hunde und 4 Stricke-Winde gemäßiget haben, welches das Kloster einem jeden von Ihnen hinführ entweder an Korn oder Geld zu leisten schuldig sein sollte: desgleichen wollten Sie auch das Kloster mit Tageleistung und Zusammenkünften, so je bisweilen dahinein geleget worden, in Zukunft verschonen.

Den übrigen Inhalt dieses Artikels ließen Sie nochmals bei jüngst gegebener Erklärung, nämlich daß der Kloster-Vorsteher oder Amtmann den E. E. Landschaft benennen würde, von Ihnen bestätigt, auch Ihnen so wohl als der Landschaft von seiner Verwaltung alle Jahr Rechnung thun, und was entübrigt würde, zu der Klöster Nutzen und Besserung angelegt werden sollte.

Auf der Flotowen zu Stuer Bedingung, daß sie, was sie am Kloster zu Malchow gerichtlich erhalten, und sonst durch beständigen verjährten Gebrauch hergebracht, nicht verlassen wollten, hätten Sie bereits den 3. Juli gegen Suerin bestimmt und angesetzet, auf welchen die Kloster-Jungfrauen nebst ihrem zugeordneten Beistand, so wie die Flotowen vor Ihnen oder Ihren Land- und Hof-Räthen erscheinen, und über alle Gebrechen Verhör, Erkundigung, Unterhandlung, billige Weisung und endlichen Abschied gewarten sollten.

Mit dem Kloster Ribnitz es zu halten, wären Sie gnädiglich bedacht und erbötig.

Sobald sich auch E. E. Landschaft gegen Sermi. richtig erklärt haben würde, was sie der angesonnenen Steuer und Hülfe halber gegen Sie zu thun willens sei, sollte in Benennung einer gewissen unverlängten Zeit zu wirklicher Anweisung der zugesagten Klöster-Einräumung Ihres Theils kein Mangel noch Verzug gespüret werden.

(Spalding B. I. S. 87.)

Antwort der Landschaft (auf demselben Landtage). E.

Anlangend die gesuchte Uebergebung und Heimstellung der Klöster Dobbertin, Malchow und Ribnitz, und in specie zuvörderst das Kloster Dobbertin, wobei Sermi. in Ihrer Resolution über das Herbst-Ablager, oder von dem Ablager der Hasen-Jäger Sich noch mehrere Stücke vorbehalten wollen, so bemerke sie aus dem Schreiben der Kloster-Jungfrauen zu Dobbertin, daß Sermi. drei unterschiedliche Ablager gehabt haben sollten, nämlich das Herbst-Ablager, wozu ein gewisses an Gelden, Korn, Ochsen, Speck, Fischen rc. zum Fürstl. Hoflager geschicket worden, ferner ein Ablager, dessen sich die Fürstl. Jäger gebrauchten, und endlich ein Ablager dessen, so Sermi. von den Bauersleuten des Klosters zu Dobbertin empfangen; weil aber die Kloster-Jungfrauen zu erkennen gegeben, daß, wenn sie mit solchen schweren Ablagern belegt bleiben und künftig mehr Kinder in das Kloster eingenommen werden sollten, sie an ihrem Unterhalt Mangel leiden würden, so bäte sie, dem Kloster als milden Sachen solche Ablager sowohl auf dem Kloster, als auf desselben Bauern gnädiglich fallen zu lassen, oder wenn Sermi. dazu nicht zu bewegen, daß Sich ein jeder von Ihnen an 32 Fl. 11 kr. an Gelde, 5 Drbt. Rocken, 12 Drbt. Gersten, 60 Drbt. Habern, und 2 Ochsen begnügen lasse, das Uebrige aber nachzugeben, und da nunmehr die Handlung wegen des Klosters Dobbertin ihre Richtigkeit empfangen, so bäte sie, Personen und Zeit zur Einräumung und Anweisung solchen Klosters an die Landschaft zu verordnen und anzusetzen.

Wegen Malchow und Ribnitz ließe sie sich Sermorum Meinung dankbarlichst gefallen, und bäte, daß denselben forderlich nachgekommen werde.

F (Spalding B. I. S. 100.)

Als die Landschaft sich nun auch endlich zu der empfangenen Geldhülfe bereit erklärt hatte, wiewohl nur unter mehreren Bedingungen, wie namentlich, daß dazu ohne alle Exemption alle und jede Stände und Unterthanen, die fürstlichen Cammergüter, die Comptureien, Stifte, Klöster u. s. w., auch die Städte Rostock und Wismar mit herangezogen wurden, und nachdem auch die Landesherren diese Bedingungen acceptirt und den geforderten Revers, sowie die Assecuration wegen der Abstellung der sonstigen Beschwerden auszustellen verheißen hatten, bat die Landschaft (L. T. zu Sternberg d. 2. Juli 1572), die Assecuration nunmehr auszustellen und Sich zu erklären, zu welcher Zeit ihre Provisores oder Inspectores der An- und Einweisung der Jungferklöster gewärtig sein sollten (Spalding B. I. S. 104 f. und S. 108, auch S. 112 f.)

G. Hieran schließt sich die

Fürstliche Assecuration vom 2. Juli 1572,

welche in dem die Klöster betreffenden Abschnitte folgendermaaßen lautet:

Zum Vierten überweisen Wir Unserer Landschaft die drei Jungfrauenklöster Dobbertin, Ribnitz und Malchow dergestalt, daß sie zu christlicher ehrbarer Auferziehung der inländischen Jungfrauen, so sich darin zu begeben Lust hätten, angewandt und gebraucht werden und die Landschaft Macht haben soll, einen Amtmann, Vorsteher oder Verwalter, doch vermittelst Unserer Confirmation und Bestätigung, darin zu setzen, und aus erheblichen Ursachen wieder zu enturlauben, welcher sämmtlichen Uns und etlichen, so die Landschaft verordnet, nämlich Georg Below zu Kargow, Dietrich Plesse zu Zülow, Claus von Oldenburg zu Gremmelin und Johann Cramon zu Wuserin, von seiner Haushaltung jährlich Rechnung thun, und, was an Einkommen ersparet und erübrigt wird, dem Kloster zum besten angewendet, dagegen auch die Jungfrauen nach Unserer gefaßten Reformation leben und wandeln, und durch die Landschaft eine gewisse Ordnung der Haushaltung, auf Unsere Ratification, gemacht und darin gehalten werden soll. Es soll aber die Hochgeborene Fürstin, Fräulein Ursula, Herzogin zu Mecklenburg 2c. und Aebtissin zu Ribnitz, Unsere freundliche liebe Vetterche, an vollkommener Regierung, Administrirung, Bestellung und Genießung gemeldtes Kloster Ribnitz, die Zeit Ihrer L. Lebens, dadurch in nichts gehindert, keine Jungfrau auch ohne Ihrer L. Vorwissen und Bewilligung hinein begeben, sondern alles in vorigem Stande (ohne daß sich die Jungfrauen, Unserer neuen Klosterordnung, gleich den andern gemäß verhalten sollen) bei Ihrer L. Leben gelassen werden. Wann aber genanntes Fräulein, die jetzige Aebtissin, nach Gottes Willen verstürbe, so soll dies Kloster Ribnitz, in aller Maaß, wie Dobbertin, an eine ehrbare Landschaft und derselbigen Verordnung kommen, daran Wir sie auch nicht hindern sollen und wollen. Wir wollen auch aus sondern Gnaden, um Unserer getreuen Landschaft Bitte willen, das Kloster Dobbertin, Ribnitz und Malchow mit Tageleistungen, so je bisweilen hiebevor darin gehalten worden, desgleichen mit dem Auftritt und Atzung, Uns und Unserer Diener und Gesindes, und dann derselbigen Zugehörige Untersassen und

Bauersleute mit allen Fuß- und Fuhrdiensten, fürnemlich auch mit den vierzehntägigen Hasenjägern-Ablagern, so Wir von Altersher im Kloster gehabt, hinfüro verschonen, und Uns derselbigen hiemit begeben haben, jedoch vorbehältlich Unseres Herbstablagers im Kloster Dobbertin und des alten Jägersablagers, so Wir auf des Klosters Bauersleuten, von Unsern Vor-Eltern hergebracht, wie Wir dann auf die alten wohlhergebrachten Ablager in beiden Klöstern Ribnitz und Malchow gleichergestalt Uns vorbehalten.

In dem daneben ausgestellten H.

Fürstl. Revers vom 4. Juli 1572

(welcher indessen nach dem weiter unten Folgenden den Ständen erst im Januar 1573 übergeben zu sein scheint) heißt es:

Wir von G G. u. s. w, bekennen hiermit für Uns, Unsere Erben und nachkommende Herzoge zu Mecklenburg. Nachdem Unsere lieben getreuen Unterthanen aller Stände, auf Unser vielfältiges gnädiges Begehren und Anregen, sich aus unterthäniger Zuneigung, Treue und Liebe so sie gegen Uns, als ihre Erbherrn und Landesfürsten tragen, und daß Wir ihnen, die drei zugesagten Klöster Dobbertin, Ribnitz und Malchow, mit mehrer Befreiung und Erlassung derer hiebevor darauf haftenden Beschwerungen eingeräumet und übergeben, auch etlichen allgemeinen und sonderbaren Beschwerungen zum Theil abgeholfen und nochmals den übrigen, noch so nicht abgeholfen, gnädiglich und förderlich abhelfen wollen, solches auch von Uns ihnen assecuriret, oder versichert, und daß auch diejenigen vom Adel und Städten in Unserer Landschaft gesessen, so für Uns sich in Bürgschaft gelassen, oder Uns ihr Geld fürgestrecket, entfreiet und bezahlt werden sollen, doch unschädlich und unverfänglich Unsers zuvor ihnen gegebenen Revers, sich freiwillig ohne alle Pflicht und Schuld dahin bewegen lassen, daß sie zu Abhelfung Unserer obliegenden Schulden unterthänig bewilligt, zugesagt und versprochen, Viermalhundert tausend Gulden jetzt gangbarer Münze zu erlegen und Unsere wahrhaftige richtige und ausgezahlte Schulden — — — abzutragen, — — —. Daß Wir demnach wie zuvor, in der Erbhuldigung, auch Annehmung der vorigen Schuldner geschehen, denen vom Adel und Städten gnädiglich zugesagt, sie bei allen ihren habenden Privilegien, Freiheiten und Gerechtigkeit (die sie von Unsern löblichen Vorfahren den Herzogen von Mecklenburg erworben, geruhiglich und wohlhergebracht haben) insonderheit die vom Adel, die sonsten mit ihren ritterlichen Gütern ein freier Stand ist und sein soll, bleiben lassen; auch dabei, desgleichen bei der wahren Religion der Augsburgischen Confession, und bei Fried und Recht gnädiglich schützen und handhaben, — — — — — — — — — — — — — — — — wollen, mit diesem Anhange und gnädiger Zusage, daß diese der Landschaft jetzt abermals geleistete freiwillige Hülfe ihnen und allen ihren Nachkommen daran und also an ihren Privilegien, Freiheiten, Gewohnheiten und von Uns habenden Revers — — — — — — — — — — — — ganz unschädlich und unnachtheilig sein soll; sie sollen auch solche und dergleichen Beschwerungen auf sich zu nehmen und Hülfe zu leisten hinführo nicht schuldig noch verpflichtet sein, sondern allerwege bei ihren alten Privilegien und Freiheiten, und der alten gewöhnlichen einfächtigen Landbeden (wenn in künftigen Zeiten ein fürstlich Fräulein ausgegeben und ausgesteuert wurde, daß sie auch und nicht anders dann auf vorhergehende freie und gutwillige Bewilligung, und sonsten nicht zu leisten sollen schuldig sein) gelassen und weiter Unsere oder Unserer Erben und nachkommenden Herzogen zu Mecklenburg, Schulden anzunehmen und zu bezahlen nicht schuldig sein, und damit in keinem Weg mit nichten beschwert werden.

— — — — — — — — — — — — — — — — — — — — — — — —

— — — — — — — — — — — — — — — — — — — — — — — —

---

Auf dem Landtage zu Sternberg d. 23. Decbr. 1572 replicirten die
I. Landesherrn den Ständen Folgendes:
1572. Sermi. hätten zu Ueberweisung und Einräumung der drei Jungfrauenklöster Dobbertin, Ribnitz und Malchow den 15. October angesetzet, woran G. Below zu Kargow und Lic. H. Syeben von Sermorum. wegen zu Dobbertin einkommen, und vermöge der auf vorigem Landtagen geschehenen Abrede und Zusage auf Instruction und Befehl, so ihnen zugestellet werden sollte, dies Kloster, und hernach von Stund an die beiden Klöster Ribnitz und Malchow denen, so von E. E. Landschaft dazu verordnet werden mögten, die dann auch gewiß und beharrlich dabei bleiben, und mit gemeldeten beiden Fürstl. Räthen von einem Ort zum andern vorrücken müßten, einräumen und abtreten sollten (Spalding B. I. S. 118 f.)

---

K. Instruction für die fürstl. Commissarin vom 7. October 1572.
1572. Wiggers Geschichte der Landesklöster S. 90 ff. Anm. 3.)

Erstlich nachdem Wir Unserer unterthänigen Landschaft auf gehaltenem Landtage zu Sternberg unter Anderem gnädiglich zugesagt und versprochen, ihr auch Unsere schriftliche Assecuration darüber zugestellt haben, Ihnen die drei obgemeldeten Jungfrauenklöster, damit darin die inländischen Jungfrauen, so sich darin zu begeben Lust haben, christlich und ehrbarlich auferzogen werden mögen, abzutreten und zu überweisen; so sollen demselben zufolge gemeldete Unsere Räthe auf den funfzehnten Tag des Monats October zu Dobbertin einkommen und folgends das Kloster daselbst mit allen Zubehörungen, Dörfern, Gütern und Gerechtigkeiten den Verordneten von der Landschaft Unsertwegen abtreten und einweisen, also und dergestalt, daß die Landschaft vollkommen Macht und Gewalt haben soll, allda einen Amtmann, Vorsteher oder Verwalter, doch vermittelst Unserer Confirmation und Bestätigung, zu ordnen und zu setzen und aus erheblichen Ursachen wiederum zu entsetzen und zu enturlauben, welcher uns sämmtlich neben den ehrbaren Unseren lieben getreueu Georg Below zu Kargow, Dietrich Plesse zu Zülow, Claus von Oldenburg zu Gremmelin und Johann Cramon zu Wuserin von seiner Haushaltung jährlich Rechnung thun und was an Einkommen erspart und erübrigt wird, dem Kloster zum Besten angewendet, dagegen die Jungfrauen nach Unserer gefasten Reformation, die Unsere Räthe den Jungfrauen übergeben, zustellen und einbinden sollen, leben und wandeln, auch daneben über eine gewisse Oeconomie und Ordnung der Haushaltung auf Unsere Ratification und Beliebung sich vergleichen sollen.

Wann nun solches alles zu Dobbertin verrichtet, sollen Unsere Räthe von dannen nach Malchow und danach gegen Ribnitz ziehen und an beiden Orten gleichergestalt der Landschaft Verordneten die Anweisung doch mit nachfolgender Maße und Bescheidenheit thun, als zu Malchow den Flotowen in ihren Rechten, so sie durch Urtheil und Rechten am Kaiserl. Cammergerichte erstanden, unschädlich, und daß die hochgeborene Fürstin, Unsere freundliche liebe Muhme

Fräulein Ursula, Herzogin zu Mecklenburg und Aebtissin zu Ribnitz, die Zeit ihrer Liebden Lebens die vollkommene Regierung, Administrirung, Bestellung und Genießung des Klosters Ribnitz behalten und daran nichts gehindert, auch ohne Ihrer Liebden Vorwissen und Bewilligung keine Jungfrau darin genommen, sondern alles im vorigen Stande (außer daß die Jungfrauen Unserer neuen Klosterordnung gleich anderen sich gemäß verhalten sollen) bei Ihrer Liebden Leben gelassen werden; nach derselben Absterben das Kloster in alle Maße wie Dobbertin an eine ehrbare Landschaft und ihre Verordnung kommen soll, alles vermöge und Inhalts Unserer hiebevor gegebenen Erklärung und Assecuration. Und ob Wir auch wohl, um der Landschaft Vorbitte willen, in erwähnter Assecuration die Klöster Dobbertin, Ribnitz und Malchow mit Tageleistungen, so hiebevor bisweilen darin gehalten worden, desgleichen mit dem Auftritt und Atzung Uns, Unserer Diener und Gesindes, und die derselbigen Zubehörungen, Untersassen und Bauersleute mit allen Fuß- und Fuhrdiensten zu verschonen zugesagt und Uns dessen begeben haben: so ist doch ausdrücklich im Kloster Dobbertin Unser Herbstablager und das alte Jägerablager von des Klosters Bauersleuten, und gleichergestalt in beiden Klöstern Ribnitz und Malchow die alten wohlhergebrachten Ablager ausdrücklich ausgenommen und Uns vorbehalten worden, welches auch Unsere Räthe in der Anweisung an jedem Orte deutlich ausnehmen und vorbehalten und darüber auch, daß die Klöster zu solchem christlichen Werke und nicht anders gebraucht werden sollen, von der Landschaft einen gezweifachten versiegelten Revers fordern, zu sich nehmen und Uns zubringen sollen. In dem allen erstatten Unsere Räthe also Unseren zuverlässigen Willen und Meinung. Actum unter Unseren aufgedruckten Sekreten, den 7. October 1572.

Contributionsedict d. d. Sternberg den 1. November 1572. L.

(Nach dem Abdruck als Beilage Nr. 37 zu dem Werke „Feststehender Grund der Steuerfreiheit" pp. 1742.)

Von Gottes Gnaden Johans Albrecht und Ulrich Gebrüder, Hertzogen zu Mecklenburg, 2c. 2c. Ehrsame, liebe Getreue. Wir fügen euch hiemit gnädiglich zu wissen, nachdem unsere Gemeine Landschaft, zu Abtragung unserer obliegenden Beschwerung, ein benante Summa Geldes uns zu erlegen, unterthäniglich bewilliget und angenommen, daß Wir auf itzt gehaltenen Landtage allhier zum Sternberg, Uns mit derselben einhellig verglichen, was für Personen von Unsern Unterthanen und Verwandten, so in unsern Fürstenthum und Landen wohnen und gesessen seyn, mit den Hülffen und Steuren beleget werden und was ein jeder, nach seines Standes Gebühr und Gelegenheit, von seinen Gütern, desgleichen auf was Mittel und Wege und Zeit ein jeder besteuert und beleget werden solle, damit die bewilligte angenommene Summa also desto schleuniger und besser zusammen gebracht werde. Nemlich und also, daß alle Geistliche Stiffte, Klöster und Comptereyen, neben denen vom Adel, Bürgermeister, Rathmannen, Bürgern, Bauern sammt allen Professorn, Fürstlichen Räthen, Diener, Superintenteten, Pastorn, Schuldienern, so seßhaft sein, und ihre Nahrung, gleich andern Bürgern in Städten, treiben auch die Bauren Erb- und Pacht-Müller in Städten, Dörffern und auf dem Lande, Schäffer, Schäffer-Knechte und Hirten, in diese Contribution der Steuren und Hilfen, so lange die angenommene Summa unabgelegt ist, mit eingezogen, auch die Häuser und Wohnungen, so auf den Kirchhöfen und andern Orten gelegen, und bisher frei gewesen, hinfür nicht eximiret und frei gelassen werden und sein sollen. Und sollen die vom Adel neben den Wittfrauen, so ihre Leibgedings-Güter inne haben, oder derselben Verwalter, auch in- und ausländische Geistliche Stiffts-Personen und Fürsteher, von einem jeden Wispel hartes Saat-Korns, als Weitzen, Roggen, Gersten und Erbsen, Parchimer Maaß, jährlich, und itzo mit der harten und weichen dieses zweiund-siebenzigsten Jahres eingeerndter Saat anzufahen, einen Gulden, und von stehenden harten Korn-Pächtern einen halben Gulden vom Wispel, und dann der Zehende Pfenning von den Geld-Pächten, durch diejenige, so dieselbe haben und empfahen, es sei ihr Erb oder Pfand in- oder außerhalb Landes, entrichtet werden; abern die Bürger und Inwohner in den Land-Städten sollen bei der alten doppelten Landbethe bleiben, und von einem jeden Wispel Maltz, so gemahlen und verbrauet wird, Parchimer Maaß, darnach alle die andern kleinere Maaß gerichtet werden sollen, drey Gulden zur Ziese entrichten und dann die Bauren nach Hufen-Zahl, sambt den Schmieden, Lein-webern, Schneidern und Krügern auff den Dörffern, die gebührliche Landbete, wie von Alters, und die Erb-Müller, die sitzen in Städten, Dörffern, oder auff dem Lande, von jedem Hundert Gulden ihrer Haab und Güter zween Gulden, die Pachtmüller ein jeder von einem Haupt seines eigenen Rindviehes zween Schilling, so auch neben ihnen die Schäffer, Schäffer-Knechte und Hirten, von einem alten und jährigen Schaaff, Ziegen oder Schwein, einen ßl. Lübisch geben. — — — — —

(Es folgen nun verschiedene Bestimmungen, hauptsächlich über die Termine, den Ort und das Verfahren bei Einhebung der Steuern, die zur Einhebung verordneten Personen u. dgl. m. — und schließt sodann das Edict wie weiter folgt.)

Demnach, und damit dieser mit Gemeiner Landschafft getroffenen beliebten und bewilligten, Verordnung von allen Unseren Unterthanen hohes und niedriges, Geistlichs und Weltlichs Standes, mit Erlegung eines jeglichen Gebühr, Hülffe und Urtheil, Folgen geschehe, auch von den verordneten Einnehmern aller Kreyßen, und dann von Unsern Ambtleuten und Küchenmeistern, mit Einforderung und Ueberantwortung der Steuren und Hülffen auff jede obbestimmte Zeit und benante Legestadt, ohne einige Säum-niß oder Verhinderung, dero keins bey Uns dißfalls statthaben, noch jemanden fürtragen und entschuldigen soll, unterthänig getreulich und gehorsamlich nach-gelebet werde, als haben Wir diesen Unsern und Gemeiner Landschafft Beschluß in Druck ausgehen, und euch zufertigen lassen, damit ihr einige Un-wißenheit hierüber nicht fürzuwenden habet. Befehlen euch darauf hiemit gnädig und ernstlich, daß ihr bei denen Pflichten, damit ihr Uns verwandt, auch Vermeydung obgesetzter unachläßiger Straffe, euch mit Erlegung neuer Gebühr von den vorigen Restanten, da bey euch noch einige hinterstellig wären, auch itz ogewilligten Hülffen, undSteuren, auf angezeigte Zeit und Mahlstatt, gehor-sam und ungesäumt erzeiget und verhaltet. Wie dann imgleichen auch die deputirten Ober- und Unter-Einnehmer und Unsere Ambtleute und Küchenmeister, mit Einsamblung, Zusammenbringung und Ueberantwortung derselbigen ihres theils auch thun, und dieser Unser und gemeiner Landschafft Ordnung und Satzung in allen Puncten und Articuln getreulich nachzusetzen sich er-innern werden. Das wollen Wir um die getreuen und gehorsamen in allen Gnaden zu erkennen, aber wider die ungetreuen, ungehorsamen, säumigen und nachlässigen mit obgedräuter ernster Straffe zu verfahren in kein Vergessen stellen. Darnach ihr euch und ein jeder zu richten, und vor Schaden und

Nachtheil zu hüten wird wissen. Und geschieht daran Unser gänzlicher zuverläßiger und endlicher Will und Meynung. Datum zum Sterneberg den 1. Novembris Anno LXXII.

Landtag zu Güstrow 7. Januar 1573. M. 1573.

Fürstliche Landtags-Propositionen.

II. Den Revers sammt der Dispositions-Notul, und Anweisung der Klöster wären Sermi. wirklich zu vollziehen erbötig, und sei solches bisher darum nicht geschehen, daß Ihnen allerlei Verhinderung vorgefallen, und Sie dahin gesehen, daß Sie auch des Ihrigen gewiß sein wollten, weil Sie aber nicht zweifelten, daß E. E. Landschaft sich nunmehr willfährig bezeigen würde, so übergäben Sie hiermit den geforderten Revers.

So viel die Disposition beträfe, hätten Herzog Ulrich selbige besiegelt und unterschrieben, aber Herzog Johann Albrecht sei durch Schwachheit daran verhindert, und sie hätten als Diener denselben darum nicht ersuchen können, doch solle es morgen oder bei einer andern Gelegenheit geschehen, wenn Sermi. besser auffein würden.

Zur wirklichen Einräumung der Jungferklöster wollten Sermi. den 26. dieses Monats bestimmt haben.

Antwort der Landschaft.

Daß Sermi. ihr die drei bewilligte Klöster der Abrede nach einzuräumen, und damit den 26. jetzigen Monats zu Dobbertin den Anfang zu machen erbötig wären, dafür sei sie unterthänig dankbar, bäte aber, Inhalts voriger Notul die Instruction unverändert zu lassen, damit zu solcher Zeit kein Mißverstand einfallen möge, auch die von ihr zu Provisoren und Verwaltern der Klöster verordnete und benannte Personen zu solcher Zeit, um der Einräumung gewärtig zu sein, zu erfordern.

(Spalding B. I. S. 121 f.)

Revers der Ständischen Provisoren (nach de Beehr de Reb. Mecklenburg. p. 804.) N.

Wir, Dietrich v. Plessen zu Zülow, Klaus v. Oldenburg zu Gremmelin und Johann Linstow zu Bellin Erbherrn, zur Zeit der Mecklenburgischen Stände Provisoren für das Jungfrauenkloster in Dobbertin, bekennen in Auftrag der gedachten Stände und machen in ihrem, unserem und unserer Nachkommen Namen bekannt, da die Durchl. und hochgeb. Fürsten und Herrn H. Joh. Albrecht und H. Ulrich Gebr. Herz. zu Mecklenb. ꝛc. auf Bitten der Stände das gedachte Kloster Dobbertin zur Auferziehung (ad alendas) einländischer Jungfrauen, welche sich darein zu begeben Lust hätten, gnädig bestimmt haben, gemäß dem Assecurationsreverse, und dafür gesorgt haben, daß uns als Bevollmächtigten aller Stände (communi omnium Ordinum nomine) dasselbe durch ihre Räthe, Namens unseres gnädigsten Fürsten und Herrn Joh. Albrecht durch Hubert Syben, der Rechte Licentiaten, und Namens unseres gnädigsten Fürsten und Herrn Ulrich durch den edlen und gestrengen Georg Below zu Kargow übergeben und angewiesen (tradendum et consignandum) werde, wie denn auch wir das gedachte Kloster mit allem Zubehör Namens aller Stände und in ihrer Vollmacht realiter in Besitz genommen und empfangen haben (occupaverimus et acceptaverimus) und im gemeinsamen Namen aller Stände zu ihrem Nutzen haben und haben werden (ad eorum commodum eorumque nomine habeamus et habituri simus), Ihre Fürstl. Gnaden aber in dem gedachten Kloster Dobbertin sich ausdrücklich bedungen und vorbehalten haben das Herbstablager und das alte von den Bauern zu leistende Jägerablager, und daß gedachtes Kloster allein jenem frommen Zwecke gewidmet und in unserm wie im gemeinsamen Namen aller Stände aufbehalten bleiben solle: so wollen wir und unsere Nachfolger, welche im öffentlichen Auftrage aller Stände jenes Kloster administriren werden, dafür sorgen, daß jene von J. F. Gn. ausbedungenen Ablager durch die Hauptleute und Verwalter, vulgo Küchenmeister, zu rechter und bestimmter Zeit geleistet und gegeben werden, und wollen das gedachte Kloster nicht zu einem anderen Zwecke uns anmaßen, als wozu es von J. F. Gn. und allen Ständen förmlich gewidmet und geweiht (rite dicatum et conservatum) ist. Alles getreulich und ohne Gefährde und haben wir für uns und im Auftrage aller Stände diesem unsere gewöhnlichen 2c. Siegel beigesetzt. Geschehen 2c.

O. Landtag zu Sternberg d. 10. Juni 1589.

1589. Gravamina der Ritterschaft.

5. Da die regierenden Landesfürsten anno 1572 der Landschaft die Klöster Dobbertin, Malchow und Ribnitz eingeräumet und abgetreten, und darin nichts über die alten Ablager vorbehalten worden, das Kloster Ribnitz aber nach tödtlichem Abgang der durchlauchtigsten Fürstin Ursula, Aebtissin daselbst, erlediget, und der Landschaft bisher nicht abgetreten und eingeantwortet sei, auch die Klöster Dobbertin und Malchow wiederum mit den erlassenen Fuhr- und Fußdiensten aufs neue beschwert und angegriffen würden, so bäte die Landschaft, daß ihr das Kloster Ribnitz nebst der Abnutzung, so ohne Zweifel der Landschaft zum Besten beigelegt wäre, zum forderlichsten eingeantwortet, und die Klöster Dobbertin und Malchow hinführo nicht mehr angegriffen und beschweret würden, auch den J. von der Lüh, D. Beverneſt zum Provisor des Klosters Ribnitz, und bei dem Kloster Dobbertin J. Below statt des Bülow zu confirmiren.

(Spalding, B. I. S. 163.)

Landtag zu Sternberg d. 1. October 1589.

Fürstliche Resolution auf obiges Gravamen.

ad. 5. Sie wüßten sich zu bescheiden, daß die Klöster Dobbertin und Malchow vermöge der Assecuration de 1572 E. E. Landschaft zu dem Ende abgetreten und eingeräumt worden, daß einländische Jungfrauen, so sich darin begeben wollten, christlich und ehrbarlich darin erzogen und unterhalten werden sollten, wie aber demselben nachgelebet sei, und was insonderheit bei dem Kloster Malchow für Unordnung und Verwendung der Kloster-Güter sich befunden, darüber auch Mord und Todtschlag zwischen Adels-Personen sich zugetragen, bedürfe keines weitläuftigen Berichts. Sie wüßten Sich auch nicht weniger der Zusage wegen des Klosters Ribnitz, daß solches zu gleichem Ende der unterthänigen Landschaft nach Absterben der Herzogin Ursula eingeräumet werden sollte, zu erinnern; da Sie aber befunden, daß der Jungfrauen nicht so gar viele sich zum Kloster begäben, sondern noch eine gute Anzahl mehr in den andern beiden Klöstern wohl untergebracht und unterhalten werden könnte, so glaubten Sie auch noch zur Zeit nicht so groß nöthig zu sein, daß man wegen Abtretung des Klosters Ribnitz so hart in Sie dränge, denn obwohl hiebevor von Einigen vorgegeben werden wollen, als wenn man bedacht wäre, eine Particular-Schule für junge Knaben darin anzurichten, so bedürfe es doch dessen nicht, sintemahlen ohne das Schulen genug vorhanden wären, darauf Sie einen nicht geringen Theil der geistlichen Güter gewandt. Und weil überdies E. E. Landschaft bewußt, in was für Beschwerung und Schulden Sie steckten so könnten auch mittlerweile, daß gedachte beide Klöster besetzet wären, die geringen Einkünfte des Klosters Ribnitz nicht allein zur Unterhaltung der darin noch vorhandenen Kloster-Personen, sondern auch zur Abtragung Ihrer Beschwerungen und Schulden mit angewendet werden, welches E. E. Landschaft sich hoffentlich nicht zuwider sein lassen würde, jedoch daß dadurch der einmahl gegebenen Assecuration nichts benommen werde, sondern selbige in ihren Würden kräftig und beständig bliebe. Daß Sie aber gedachte beide Klöster mit Fuhrdiensten oder sonst mehr, denn Sie zu den Sich vorbehaltenen Ablagern befugt beschweret haben sollten, dessen wüßten Sie Sich nicht zu erinnern, wollten auch nicht hoffen, daß einiger Amtmann darüber zu klagen Fug oder Ursache gehabt, wenn es aber gleichwohl geschehen, mögte Ihnen solches nahmkundig gemacht werden, damit Sie Sich darauf mit gebührender Antwort vernehmen lassen mögten. (Spalding B. I. S. 170 f.)

Antwort der Landschaft.

Was Sermi. wegen der Klöster Ribnitz, Dobbertin und Malchow resolviret, wüßte E. E. Landschaft mit nichten anzunehmen, sondern ließe es nochmals bei ihrem vorigen Gesuch bewenden, mit der Erinnerung, daß Sermi. die Assecuration, der in etlichen Punkten, vornehmlich die drei Klöster belangend, nicht gelebet würde, gnädigst in Acht nehmen wollten, indem insonderheit die Bauern auf dieser Seite Malchow zwischen Wahren und Güstrow, so dem Kloster zuständig, dermaßen mit Diensten beschweret würden, daß die Bauern dem Kloster nicht dienen wollten, und überdies würde E. E. Landschaft berichtet, daß Herzogs Ulrich Jäger auf des Klosters Dobbertin Feldern nach J. von der Lüh Absterben zu jagen, und die Bauern, für die Netze zu stehen, zu zwingen, sich unterstanden haben sollten. (Spalding B. I. S. 178.)

In der hierauf auf dem Landtage zu Güstrow d. 27. November 1589. erfolgten weiteren fürstl. Resolution heißt es:

Betreffend das Kloster Ribnitz, würde Ihre zuvor gegebene Resolution, wenn solche recht angesehen und erwogen würde, also nicht angenommen werden können, als wären Sie nicht gemeinet, die einmal ausgegebene Assecuration in Acht zu nehmen, sondern wenn die gesuchte Hülfe nur gewilliget, wollten Sie Sich gegen E. E. Landschaft mit gnädiger Antwort vernehmen lassen.

(Spalding B. I. S. 184.)

Hierauf wiederholte die Landschaft ihre vorige Bitte um die wirkliche Einantwortung des Klosters in Gemäßheit der schon bei Lebzeiten der Fürstin Ursula geschehenen Einweisung (Spalding Bd. I. S. 192.) und auch die Fürsten verhießen sodann abermals die wirkliche Ausführung der Assecuration, nur mit Vorbehalt ihrer Reservate und des Herzogs Johann sonderbarer Gerechtigkeit und Forderung an dem Hofe Freudenberg (Spalding ebendas. S. 200.) Darauf erfolgte die

Fernere Antwort der Landschaft:

Die gnädige Erklärung wegen des Klosters Ribnitz nähme sie mit Dank an, und bäte, daß Sermi. den allgemeinen Landschaft von Ritterschaft und Städten verordnete Provisoren, den D. Beverneſt, O. von der Lühe, und D. Bassewitz daran, wie auch an solchen Klosters Abnutzungen verweisen, und selbige zu Provisoren bestätigen wollten. Da E. E. Landschaft nicht wüßte, was es für eine Gelegenheit mit dem Hofe Freudenberg hätte, so bäte sie, daß Herzog Johann Sich, so viel die angezogene Gerechtigkeit beträfe, darauf in

Gnaden erklären mögte, damit sie sich darnach zu richten haben möge. (Spalding B. I. S. 204.)

P. 1590. Landtag zu Güstrow d. 20. Januar 1590.

Fürstliche Resolution ad Gravamen 5.

Was aber das Kloster Ribnitz beträfe, ließen Sie es nochmals bei voriger Resolution beruhen, es sollten auch die vorgeschlagenen Personen zu Provisoreu von Ihnen bestätiget und gebührlich angewiesen werden, jedoch Ihrer daran habenden Jagd und dazu gehörigen Ablägern und anderer Gerechtigkeit vorbehältlich.

Weil auch Ihr, Herzogs Johann, Herr Vater p. m. den Hof Freudenberg von der Fürstin Ursula, gewesenen Aebtissin des Klosters Ribnitz, p. m., und dem Convent daselbst vor vielen Jahren unter dem Beding erkaufet, daß gedachte Fürstin diesen Hof Zeit Ihres Lebens inne behalten sollte, das Kaufgeld aber den Klosterjungfern zum Besten und zu deren Unterhaltung bei der Stadt Rostock beleget und ausgethan worden, davon sie auch von Zeit des Kaufs jährlich die Zinsen empfangen hätten, und noch einnähmen, so hätte sich E. E. Landschaft solchen Hofes nunmehr nicht weiter anzumaßen.

Wenn auch künftig bei diesem Kloster Ribnitz mit Anrichtung einer Knabenschule oder sonst einige Veränderung mit Ihrem Vorwissen und Consens vorgenommen werden sollte, wollten Sie Sich auf allen Fall Ihre daran habende Landesfürstliche Hoheit und andere dazu gehörige Gerechtigkeit, die sich nach Gelegenheit der Veränderung ereignen möchte, ausdrücklich hiemit vorbehalten haben. (Spalding B. I. S. 208.)

Antwort der Landschaft:

Da das Kloster Ribnitz der ganzen Landschaft von Ritterschaft und Städten gleich als Dobbertin in der fürstlichen Assecuration abgetreten sei, so hätte sie gehoffet, daß, da das Fräulein p. m. schon einige Jahre todt gewesen, solches eingeantwortet sein würde, daher sie bäte, solches sammt aller daher empfangenen und aufgenommenen Abnutzung wirklich einräumen, und die von der ganzen Landschaft von Ritterschaft und Städten vorgeschlagenen und von Sermis. bewilligten Provisoren daran erweisen zu lassen. Den Hof Freudenberg anlangend, hielte die Landschaft dafür, daß dem Fräulein nicht gebühret hätte, selbigen ohne Vorwissen der Landschaft zu verändern. (Spalding ebend. S. 211.)

Weitere Fürstl. Resolution:

Wegen des Klosters Ribnitz zweifelten Sie nicht, daß E. E. Landschaft sich an dem, wozu Sie Sich zuvor erboten, genügen lassen, und der Abnutzung oder auch des Hofes Freudenberg halber keine weitere Disputation erregen werde (Spalding ebend. S. 212).

Antwort der Landschaft:

Betreffend die Klöster Ribnitz und Malchow, so wollten die Unterthanen in Ansehung Ribnitz wegen der Abnutzung seit der Fräulein Tode mit Sermis. weiter nicht disputiren, und solche, wiewohl sie dazu befugt gewesen, fallen lassen: was aber den Hof Freudenberg anlangte, so müßten sie, woferne derselbe vor der Zeit, ehe die Landschaft an das Kloster gewiesen, verkaufet wäre, solches geschehen lassen, im Fall es aber seit der Zeit geschehen, so vertrauete sie, daß Herzog Johann denselben wieder abtreten, und Ihr Geld wieder nehmen würden, so wie sie noch bäte, daß Sermi. vorbenannten Provisoren einen E. Rath der Stadt Rostock im Namen allgemeiner Städte hinzu verordnen, und selbige sammt und sonders forderlichst an das Kloster Ribnitz verweisen, und solches ihr gänzlich abtreten und einantworten lassen mögten. (Spalding B. I. S. 214.)

Landtag zu Güstrow d. 3. März 1590.

Fürstliche Landtags-Propositionen:

Insonderheit wollten Sie

V. Sich hiermit erkläret haben, geschehen zu lassen, daß den zuvor vorgeschlagenen Provisoren des Klosters Ribnitz E. E. Rath Ihrer Stadt Rostock adjungiret werden möge; und damit E. E. Landschaft aus dem angezeigten Zweifel wegen des Hofes Freudenberg käme, wollten Sie derselben nicht verhalten, daß der darüber getroffene Contract anno 70, und also 2 Jahre vor geschehener Anweisung aufgerichtet wäre, wie mit der darüber verfaßten Verschreibung zu erweisen sei, daher denn dieser Punkt auch seine richtige Maße hätte. (Spalding B. I. S. 216).

Antwort der Landschaft:

ad. V. Da Sermi. das Kloster Ribnitz neben andern Klöstern der ganzen Landschaft abgetreten, so bäte die Landschaft, die vorgeschlagenen und gnädiglich verwilligten Provisoren forderlichst zu verschreiben, und an solches Kloster zu weisen, auch den jetzigen Verwalter abzuschaffen, und ihm zu befehlen, daß er nicht allein seiner Verwaltung halber Rechenschaft thue, sondern auch Register übergäbe und daß alles, was dem Kloster zugehörig, gebührlich inventiret werden möge. (Spalding B. I. S. 221.)

Hierauf erklärten die Landesherrn Sich nochmals erbötig, des Klosters Ribnitz halber mit der gesuchten Anweisung voriger Erklärung nachzukommen. (Spalding B. I. S. 223). Q. 1595.

Trotz dieser Verheißung sah sich die Landschaft noch im Jahre 1595 (Landtag zu Sternberg d. 12. März) genöthigt, abermals zu bitten: den von der Landschaft vorgeschlagenen und durch Sermum. (Herzog Ulrich) bewilligten Provisoren das Kloster Ribnitz abzutreten und einzuantworten (Spalding B. I. S. 237.)

Die Antwort der Landschaft auf die fürstl. Propositionen des Landtags zu Sternberg d. 13. May 1596 findet sich nicht bei dem Landtagsprotocoll), in der fürstl. Replik auf diese Antwort aber heißt es: R. 1596.

Da Sie Sich niemals geweigert, das Kloster Ribnitz bewilligter maßen und mit dem Vorbehalt, wie aus vorigen Landtagsacten zu befinden, der Landschaft einzuräumen, so wollten Sie Sich nochmals darin, wenn Sie von den sämmtlichen Provisoren darum ersuchet würden, gnädiglich zu bezeigen wissen, jedoch vorbehältlich obberührter Reservaten, und daß, wenn sichs zutrüge, daß künftig eine Fürstl. Person aus dem Hause Mecklenburg Sich darin begeben würde, Selbige Ihren gebührenden Unterhalt, wie das nächst abgestorbene Fräulein p. m. darin gehabt, auch haben möge, worin E. E. Landschaft vorfallender Gelegenheit nach sich der billigen Gebühr zu bezeigen wissen würde. (Spalding B. I. S. 241.) S. 1598.

Auf die erneuerte Bitte der Landschaft um Abtretung des Klosters Ribnitz sammt dessen Zubehörungen (Spalding B. I. S. 247.) erhielt dieselbe auf dem Landtage zu Sternberg d. 15. Juni 1598 von Seiten des Herzogs Ulrich folgende Resolution:

Sie wüßten sich wohl zu erinnern, wozu Sie Sich wegen des Klosters Ribnitz gegen E. E. Landschaft zu unterschiedlichen Malen erkläret und erboten, und so wie Sie Sich niemals verweigert, dies Kloster jedoch reservatis reservandis E. E. Landschaft oder den verordneten Provisoren einzuräumen, so wären Sie nochmals gewärtig, daß die jetzigen Provisoren Ihnen namkundig gemacht würden, darauf denn der Einweisung halber billige Verordnung geschehen sollte, Sie wären aber auch der Zuversicht, daß E. E. Landschaft die gnädige Erinnerung so Sie den 14. May 1596 wegen einer Fürstl. Person aus dem Hause Mecklenburg gethan, nicht ganz und gar hintan setzen, sondern selbige vielmehr auf zutragende Fälle gebührlich Statt finden lassen würde.

(Spalding B. I. S. 250.)

T. 1599. Demnächst erscheint auf dem Landtage zu Güstrow d. 8. März 1599, als Gravamen 4. der Landschaft wiederum die Bitte: daß die Abtretung des Klosters Ribnitz der letzten Verabscheidung nach erfolgen möge (Spalding B. I. S. 256), — worauf aber Herzog Ulrich resolvirt:

Hievon sei der Mangel bei denjenigen, welche deswegen Anforderung zu thun schuldig gewesen. Sie wären nochmals erbötig, das Kloster Ribnitz dergestalt, wie Sie Sich auf nächstem Landtag erklärt, abzutreten, wobei Sie den Provisoren anbefohlen haben wollten, daß bei der Administration der Klostergüter aller Mißbrauch abgeschaffet, die Güter recht und gebührlich verwaltet, und durch unnöthige und unbillige Zehrungen so sich bisweilen auf etliche Tage erstreckten, nicht beschwert werden mögten. (Spalding S. 260.)

Die Landstände nahmen dieses gnädige Erbieten mit gebührender Danksagung an (Spalding S. 262.)

U. 1599. Landtag zu Güstrow d. 17. October 1599.

Gravamen 1. der Landschaft:

Daß den verordneten Provisoren des Klosters Ribnitz nunmehro ein eigentlicher und gewisser Tag bestimmet werden mögte, woran das Kloster wirklich eingeantwortet und abgetreten werden solle. (Spalding S. 267.)

Fürstliche Resolution:

Sie wollten Sich mit den Provisoren einer gewissen Zeit, wenn die Einantwortung ins Werk gerichtet werden könnte, auf ihr ferneres Anhalten vergleichen, hieneben aber Ihre vormalige Erinnerung wegen einer Fürstl. Person, die sich etwa künftig in dies Kloster begeben mögte, wiederholet und Sich auch andern mehrern nöthigen Vorbehalts nicht begeben haben. (Spalding S. 269.)

---

# Beilage Nr. 5.

## Auszüge betreffend den Streit mit dem Kloster zum h. Kreuz wegen des Sprentzer Sees ꝛc.

A. 1572. Landtag zu Güstrow d. 25. März 1572.

Neue Gravamina der Landschaft.

18. Die Priorin und ganzer Convent des Jungfrauenklosters zum heil. Kreuz zu Rostock hätten angeschlossene Bittschrift übergeben. Wenn nun die Sache so beschaffen, wie sie berichteten, daß ihnen um deswillen, weil Sermi. mit Ihren Unterthanen von Rostock wegen des juris Patronatus irrig wären

das ihre entzogen und aufgehoben werden sollte, so hoffte und bäte sie, daß die Klosterjungfern bei ihrem habenden Besitz und Brauch, bis daß sie ordentlicher Weise daraus entsetzet, billig gelassen würden. (Spalding B. I. S. 82).

Landtag zu Sternberg d. 4. Juni 1572.

Fürstliche Resolution. B. 1572.

ad 18. Mit dem eingezogenen Sprentzer See, abgepfändeter Wade, und arrestirten Gütern, deren sich die Klosterjungfrauen zum heil. Kreuz in Rostock über Sie (Herzog Ulrich) beschwerten, hätte es die Bewandniß: Als verschiedene Jahre E. E. Landschaft die Fürstl. Schulden abzutragen angenommen, und der Amtmann zu Suan die damals bewilligte Landbeede von den aus solchem Kloster in seinem Amt Gesessenen sowohl als von den Amts-Unterthanen gefordert, hätten sie selbige auf das Haus Suan zu überantworten sich geweigert, und sich damit entschuldiget, daß sie selbige dem Probst des Klosters zuzustellen Befehl hätten, und als der Amtmann darauf die Priorin des Klosters um die Ursache solchen Verbots durch seinen Küchenmeister besprechen lassen, hätte sie ihm zur Antwort gegeben, er sollte den Rath daselbst darum ansprechen, von welchem er bescheidet werden würde, worauf die Unterthanen solche Landbeede dem Probst und nicht dem Amtmann, wie sie hiebevor zu thun schuldig gewesen, entrichtet. Nachdem man nun aus der Sache Erkundigung die Nachricht gehabt, daß solches auf Anstiftung, Geheiß und Befehl des Raths zu Rostock, welche der Kloster Bauern Landbeede an sich nehmen, und in ihren Nutzen wenden wollen, hergeflossen, und die Klosterjungfrauen sie durch solches Vornehmen Ihrer, als des Landesfürsten und Obrigkeit, insonderheit aber Ihrer (Herzogs Ulrich) wegen des Stifts Suerin an das Kloster habenden Jurisdiction und patrocinio zu entziehen, und des Klosters Gerechtigkeit dem Rath zu Rostock zuzuwenden Vorhabens gewesen, hätten Sie zur Erhaltung Ihrer an das Kloster habenden Landesfürstlichen Obrigkeit, Rechte und Gerechtigkeit, und um die Klosterjungfrauen dadurch zum schuldigen Gehorsam zu weisen, ihnen den Sprentzer See einziehen lassen müssen, und obzwar selbige nachmals dem Amtmann solche Landbeeden auf das Haus Suan entrichten lassen, so wären doch die Klosterjungfrauen sonst auf ihrer gefaßten und vom Rath zu Rostock ihnen eingebildeten Widerspenstigkeit bis auf heute geblieben, und hätten ihren geordneten Probst aus eigener Macht seines von Ihnen empfangenen Amts entsetzet, und einen andern an dessen Stelle, Ihres ernsten Verbots ohngeachtet, gesetzet, und vermeinten, den Rath zu Rostock allein für ihre Obrigkeit und Patronen zu erkennen, Sie aber solchen Rechts und Gerechtigkeit de facto zu entsetzen, daher Sie ihnen auch den Sprentzer See nicht allein wiederum anhalten, sondern auch, als sie denselben mit Gewalt hätten fischen lassen, die Wade abpfänden, und den im Amte Suan gesessenen Klosterunterthanen die Pächte arrestiren und verbieten lassen, welches Sie auch so lange, als sie auf solcher Rebellion und Ungehorsam beruheten, und bevor sie sich bei Ihnen wegen der thätlichen Entsetzung Ihres geordneten Probstes ausgesöhnt, zu restituiren nicht gewilliget, auch nicht schuldig wären; wenn sie aber umkehren, von ihrem Ungehorsam abstehen, Sie für ihre Obrigkeit und Patron erkennen, halten und ehren, ihren eigenmächtig gewählten Probst wieder abschaffen, und des Klosters gute Verwaltung demjenigen, den Sie dazu zu ernennen Willens wären, auftragen, sich auch mit Ihnen wegen der Entsetzung Ihres Probstes vertragen würden, wollten Sie Sich unverweislich gegen sie zu verhalten wissen, und weil hieran der ganzen Landschaft mitgelegen, so versähen Sie Sich zu derselben, sie würde mit solchem Erbieten friedlich sein, und die Klosterjungfrauen zum schuldigen Gehorsam weisen. (Spalding B. I. S. 98 ff.)

C. 1610. Deputationstag zu Wismar d. 12. Juni 1610.

Unerledigte Gravamina der Ritterschaft.

ad. 2. Auch würden Sermi. ersuchet, daß das Armen-Kloster in der Stadt Rostock zum heil. Kreuz, wegen der eingezogenen Dörfer und Sprentzer Sees dermaleinst mögte gnädig erhöret, und darin verabschiedet werden, weil schon bei Herzogs Ulrich Zeiten, und nachgehends vielfältige gnädige Zusagen und Vertröstungen deshalb geschehen; daher das vielfältige Suchen hieselbst repetiret würde. (Spalding B. I. S. 391.)

D. 1610. Landtag zu Sternberg d. 26. Juni 1610.

Fürstliche Resolution.

ad. 2. Betreffend die Anforderung des Klosters zum heil. Kreuz in Ihrer Stadt Rostock wollten Sie Ihre Räthe H. Reventlow zu Ziesendorff, G. Moltken zu Toitenwinkel, und A. Hein Professor zu Rostock zu Ihren Commissarin verordnet, und selbigen, sich einer fordersamen gelegenen Zusammenkunft zu vergleichen, Ihre Güstrowsche Beamte und des Klosters Probst vor sich zu bescheiden, selbige gegen einander nothdürftig zu hören, wie es mit der geklagten Einziehung der Dörfer und Sprentzer Sees allenthalben bewandt sei, fleißige Erkundigung anzustellen, und Ihnen davon ausführliche Relation nebst ihrem Bedenken, zu Ihrer fernern Verordnung einzuschicken, hiemit committiret und befohlen haben.

(Spalding B. I. S. 403.)

Antwort der Ritterschaft.

ad. 2. Daß Sermi. der E. Land- und Ritterschaft für das Kloster zum heil. Kreuz zu Rostock gethanen Intercession so weit geruhet, daß Sie zur Erkundigung der Sache Ihre vornehmen Landräthe und Professoren verordnet, solches sei nicht allein Gott gefällig, sondern auch rühmlich und die E. Ritterschaft es zu verschulden erbötig; Wenn nun zwar die E. Ritterschaft nicht zweifelte, daß Sermi. nach Befindung der Sachen Beschaffenheit die Billigkeit anordnen, die geistlichen Güter, wohin sie ex pia devotione vermacht wären, hinwieder fließen lassen, und das arme Kloster bei seinen geringen Einkünften schützen würden, so bäte sie doch, daß Sermi. da das Kloster mit Ihnen wegen kundbaren Unvermögens einigen Proceß nicht vermögte, aus diesen und andern bewegenden Ursachen zu mehrerer und schleuniger Verabscheidung und Erörterung der Sache der Herren Commissarien Relation, so bald selbige einkommen würde auf eine unverdächtige Universität um Erholung eines rechtlichen Spruchs verschicken, und was darauf erkannt, wirklich exequiren würden. (Spalding B. I. S. 413.)

Fürstliche Resolution.

ad 2. Mit der Commission des Klosters zum heil. Kreuz sollte ehestens verfahren, und Mittel und Wege darin angeordnet werden, daß sich das Kloster oder dessen provisores mit Fug nicht zu beklagen haben sollten. (Spalding ebend. S. 417.)

E. 1610. Landtag zu Güstrow d. 30. October 1610.

Die Landschaft gravaminirt:

Es hätte die Domina und Convent des Klosters zu Rostock an Sermos. und die Ritter- und Landschaft suppliciret und geschrieben, daß ihre Sache schon vor diesem der Gebühr nach cognosciret sei, und selbige nur noch zur gnädigen

Resolution stünde, ihre geistlichen Forderungen aber sehr privilegiret, und sine strepitu judicii zur Richtigkeit zu bringen wären, und solches jetzo vor endlicher geschehener Landtheilung am füglichsten geschehen könnte, sonderlich weil Sermi. deshalb keinen Abgang, vielmehr Gottes reichen Seegen empfinden würden, so würden Sie solche arme Waysleín, wozu sie befugt wären, kommen lassen.

Hierauf wird resolvirt:

Wegen des Jungfernklosters zum heil. Kreuz in Rostock, bliebe es bei der angeordneten Commission, so fordersamst verrichtet werden sollte. (Spalding B. I. S. 455.)

Im Varenholtzer Theilungsvertrag vom 9. Juli 1611. (Klüver III. 2. S. 18 ff.) heißt es sub Nro. 63: F. 1611.

Inmaaßen denn mit den Provisoren des Klosters zum heil. Kreuz gleichfalls gehandelt und das Kloster von wegen des Sprentzer Sees und andern dazu gehörigen Gütern abgefunden und etwa 600 oder zum höchsten 1000 Fl. gegeben und da das Kloster solches über Zuversicht nicht annehmen wollte, dieselbe Sache zu ordentlichem Rechte verweiset werden soll.

Aehnlich heißt es auch noch in dem brüderlichen Erbvertrag vom 3. März 1621 (Klüver III. 2. S. 60 ff.): 1621.

Und wollen Wir mit den Provisoren (des Klosters zum heil. Kreuz) wegen des Sprentzer Sees und andern dazu gehörigen Gütern Handlung pflegen und ihnen etwa 600 oder zum höchsten 1000 Fl. geben, und da dies Kloster solches über Zuversicht nicht annehmen wollte, die Sache zum ordentlichen Rechte verweisen.

In der Transactio super divisione causarum communium facta anno 1626 (Klüver a. a. O. S. 116 ff.) bleibt die Sache wider Rostock wegen des Klosters zum heil. Kreuz dem Güstrow'schen Theile ausschließlich zu befördern und auszuüben. 1626.

---

# Beilage Nr. 6.

## Auszüge, betreffend das Kloster zum h. Kreuz, aus den Jahren 1573, 1584, 1611, 1621.

Erbvertrag mit Rostock vom Jahre 1573. A.

Dieweil dann auch ferner etliche wichtige Mißverstände und Irrungen, die diesmal in der Güte nicht vertragen werden können, zwischen J. F. G. und der Stadt Rostock schweben, als von wegen der beiden Klöster zum heiligen Kreuz und zu St. Johannis und derselbigen Iuris Patronatus sammt anderer anhängigen Gerechtigkeit: desgleichen — — — — — —
— — — — — — — — — — — — — — — — — — — —

Damit nun aller solcher streitigen Punkte halber der ganze Vertrag in den übrigen verglichenen Artikeln nicht stutzig gemacht und nach so vielfältigen versuchten Unterhandlungen auch zu dieser Zeit, sowohl als in vorigen Tractaten angewandten getreuen, wohlmeintlichen, äußersten Fleiß, Mühe und Arbeit, nicht abermals ohne Frucht zergehen mögte: als sind demnach mit J. F. G. und derselbigen unterthänigen Stadt Rostock gutem Wissen und Willen die obangeregten unvertragenen unterschiedlichen Artikel zu einem schleunigen Austrage, des Datum stehet Güstrow den ersten Novembris dieses laufenden Tausend Fünfhundert drei und siebenzigsten Jahrs, verfasset worden, wie solches der Inhalt derselbigen Veranlassung nach mehrer Länge ausweiset und mit sich bringet.

B. Erbvertrag vom Jahre 1584.

31. Ferner soll das Kloster zum Heil. Kreuz zu christlicher Auferziehung und Unterhaltung einländischer Jungfrauen vom Adel und Bürgerkinder und zu nirgends anders gebraucht werden.

32. Und soll die Wahl und Nomination des Klosterprobsts hinführo bei den Conventualen und Bürgermeistern zu Rostock;

33. Die Confirmation des erwählten Klosterprobsts bei dem regierenden Landesfürsten sein,

34. Und die Visitation des Klosters, und die jährliche Aufnehmung der Klosterrechnung vor obgemeldeten vier Deputirten des fürstlichen Consistorii und des Raths geschehen.

35. Wenn aber das Kloster und der Probst von wegen ihrer Landgüter zu besprechen, soll der Kläger jetzt gemeldetes Kloster, inmassen auch zuvor in diesem Fall geschehen, vor den regierenden Landesfürsten in prima Instantia vornehmen und beklagen.

36. Würde aber der Probst, auch das Kloster, actione Personali oder auch derer Güter halber, so innerhalb der Stadt Rostock oder auf dem Rostockischen Stadtfelde gelegen, zu belangen sein, so sollen sie in der ersten Instanz vor dem oberwähnten Rathe belanget werden, und die Appellation nicht nach Lübeck, sondern an das fürstliche Hofgericht immediate ergehen.

37. Sonst aber soll der Probst die bürgerliche und peinliche Jurisdiction, wie solches hergebracht, auf dem Klosterhofe und in des Klosters Landgütern, von jedermänniglichen ungehindert allein behalten. Jedoch mit dieser Bescheidenheit, da die Probsteyen von seinen Urtheilen oder gegebenen Bescheiden, in bürgerlichen Sachen appelliren wollten, daß sie dasselbe ohne Mittel an die Landesfürsten zu thun schuldig sein sollen.

39. In Criminalsachen aber soll die Execution wie von Alters bei dem Rathe bleiben.

C. In dem Varenholtzer Theilungsvertrage vom 9. Juli 1611 (Klüber III. 2. S. 18) heißt es sub Nro. 21:

> Mit dem Kloster zum h. Kreuz in Rostock soll es nach Besage des anno 1584 aufgerichteten Güstrow'schen Erbvertrags gehalten und von einem jeden Theil eine qualificirte Person zum Visitator verordnet werden,

und in dem Brüderlichen Erbvertrage d. d. Güstrow den 3. März 1621 (Klüber a. a. O. S. 60 ff.):

> Ebenermaaßen sollen auch die Jungfrauklöster — — — — — — —
> — — — — — — — — — — — — — — — — — — — — — — —
> und zum h. Kreuz in Rostock gemein bleiben und soll es mit dem Kloster zum h. Kreuz in Rostock nach Besag des anno 1584 aufgerichteten Güstrow'schen Erbvertrages gehalten und von einem jeden Theile eine qualificirte Person zum Visitator verordnet werden.

# Beilage Nr. 7.

## Landtagsverhandlungen, betreffend die Klosterordnung, aus den Jahren 1572, 1606, 1610, 1634, 1635, 1637.

Landtag zu Güstrow d. 22. Januar 1572. A. 1572.

In dem Gravamen 4. der Landschaft heißt es.

Was die Ceremonien, Habit, Wandel und andere Ordnung beträfe, darnach sich die Jungfrauen in den Klöstern richten und verhalten sollten, so sei die Landschaft zwar dankbar dafür, daß Sermi. solche mit Rath der Theologen fassen zu lassen Willens wären, bäte aber, ihr selbige vorher zu verlesen zu geben, ob sie in ihrer Einfalt nichts befinden mögte, so zu erinnern dienstlich sei.

(Spalding B. I. S. 41.)

Hierauf enthielt die auf dem Landtage zu Güstrow den 25. März 1572 ertheilte fürstl. Resolution keine Antwort und ebensowenig wird der obige Antrag von der Landschaft wiederholt in deren Erinnerungen über die fürstlichen Resolutionen. Dagegen kommen auf dem

Landtage zu Sternberg d. 4. Juni 1572 B. 1572.

folgende landesfürstliche Propositionen vor:

III. Wann auch Sermi. zuvor Vertröstung gethan, eine gewisse Klosterordnung, wie die Klosterjungfern christlich erzogen und erhalten werden sollten, verfassen zu lassen, so hätten Sie durch ihre vornehmsten Theologen in der Universität zu Rostock selbige verfertigen lassen, daher Sie begehrten, selbige forderlich zu lesen, und Ihnen ihre Bedenken alsbald oder auf's förderlichste einzubringen, und weil Sie in Eile solche nicht abschreiben lassen mögen, dies Exemplar Ihnen wiederum zuzustellen.

IV. Weil auch nöthig, daß eine gewisse Oeconomia und richtige Ordnung gemacht werde, wie die Klostergüter und Einkommen anzuwenden, zu gebrauchen und zu erhalten wären, daß nichts davon unnützlich umkomme oder verschwendet werde, so begehrten Sie, daß E. E. Landschaft darauf zu gedenken habe, damit die Klostergüter zum Gedeihen der Klöster und Landschaft angewendet würden. (Spalding B. I. S. 85 f.)

Antwort der Landschaft.

ad. III. et IV. Die Landschaft wäre unterthänig dankbar, daß Sermi. eine gewisse Klosterordnung verfassen, und ihr solche zustellen lassen; weil aber dem Fürstl. Begehren nach auf diesmal in solcher Eile von ihr nicht vollkommen berathschlaget werden können, auch überdies für gut angesehen werden, darüber der Klosterjungfern Bericht und Bedenken zu hören, so schlösse sie selbige zwar hiebei wieder an, bäte aber, forderſamst eine Abschrift derselben fertigen und solche dem Hauptmann zu Dobbertin zuschicken zu lassen, um davon mit den Jungfern im Kloster zu reden, deren Bedenken zu hören, und der Landschaft einzubringen. Damit nun unverlängt solche Ordnung ins Werk gestellet, auch sonst Sermorum. Begehren nach von der Oeconomia und Haushaltung der Klosterjungfrauen gerathschlaget, und solcher Artikul zu seiner Endschaft gebracht werde, so hätte sie den zur Revision der Polizeiordnung Verordneten Befehl zugestellet, solche Klöster- und Oeconomie-Ordnung, wenn sie von den Jungfern im Kloster Dobbertin Bericht empfangen hätten, mit Sermis. und Ihren Verordneten unterthänig zu vergleichen.

(Spalding B. I. S. 103 f.)

C. 1606. Landtag zu Sternberg d. 25. Juni 1606.

Gemeine Beschwerungen des Wendischen Kreises.

6. Da der von Sermis. den Jungfrauen vorgeschriebenen Ordnung, auch von dem Hauptmann der gemachten Ordnung der Haushaltung nicht nachgelebet würde, so bäte E. E. Landschaft, die ernste Verordnung zu thun, daß selbige hinführo stricte von den Jungfrauen und Hauptmann gehalten werde. (Spalding B. I. S. 294.)

D. 1607. In einer Supplication der Provisoren und des Hauptmanns des Klosters Dobbertin an die Landesherren d. d. 22. April 1607 heißt es:

Sie könnten nicht umhin, zu berichten, daß die bisherige Klosterordnung fast dermaßen in Abnehmen gerathen, daß nicht allein die Jungfern mit vielen Ausfuhren, üppigen Kleidungen und andern sich nicht danach richteten, sondern die Amtspersonen, als Domina und Priorin, fast wenig, ja gar kein Gehör und Furcht mehr bei ihrer vielen hätten; und ob sie sich zwar vor diesem mit Fleiß darum bemühet, sich der alten Klosterordnung gemäß zu verhalten, sie ihnen selbige auch unterschiedlich vorgelesen, so wäre doch solches vergeblich gewesen; daher es wohl die Nothdurft erfordern wollte, daß von Sermo. und E. E. Landschaft gewisse Personen verordnet würden, welche die Klosterordnung revidirten, und eine Ordnung entwürfen, wie es hinführo im Kloster gehalten werden sollte. (Spalding B I. S. 316 not. a.)

E. 1610. Landtag zu Sternberg d. 26. Juni 1610.

Wiederholte gemeine Gravamina der Ritter- und Landschaft.

Obzwar nicht ohne, daß die Klosterdisciplin ziemlich laxa, und eine Zeit her dergestalt nicht fortgesetzet worden, wie es sich wohl geziemet hätte, so hielten doch die Landstände dafür, daß kein geringer Mangel und unordentliches Leben daher verursachet sei, daß die Klosterordnung nicht publiciret wäre, daher sie nochmals höchsten Fleißes bäten, daß es förderlichst geschehen mögte, damit die Provisoren darüber desto eifriger halten könnten, und dem Unwesen wider ihren Willen also nicht zusehen müßten. (Spalding B. I. S. 419.)

Fürstliche Resolution:

Sie wollten Anordnung thun, daß die Klosterordnungen ehestens publicirt würden. (Spalding B. I. S. 421.)

F. 1610. Den Verhandlungen des Landtages zu Güstrow d. 30. October 1610 liegt an ein Memorial der Landstände an Sermum. d. 6. Novbr., worin sie bitten, daß, da die E. Landschaft und die Provisoren der Klöster Ribnitz, Dobbertin und Malchow vor diesem bei Herzog Carl p. m. wegen einer gewissen Klosterordnung Ansuchung gethan, die Provisoren auch eine Ordnung zu Papier gebracht, und um deren Publication gebeten, auch darauf jüngsthin auf dem Landtag zu Sternberg d. 24 Juni Vertröstung geschehen, solches aber bis jetzt unterblieben sei, Sermi. fordersamst diese Ordnung revidiren, und durch gewisse dazu Deputirte publiciren, und darüber Fürstl. halten mögten. (Spalding B. I. S. 468.)

G. 1634. Landtag zu Sternberg d. 9. September 1634.

Repetirte Gravamina der Ritter- und Landschaft.

ad. 2. Es würde der vielen bei Kirchen und Schulen, Klöstern, Armen-

und Gotteshäusern eingerissenen, und täglich sich mehrenden Mängel halber hochnöthig, christlich und löblich zu sein befunden, daß die vertröstete Anstellung deren Visitation, Inhalts der Reversalen, ehester Möglichkeit zu Werk gerichtet würde, und Sermi., wo möglich, des Behufs, jetzo einer gewissen Zeit allhier in loco Sich vereinigten. (Spalding B. II. S. 272.)

Fernere Gravamina der Ritter- und Landschaft.

19. Sie bäte, daß es wegen der Klöster bei der Assecuration d. 1572 allerdings gelassen, und die dagegen, so wie gegen die Klosterordnung eingerissenen Mißbräuche abgeschafft, und des Behufs jetzo sofort gewisse Visitatoren mit völliger Instruction, auf der Klöster Unkosten, verordnet werden, und es hinführo mit Bestellung der Klosterhauptleute bei dem Buchstaben der Assecuration verbleiben möge. (Spalding B. II. S. 277.)

Fürstliche Resolution.

ad 2. Die angeregte Visitation der Kirchen, Schulen, Klöster, Oeconomeyen und Armenhäuser erachteten Sie für löblich, christlich, und hochnöthig, Sie würden selbige auch schon vorlängst zu Werk gerichtet haben, wenn Sie nicht durch so vielfältige kundbare impedimenta, bei diesen gefährlichen und beschwerlichen Zeiten, wider Ihren Willen daran behindert wären, Sie wollten aber nunmehr dies heilsame Werk mit dem allerersten, nach Inhalt der brüderlichen Erbverträge, der Reversalen, und Kirchenordnungen fortsetzen und befördern, wie denn damit bereits ein guter Anfang gemacht wäre. (Spalding B. II. S. 294.)

ad 19. Wegen der Klöster ließen Sie es, außerhalb der Veränderung, so mit Ribnitz vorgegangen, bei dem anno 1572 gegebenen Assecurationsrevers bewenden, und wollten darauf bedacht sein, daß wegen der Haushaltung Rechnung aufgenommen, der Klosterordnung gelebet, und darüber eine Visitation zur Hand genommen würde. (Spalding B. II. S. 311.)

Am 7. October revidirten die Landräthe die Klosterordnung de anno 1610. (Spalding B. II. S. 308.)

Landtag zu Güstrow d. 22. Juli 1635. H.

Gravamina der Ritter- und Landschaft. 1635.

ad 19. Damit den bei den Klöstern eingerissenen Mißbräuchen desto besser vorgebauet, und wie selbige zur wahren Gottesfurcht fundiret wären, also auch selbige darin fortgepflanzet werden möge, so bäte Ritter- und Landschaft, daß die jüngst übergebene Klosterordnung vom Sermis. bestätigt und vollzogen ausgefolget, und es im übrigen sonst mit den Klöstern Inhalts des Assecurations-Reverses de anno 1572 allerdings gehalten würde. (Spalding B. II. S. 340.)

Fürstliche Resolution.

ad 19. Es sollten gewisse Personen zur Revidirung der Klosterordnung verordnet, und die eingeschlichenen abusus, nach Möglichkeit, eingestellet werden. (Spalding B. II. S. 349.)

Replik der Ritter- und Landschaft.

ad 19. Sie bäte, daß die Klosterordnung vollzogen ausgefolget werden mögte, weil sonst bei den Klöstern keine vorhanden, und viele abusus einschlichen. (Spalding B. II. S. 353.)

Weitere fürstliche Resolution.

ad 19. Es hätte vermöge ihrer Erklärung, so fordersamst zu Werk gerichtet werden sollte, seine Richtigkeit.

(Spalding B. II. S. 357.)

Abermalige Erwiderung der Ritter- und Landschaft.

ad 19. Sie bäte, ihr die Klosterordnung, wenn sie vollzogen, auszuhändigen. (Spalding B. II. S. 358)

I. 1637. Landtag zu Sternberg d. 18. April 1637.

Repetirte Gravamina der Ritter- und Landschaft.

ad. 19. Sie bäte, die damals (9. Septbr. 1634) zur Confirmation übergebene Klosterordnung zu vollziehen, und den Klosterleuten aufzugeben, sich darnach zu richten. (Spalding B. II. S. 364.)

Fürstliche Resolution.

ad 19. Sie wollten die Klosterordnung in den ehesten Tagen revidiren, und nach jetziger Zeit Beschaffenheit, und erheischender Nothdurft, gebührend einrichten lassen, selbige vollziehen, und confirmiren, und E. E. Ritter- und Landschaft ausantworten lassen. (Spalding B. II. S. 379.)

---

# Beilage Nr. 8.

## Auszug aus der Klosterordnung von 1572.

(Rudloff Versuch einer richtigen Auslegung und Anwendung des Hauptschlusses der außerordentlichen Reichsdeputation zu Regensburg vom 25. Febr. 1803, §. 35, 36. Zweiter Theil. Beilage XX. — Wiggers Geschichte der Landesklöster S. 94 ff.)

Der Durchl. Hochgeb. Fürsten und Herrn H. Hans Albrechten und H. Ulrichen Gebr. Herz. zu Mecklenb. u. s. w.

Reformation und Ordnung der Jungfrauenklöster.

Wie es darin mit christl. Lehr, Gebrauch des hochwürdig. Sacraments, täglichen Gesängen und andern christlichen Uebungen soll gehalten werden.

Vorrede. — — — — — — — — — — — — — — — — — — — — — — —

I. Ursprung und erste Form der Klöster.

Und sind sonderlich die alten Mannesklöster erstlich nichts anders als Schulen gewesen, darin unter der Zucht und Lehre eines gelarten Mannes, den man ein Abt, d. h. Vater, genannt hat, junge Knaben und andern in christl. Lehr und andern guten Künsten unterweiset und auferzogen — — — — — — sind mit welchen hernach die Aemter in der Kirchen Gottes und weltlichen Regierung, nach dem ein jeder von Gott begabet und berufen, bestellet worden sind: — — — — — — — — — — — — — — — — — — — — — — — — — — —

Als aber die alten Stift und Klöster, von dieser Arbeit, der Erhaltung und Ausbreitung christlicher Lehr und Studien willen, reichlich mit vielen und großen Gütern begabt und mächtig worden, und endlich gangen ist, wie Bernhardus klagt:

Religio peperit divitias et filia devoravit matrem, daß beide, Domherrn und Mönche in Klöstern, die heil. Schrift zu profitiren und zu predigen und andern zu lehren, untüchtig und allein faule Wänste und müssige Junkern worden, hat die hohe unvermeidliche Noth christliche Fürsten und Regenten gedrungen, daß sie Universitäten oder hohe Schulen anrichten und stiften mußten, darin die Studia christlicher Lehr, der weltlichen Rechten, — — — — — — in Ihren Landen erhalten und ausgebreitet und tüchtige Personen zum Predigtamt und vielfältigem Dienst der weltlichen Regierung mochten darin zugerichtet und gründlich unterwiesen werden; — derhalben auch die Durchl. Hochgeb. Fürsten und Herrn H. Johann Albr. und H. Ulrich Herz. zu Meckl. — — — — — — — in J. F. G. Landen — — — die Universität in J. F. G. Stadt Rostock — — — wiederum von neuem aufgerichtet — — — — und zu nothdürftiger und ehrlicher Unterhaltung derselben etlicher J. F. G. vornehmster Manneklöster Dobberan und Marienehe (die sonst der Kirchen Gottes nichts dienten) Geldpächte und Sultzhebungen, auch etlicher anderer Klöster wiederkäufliche Summen gnädiglich und mildiglich verordnet und zu ewigen Zeiten dabei zu lassen fürstlich zugesagt und verpflichtet haben.

Von den Jungfrauenklöstern.

Dieweil auch J. F. G. getreue und gehorsame Landschaft, zu öfteren malen unterthäniglich angesucht und gebeten, daß die Jungfrauenklöster zu Hospitalen armer gebrechlicher Jungfrauen vom Adel, auch zu christlicher Auferziehung und Unterweisung junger Jungfrauen, gemeiner Landschaft zu gut, von J. F. G. gnädiglich bei allen ihren Gerechtigkeiten und Einkommen gelassen, geschützet und erhalten würden. Als wollen J. F. G., dieweil sie in dieser Reformation, vornehmlich Gottes Ehre und Erhaltung reiner Lehre, und rechten Gottesdienstes, und der Unterthanen Heil und Wohlfahrt, und nicht der Klöster Güter oder eigenen Nutz suchen: solcher von J. F. G. Landschaft begehrte Jungfrauenklöster bei ihren Gütern und von Alters her gewöhnlicher Administration derselbigen, auch forthin gnädiglich erhalten, schützen und handhaben. Jedoch, daß solche Jungfrauenklöster, von allen päpstlichen Irrthümern, Mißbräuchen, Abgöttereien und gotteslästerischen Gesängen und abergläubischen Ceremonien, nach Gotteswort gereinigt und entfreiet, und mit wahrhaftiger christlicher Lehr, und rechten in Gottes-Wort gegründeten Gottesdiensten und nützlichen gottgefälligen christlichen Ceremonien und exercitiis, nach der ersten Form und Stiftung der christlichen Jungfrauenklöster geordnet, angerichtet und gehalten werden.

Erste Form der Jungfrauenklöster.

Denn anfänglich die Jungfrauenklöster nichts anders, als christliche Schulen und Zuchthäuser der Jungfrauen gewesen, darin sie unter der Lehre und Zucht einer gottesfürchtigen und verständigen Domina, zu wahrer Erkenntniß und Furcht Gottes, zu täglichem Gebet, zu Gehorsam, Zucht, Mäßigkeit, Demuth und allerlei Arbeit, so in der Haushaltung mit Kochen, Nähen, Spinnen, Kinder zu Gottesfurcht und guten Sitten zu gewöhnen, nöthig, treulich und fleißig unterrichtet und auferzogen sind, damit sie nachmals gleichergestalt auch Kinder lehren, und aufziehen könnten, wie sie durch Gottes Gnade gelehret und in der Zucht gehalten worden. Und dieweil keine christliche Unterweisung und Zucht bestehen kann, wo nicht Gehorsam ist, haben die Jungfrauen so erstlich in die Klöster genommen, der Domina oder Aebtissin, diese drei Gelübde thun müssen: daß sie so lang sie im Kloster lebten, der Domina mit willigem demüthigem Herzen und allem äußerlichen Thun und Lassen gehorsam sein, keusch und züchtig, mit Herzen, Worten und Werken und äußerlichen Geberden sich erzeigen, und alle Pracht und Ueberfluß an Speise und Kleidung willig fahren lassen, und ob sie schon Fürstinnen, oder sonst hohen Standes wären, mit des Klosters Armuth, geringer Speise und Kleidung, gleich den andern Jungfrauen für lieb und gut nehmen wollten.

— — — — — — — — — — — — — — — — — — — — —

— — — — — — — — — — — — — — — — — — — — —

Sträfliche Mißbräuche in den Jungfrauenklöstern.

— — — — — — — — — — — — — — — — — — — — —

II. Reformation der Jungfrauenklöster.

Derhalben auch die Durchl. und Hochgeb. Fürsten und Herrn, Herr Johann Albrecht und Herr Ulrich Gebr. Herz. zu M. ꝛc. nachdem J. F. G. in Ihrem von Gott befohlenen fürstlichen Amt sich schuldig erkennen, in J. F. G. Regierung vor allen Dingen Gottes des Allmächtigen Ehre und sein göttliches allein selig machendes Wort und die reine wahre christliche Religion, J. F. G. lieben getreuen Unterthanen zu Heil und Seligkeit, in J. F. G. Fürstenthümern und Landen, Kirchen, Schulen und Klöstern zu befördern und zu erhalten: haben J. F. G. vor der Zeit in J. F. G. Jungfrauenklöstern Dobbertin, Ribnitz, Malchow und andern eine christliche Reformation vorgenommen und dieselbige durch etliche gottesfürchtige gelehrte, erfahrne dazu verordnete Männer mit allem Fleiß und Treue besichtigen und visitiren, und eine christliche Ordnung, wie es mit christlicher Lehre, gottseligen Gesängen und Gottesdienst darin sollte gehalten werden, kürzlich fassen, und den Klosterjungfrauen zum Theil zustellen lassen. Sind auch nochmals des christlichen fürstlichen Vorhabens und endlicher Meinung, daß J. F. G. die Jungfrauen und andern Personen, so dieser Zeit in J. F. G. Jungfrauenklöstern sind, und forthin mit J. F. G. Vorwissen und Bewilligung darin möchten genommen werden, gnädiglich und mildiglich unterhalten, und mit aller Nothdurft versorgen wollen: Jedoch also und mit diesem Bescheid, daß sie sich vorgemeldeter J. F. G. christlichen Ordnung und Befehl, welche J. F. G. neulich übersehen, erwogen und mit vorgehabtem etlicher J. F. G. vornehmen Landstände und Theologen Rath verbessert und vermehrt haben, gemäß und gehorsam verhalten. — — — — — — — — — — — — — — — — —

III. Ordnung des täglichen Gottesdienstes in den Jungfrauenklöstern.

— — — — — — — — — — — — — — — — — — — — —

IV. Schul-Ordnung in den Jungfrauenklöstern.

Zum Vierten, dieweil die Jungfrauenklöster anfangs vornehmlich darum gestiftet und mit reichen Einkommen begabt sind, daß Gott und der christlichen Gemeinde darin gedienet, und daß es Zuchthäuser oder gottselige Schulen wären, darin christlicher Leute Töchter und Jungfrauen in wahrer Erkenntniß und Anrufung Gottes zu aller Zucht und Ehrbarkeit, und nöthiger Hausarbeit auferzogen und unterwiesen, und arme gebrechliche Jungfrauen von Adel und andere, so zum Ehestand nicht tüchtig, oder sonsten durch sonderliche Gaben Gottes im Stande der Jungfrauschaft gedächten zu bleiben, in Klöster als in Hospitalen ihre Unterhaltung hätten; als ordnen und befehlen die Durchl. Hochgeb. Fürsten und Herrn, Herr Johann Albrecht und Herr Ulrich Gebr. Herz. zu M. ꝛc., daß in einem jeden Jungfrauenkloster eine Meidlein-Schule angerichtet werde, also daß die Domina eine gewisse Anzahl junger Jungfrauen vom Adel und andere annehmen und eine bestimmte Anzahl Jahre darin auferziehen und entweder selbst oder durch andere geschickte, züchtige und fleißige Matronas oder alte Jungfrauen lehren und unterrichten soll lassen, also daß sie da lernen lesen, schreiben, Predigt hören, den Catechismum sprechen, nähen, spinnen, knütten, weben, wirken, mit den Ziffern und Pfennigen rechnen 2c. und zum täglichen Gebet gehalten werden, mit solcher Unterweisung, daß sie rechten Verstand der ganzen christlichen Lehre erlangen, und sich zu rechter Anrufung Gottes und allen Tugenden gewöhnen.

— — — — — — — — — — — — — — — — — — — — — — —

V. Von der Klosterzucht.

Zum Fünften, damit nun solche christliche Uebungen und Zuchtschulen Gott zu Ehren und dem ganzen Lande, sonderlich aber denen vom Adel zu Nutz und Trost, als desto bequemer, besser und langwieriger in den Jungfrauenklöstern mögen gehalten und gehandhabt werden, ist

1) vonnöthen, daß eine gottesfürchtige, verständige Domina den andern Jungfrauen in jedem Kloster vorgesetzt werde,

— — — — — — — — — — — — — — — — — — — — —

2) daß die Kloster-Jungfrauen der Domina gehorsam seien,

— — — — — — — — — — — — — — — — — — — — —

3) — — — — — — — — — — — — — — — — — — — — —

4) daß des Klosters Prediger alle Wochen auf's wenigste einmal im Kloster zusehe, wie es mit dem Gottesdienst, Schulen und sonst zugehe: —

5) daß der Superintendent desselbigen Orts alle halbe Jahr das Kloster visitire, und wie dieser Ordnung allenthalben nachgelebet werde, fleißig erkundige;

— — — — — — — — — — — — — — — — — — — — — —

6) daß eine gewisse Anzahl Jungfrauen in die Klöster genommen, welcher jegliche nach ihrem Vermögen zu Unterhaltung des Klosters auch etwas Geld mit hinein bringen, welches, so sie im Kloster bleiben und sterben würde, alles bei dem Kloster bleiben, und wenn sie sich wieder heraus begebe, zum Theil ihr wiederum erstattet sollte werden,

7) wann über die bestimmte Anzahl Etliche vom Adel oder Andere ihre Kinder darin wollten zu Gottesfurcht, Zucht und nöthiger Lehre und Hausarbeit unterweisen und aufziehen lassen, die sollen jährlich dem Kloster für den Tisch und Unterhaltung eine billige Summe Geld, bis etliche herauskommen, entrichten.

VI. Von Kloster-Gelübden.

— — — — — — — — — — — — — — — — — — — — — — —

und welche (Jungfrauen) sich mit ihrer Landesfürsten Vorwissen und ihrer Freundschaft Bewilligung in die Ehe begeben, denen soll nach Ermessung desjenigen, das sie in's Kloster gebracht, zu ihrer Aussteuer ziemliche Hülfe geschehen. — — — — — — — — — — — —

— — — — — — — — — — — — — — — — — — — — — — —

Beschluß.

Zum Letzten, was der Kloster Güter und Einkommen und derselbigen Administration, item: die Küchenordnung, was und wie viel man jedes Tages speisen, und ob man einer jeden Jungfrau besonders anrichten, oder einen ganzen Tisch voll aus einem Faß speisen, item: von

Unterhaltung und Lohn der Diener, und, in Summa, was die ganze Haushaltung anlanget, da werden der Klöster Hauptleute neben den Dominabus und andern der Haushaltung Verständigen gebührliche Ordnung zu machen wissen, welche, ob sie dieser Reformation mit einzuverleiben, in unserer gnädigen Herrn und Landesfürsten Bedenken billig gestellet wird.

---

## Beilage Nr. 9.

Der Durchl. Hochgeb. Fürsten und Herrn H. Adolph Friedrich und H. Hans Albrecht Gebr. H. z. M. 2c. revidirte Ordnung der Jungfrauenklöster Dobbertin, Ribnitz und Malchow wie es darin mit dem Gottesdienst, und andern christlichen Uebungen und sonsten insgemein von den Conventualen und andern eingehörigen Klosterpersonen soll gehalten werden.

---

Wiewoll anfenglich die Jungfrauen-Klöster von den Vorfahren darumb gestiftet, daß die Persohnen, so darinn sich zu begeben Vorhabens, aller weltlichen Händel sich gentzlich begeben, ein Gottseliges, stilles und eingezogenes züchtiges Leben führen, für die gemeine Christenheit, die Kayserl. Maytt., alle christliche Potentaten, Chur-Fürsten und sonderlich die Obrigkeiten, unter welches Schutz und Schirm ein jedes belegen, wie denn auch alle Land-Stände, mit Fleiß und Ernste beten, und also des Gottesdienstes alleine sich befleißigen sollen; dahero auch und in Betrachtung solcher von anfangs wohlgemeinter Christlichen Uebung J. J. F. F. G. G. löbliche Vorfahren, nicht allein nach reformirter Religion, die Clöster Dobbertin, Ribbnitz und Malchow, in ihrem Esse gelassen, sondern auch Deroselbigen unterthänigen Ritter- und Landschaft in solchem Gebrauch dieselbige zu behalten, abgetreten, und aus Dero Mittel gewisse Persohnen zu Provisoren, welche die Clöster und Deroselben disciplin in Acht hetten, zu verordnen, in Gnaden bewilliget und zugelassen; So sind doch nun etzliche Jahr hero in ermelten Clöstern allerley Misbräuche und Unordnungen, so wohl im Gottesdienst mit unfleißigen Bethen und Gehör göttliches Wortes, als sonsten auch im Leben, Kleidung und andern Leichtfertigkeiten erspühret worden. Derowegen die Noth erfürdert, nach beschriebene Ordnung darnach die Clöster-Jungfrauen, zusambt Ihrem Gesindlein, auch deroselben Pastores und Seelsorger sich zu richten haben sollen, zu vorfassen und Ihnen fürzustellen.

1) Erstlich, sollen ermelte Clöster allezeit versorget seyn mit gottseligen, christlichen, friedliebenden, und an Lehr und Leben unstraffbahren Predigern, welche den Jungfrauen und Closter-Gesinde Gottes Wort lauter und rein, wie es in den drey Haupt-Symbolis, Apostolico, Athanasiano und Niceno, in der Augspurgischen, Anno 1530. Kayser Carol dem Fünften übergebenen Confession, den Schmalkaldischen Articuln, im Concordien-Buche und Dr. Martini Lutheri Schrifften ercleret ist, predigen und außlegen, und daß wöchentlich, ohne die Festtage, dreymahl, alß des Sonntags, umb acht Vormittage, desselben Tages,

umb Ein Uhr Nachmittage, und in der Wochen des Mittwochens, Donnerstages oder Freytages.

Dieser Prediger soll auch den Closter-Jungfrauen und erwachsenen Kindern und Clostergesindlein das hochwürdige Sacrament des wahren Leibes und Bluts Jesu Christi, unter beyder Gestalt, nach der Einsetzung des Herrn, öffentlich in der Kirchen, auch besonders in ihren Krankheiten im Closter, verreichen, sie in ihrer Beicht und ausserhalb derselben, offt zu aller Gottseligkeit, Zucht und Erbarkeit vermahnen, und unterweisen, und was mehr zu seinem Ampt, mit trösten, Straffen, die Kranken zu besuchen und sonst gehöret, mit allem getrewen Fleiß vorrichten.

2) Zum andern sollen die Persohnen in der Versamblung des Closters, sambt den Kindern so darin genommen worden, nicht allein zu der Zeit, wann gepredigt wirdt, fleißig und unaußbleiblich zur Kirchen gehen, Gottes Wort mit Fleisse anhören, die Predigt und allen Ceremonien außwarten, undt in der Lehr undt Unterricht Ihren getrewen Seelsorgern gebührliche Folge leisten, Sondern auch die andern Tage beyde Morgendts und zur Vesperzeit zu Chor gehen, in solchem Chorgehen die Mantel, Kragen undt andere Kleidungen, so hierzu verordnet werden sollen, tragen, undt nach der Ordnung, wie Sie in's Closter kommen, stehen, Gott dem Herrn mit lesen, singen, Bethen, Danken und Loben, dienen, undt dabei aller Leichtfertigkeit in Gespräch und Gebehrden sich enthalten, undt wann der Gottesdienst in der Kirchen verrichtet ist, alsdann in vorgedachter Ordnung züchtig wieder herauß gehen, und eine jede an ihren ohrt sich vorfügen.

3) Zum dritten, soll allezeit eine Gottesfürchtige, düchtige, friedliebende, vorstendige und wohlerfahrene Jungfraw, die etwas von Jahren oder sonst dazu qualificirt ist, und Gotteswort und gute Sitten lieb hat, zu einer Domina oder Priorin durch ordentliche Wahl, so auff vorhergehendes Gebeth, von den Jungfrawen und jedes Closters Provisorn auf J. J. Fl. Fl. G. G. ratification in der Furcht Gottes geschehen soll, den andern Jungfrawen fürgesetzet, undt in beyden Clöstern, Dobbertin und Malchow (weil daselbst die Versammblungen grösser alß zu Ribbnitz) denselben durch gleiche Wahl eine unter-Priorin zugeordnet werden, auff daß durch dieselbe alß Haubter und Regenntinen, das Regiment im Closter ordentlich und richtig geführet undt fleißige auffsicht auf die andern Jungfrawen, damit Sie thun, was Ihnen gebühret geschehen möge, welche Dominam und Priorin alle Persohnen des Convents, zusambt den Kindern, so Sie bey sich haben, und ihren Mägden, alß ihre liebe Obrigkeit, ehren, lieben und werth halten und ihnen allen schuldigen undt gebührlichen Gehorsam und folge leisten und beweisen sollen. Und da es sich auch begebe, das man doch nicht wil hoffen, es auch Closter-Jungfrawen übel anstehen würde, daß eine oder mehr Persohnen des Convents unter sich mißvorstendig würden, So sollen Dieselbe solche Mißvorstände der Domina und Priorin, Sie zu entscheiden, bescheidentlich fürbringen, und werden alßdann Dieselbe für sich, oder da es der Sachen Wichtigkeit erfordern würde, mit Zuziehung der Provisoren darin, was recht und billig ist, beschaffen, daran sich eine jede begnügen lassen, und alles ergerlichen gezenkes und unlusts, bey willkührlicher Straffe enthalten solle.

4) Für's Vierte, wann es sich begebe, daß eine, oder mehr Jungfrawen kranck und bettlegerig würden, oder daß Sie nothwendige Ambtsgeschäffte zu verrichten hetten, So sollen dieselbe nach Zeit und Gelegenheit, auf ermeßigung

der Dominae, welcher solches beweißlich fürbracht, und Sie vorhin umb Erlaubung ersucht werden soll, mit dem Kirch- und Chor-gehen übersehen, und da es die Noth erfürdert, der Krancken eine oder zwo der andern Jungfrawen zur Pflege und aufffsicht die Zeit über zugeordnet werden; Trüge es sich aber auch zu, daß einer Jungfrawen Vater, Mutter, Schwester oder Bruder oder andere Blutfreunde ankehmen, und mit derselben in Eyll, also, daß Sie den Tagk über nicht bleiben könnten, zu reden hetten, und der Gottesdienst darunter einfiele, So soll desfalß die Jungfraw nicht Macht haben für sich Selbsten aussen zu bleiben, Sondern der Dominae oder Priorin die Umbstände desselben berichten, die dann in dem ihre Bescheidenheit, erforderten Noturfft nach, werden zu gebrauchen wissen. Wo aber die Eltern oder Brüder und Schwestern den tagk über verbleiben würden, so sollen die Jungfrawen sich des Gottesdienstes keinesweges entziehen, denn Sie, nach Verrichtung desselben zu solchem Gespräch, Zeit genug übrig haben.

5) Zum Fünfften, wann es Essenszeit ist, sollen sich die Jungfrawen im Closter Dobbertin, ohne Behinderung, kundbare Schwachheit ausgenommen, einträgtiglich zu Tisch verfügen, für und nach essens fleißig bethen, darnach züchtig undt nach ihrer ordnung zu Tische sitzen, sich über wehrender Mahlzeit aller Leichtfertigkeit an Worten- und Gebehrden enthalten, der Leserin fleißig zuhören, undt wann aufgehoben und Gott Danck gesagt, alßdann eine jede sich an ihren ohrt wiederumb verfügen; In den andern beyden Clöstern aber, als zu Ribbnitz und Malchow, da jede Jungfraw ihre sonderliche Küchen und Haushaltung hat, Sollen Sie auch ihre gewisse Stunde zum Essen, alß des Mittags umb zehn, und des Abends umb fünffe halten, damit dardurch in denselben Clöstern keine Unordnung verursacht werde, wie denn dieselben Jungfrawen auch undt Ihr Gesinde sich bey dem Tische aller Zucht, und Erbarkeit undt sonderlich des Geberths und Dancksagung gebrauchen sollen.

6) Zum Sechsten sol eine jede Jungfraw, zu bestimbter Zeit, nemblich auf den Abend halbe wege neune, auff dem Schlaffhause seyn, darauf stille seien, und den Alten keine Unruhe machen, undt auf den Glockenschlag neune sich keine mehr im Creutzgange, Steinethor oder sonsten an andern örtern spühren oder finden lassen, und soll die Domina undt Priorin darauf achtung geben, daß sowohl die Jungfrawen alß Megde und Lehrkinder sich dahin verfüget und zum Schlaffen geleget, undt zu solchem Schlaffhause den Schlüssel haben, und auf den Glocken-Schlagk neun dasselbige verschließen; Da aber auß Muthwillen oder Ungehorsamb jemand solche Stunde verseumen oder gantz außbleiben undt sich dieser ordnungk nicht gemeß vorhalten, und auff der Dominae und Priorin Erinnern und Vermahnen, von solchem Ungehohrsamb nicht abstehen würde, dieselbe sollen ohn alle Schew von der Domina und Priorin, den Provisorn nahmkündig gemacht, dagegen alßdann gebührlicher Ernst gebrauchet undt vorgenommen werden soll.

7) Desgleichen zum Siebenten, sol auch das Closterthor und alle Pforten sonderlich aber die Wasser-Pforten im Closter Dobbertin, alle Abend zu rechter Zeit, alß des Sommers umb acht und des Winters umb sechs vorschlossen, sonderlich aber die Schiebe und Closterthor den gantzen Tagk verschlossen gehalten, und auch das Sprachfenster also vermacht werden, daß dadurch niemand auß- oder einkommen kann, und sollen die Domina und Priorin die Schlüssel zur Schieben und Thor und auch zu andern Pforten, damit das Jungfrawen-Closter verschlossen wirdt, in ihrer Verwahrung haben, und beyderley, sowohl

als alle andern Pforten, wie obgedacht, woll verschlossen gehalten werden. Da Sie aber solche Schlüssel zu Zeiten andern Persohnen vertrauen und zustellen würden, die sollen niemandt, ohne ihr Vorwissen und außdrückliche Bewilligung auß- oder einlassen: Und dafern die Jungfrawen das Thor und Schieben nicht verschlossen halten, undt also allerley Gesindlein ins Closter hinein schleichen würde, soll es außwendig vom Probsteyen-Hoffe, vom Haubtmann oder Küchenmeister verschlossen werden, undt deme so viel bequemer nachzukommen, sol Verordnung geschehen, daß auf einmahl so viel Holtz zu des Klosters Noturfft geführet werden soll, daß eine Zeit lang mit demselben zuzulangen, und denen, so Deputat-Holtz und Torff bekommen, es auch auf gewisse Zeit verschaffet werden, damit das Thor nicht alle Tage und Stunden, wegen der Pawren, so im Closter zu thun haben, offen stehen dürffe.

8) Zum Achten, wann einer Closter-Jungfrawen Vater, Mutter, leibl. Brüder, Vater- und Mutter-Brüder, oder Vormünder, beide vom Adel und Bürger, dieselben Jungfrawen zu sprechen, oder auch vornehme ehrliche Leute das Closter zu besehen, begehrten, anlangeten; Soll von denselben keiner alßbald eingelassen, Sondern solchs vorher der Dominae oder Priorin angezeigt werden, und mit derselben und des Hauptmanns oder in dessen Abwesen, des Küchenmeisters Vorwissen und Bewilligung, die Einlassung solcher Persohnen geschehen, derselben Diener aber an Knechten und Jungen, soll keiner mit eingelassen, sondern vor der Schieben zurück gehalten werden.

Denjenigen, so das Closter besehen wollen, sol die Domina ein pahr Persohnen zuordnen, die Sie herumb führen.

Wollen Sie auch Jemand von den Jungfrawen sprechen, der sol es angemeldet werden, und sol dieselbe mit ihnen in das Steuenthor gehen, und die Unterredung daselbst vorrichten, wann es aber Essenszeit, so kann man geschehen lassen, daß dieselben im Closter bleiben, undt von der Jungfrawen eigenen Deputat, wie bishero geschehen, gespeiset werden mögen. Jedoch daß die Mannspersonen nicht lenger als einen Tagk daselbst verharren, undt alle Wege aufm Abend umb acht Uhr sich gestracks wieder aus dem Closter nach ihrem Losammentern oder Herberge begeben, und im Closter keineswegs lenger verharren sollen. Immassen dann auch die Domina und Priorin, daß solches geschehen möge, steiff und fest darüber halten sollen.

Da aber über Zuversicht, demselben keine Folge geleistet würde, sol es bey der alten Ordnung (nemblich daß keine Manns-Person ins Closter hinfüro soll gelassen werden, Sondern daß dieselben fürm Sprachfenster ihre Gewerbe verrichten sollen) nachmals bleiben und darüber steif und fest gehalten werden.

Frawen und Jungfrawen aber sol es frey und zu Deroselben eigen Willen und Gefallen stehen, ob Sie im Closter bleiben, daselbst essen und schlaffen wollen.

Wann aber fremde Leute im Closter sein, sol derhalben die Schiebe oder Thor nicht offen gelassen, sondern wiederumb gestracks, bis zu derselben wieder Ausgehen, verschlossen werden, damit allerley Gesindlein vom Hoffe und sonsten nicht hin- und wieder alle Oerter und Winkel durchlauffen mögen.

Was aber andere gemeine Leute an Pauren oder des Closters Haußt-Gesindte anlanget, so Jemands im Closter sprechen wollen, dieselben sollen vor der Schieben bleiben, und sol derjenige, so Sie sprechen wollen, angezeigt werden, die sollen zu ihm vor das Sprachfenster gehen, und allda die Unterredung bald verrichtet werden.

9) Zum **Neunden**, wann jemand im Closter an ihre Freunde oder sonst nothwendig zu schreiben hat, die sol solches Selbst thun, oder die nicht schreiben kan, eine andere im Kloster, die es kan, darzu bitten, und keineswegs dem Küchenmeister, Organisten oder Küchschreiber daselbst, wie bishero geschehen, darzu gebrauchen, mit denselben sowohl als andern Gesinde des Closter-Hoffes sich auch für der Schieben alles unnöthigen Gespräches gantz und gar eussern und sich enthalten.

10) Zum **Zehenden**, seynd jeder Jungfrawen des Jahrs zwey Fuhren bewilliget, aber es sol gleichwohl keiner über vierzehen Tage außzubleiben nicht erlaubet und zugelassen werden, da aber eine oder mehr über bestimbte Zeit, ungehorsamblich und fürsetzlich aussenbleiben würde, dieselbe sollen durch eines Jahres Reisen verlustig seyn.

So sollen auch die Ambts-Unterthanen, wann denselben nach Gelegenheit eines jeden Closters, die Jungfern zu führen befohlen wird, dazu sie sonst nicht gebunden, nicht lenger alß eine oder zwo Nacht mit ihnen außzubleiben schuldigk sein, Sondern wann Sie zum lengsten zwo Nacht mit Ihnen außgewesen, ohne lenger verharren, gestracks wieder zurückfahren; Es sol aber keiner Jungfrawen, ohne vorhergehende Erlaubniß undt Bewilligung der Dominae, Priorin, Hauptmann, oder Küchenmeisters, außzufahren, frey stehen, auch denselben den Ohrt, wohin Sie wollen, und auß was Ursachen Sie außreisen, nahmkundig machen; würde es sich auch begeben, daß eine Jungfraw über die erlaubte Reisen, nothwendig, welches Sie zuforderst gebührlich bescheinigen soll, sich etwa zu ihren Eltern oder Gefreundbten begeben müsse, kann derselben mit Wissen und Willen der Dominae, Priorin, Provisorn undt Haubtmanns, auch zum drittenmal außzureisen vergönnet werden; Würde aber eine Jungfraw sich übernehmen, ohne Erlaubnis, die dritte oder mehr Reisen fürzunehmen, So soll dieselbe sich damit des Closters verlustig gemacht und darin keineswegs wiederum recipiret werden; Sonsten sol dieser Ordnung die Domina und Priorin sowoll alß die andern Jungfern durchaus zu geleben, und sich derselben gemeß zu verhalten, schuldig seyn

11) Zum **Eilften**, Nachdemmahlen auch befunden, daß die Closter-Jungfern mit der Kleidungk undt mit dem grossen Kragen grosse Ueppigkeit treiben, und gleichwohl nicht unbillig, daß ein Unterscheidt zwischen geistlichen und weltlichen Jungfrawen gehalten werde, So sollen die Closter-Jungfrawen schwartze schlechte Gewandt-Röcke, Mantel, Jopen mit keinen Sammitschnören oder sonsten womit besetzet, und schlechte Kragen, ohne einiges Knüppels oder andern außneien, wie dann auch keine Perlen oder Gold am Halse oder an Armen tragen, Sollen auch solcher Kleidung nicht allein innerhalb Closters, besondern auch, wann Sie zu ihren Freunden und an andere Oerter verreisen, ausserhalb Klosters sich zu gebrauchen schuldig seyn, undt sich keiner andern Kleidung unterfangen.

12) Zum **Zwölften**, sollen alle Kloster-Mägde den Kloster-Jungfrawen sambt und sonderlich alle schuldigen Ehren-Dienste und Gehorsamb erzeigen undt beweisen, auch alles Abschleppens auß Küchen und Kellern vor Ihre Freunde oder andere, Item des leichtfertigen vielen Gespräches mit dem Hoffgesinde für der Schieben, oder andern Thor gäntzlich eussern und enthalten, wie Ihnen auch das Auslauffen, so sie bei Abendzeiten auf dem Kloster-Hofe und anders wo gehabt haben, bei Verlaubniß ihres Dienstes und andern ernsten Straff, hiemit austrücklich verbotten seyn soll.

13) Zum Dreyzehenden. Nachdem ob hochgemeldte J. J. F. F. G. G. geehrte Vorfahren, deroselben gehorsamben Ritter- und Landschafft, zuvor obgedachte Klöster abgetretten, undt darauf einem jeden Kloster, auß deren Mittel gewisse Provisores verordnet, confirmiret und bestetiget:

So sollen die Domina Priorin und gantzes Convent, jedes Closters ihre Provisoren, alß die ihnen fürgesetzte Vorsteher, an statt der löblichen Ritter- und Landschaft, erkennen, ehren und achten, Ihnen in allen billigen Sachen gehorsamb leisten, auch die verordnete Haubtleute, Küchmeister und andere Amt-Diener für guth halten, denselben, oder auch andern des Klosters Dienern und Unterthanen, ausser Closters zu heissen undt zu gebiethen sich nicht unterstehen. Sondern allein an dem Regiment, welches ihnen im Kloster über die Jungfrawen, Megde und Kinder anbefohlen ist, begnügen lassen.

Da sie aber bey dem Kloster und Verwaltung derselben Güter einige Unrichtigkeit verspüren würden, Sol ihnen solches den Provisoren, oder auch nach gestalten Sachen, J. J. F. F. G. G. zu gebührender Verordnung anzumelden unbenommen seyn.

14) Weil dann auch zum Vierzehenden befunden wirdt, daß bey dem Kloster Malchow die Höltzung sehr abnimbt, also daß zu befahren, wofern mit der übermäßigen Feurung keine enderung gemacht werden sollte, daß in wenig Jahren die Höltzungen gar verödet und verwüstet werden möchten, So ist vor hochnöthig angesehen und verordnet worden; daß einer jeden Kloster-Jungfrawen daselbst zwantzig Fuder Holtzes oder so des Ohrts Torff zu finden sein wird, Sechszehn Fuder Torff und zwölff Fuder Holtzes zur Feurung aufs Jahr gereichet und gegeben werden sollen, undt da auch in Dobbertin Torff zu finden und an Feurung eine Erspahrung geschehen könnte, so sol solches den Provisoren selbiges Klosters auch in acht zu haben obliegen.

15) Zum Funfzehenden, weil befunden, daß die Jungfrawen im Kloster Dobbertin, über die 40. Deputat-Schweine, so sie jährlich vom Ampt in die Küchen bekommen, noch andere Schweine (welches bey Jochim von der Lühen Zeiten nicht ist gebreuchlich gewesen,) halten, und dessengleichen von den Kloster-Jungfrawen zu Malchow auch geschicht, undt dahero in beyden Klöstern ein grewlicher Stank und allerley Ungesundheit verursachet wirdt, zu welcher Schweinen Behueff sie den Sey und Kley den Bawhöfen, so zu den Klöstern belegen, entziehen, So sol dem Jungfrawen hiemit befohlen seyn, die Schweine aus dem Kloster gantz weg- und abzuschaffen.

16) Fürs Sechzehende, Nachdem sich befunden, daß sonderlich in diesen beschwerlichen thewren Jahren, in beyden Klöstern Dobbertin und Malchow, ein übermeßiges an Bier undt Brod aufgangen, So sollen nach dieser Zeit in bemelten beyden Klöstern einer jeden Dominae zwey Drömbt Rocken, jeder Unter-Priorin achtzehen Scheffel, einer jeder Jungfraw ein Drömbt, wie dann auch den 15 Conversen und Schieben-Frawen im Kloster Dobbertin, und der Frawen, so im Kloster Malchow das Kloster schleußt, einer jeden 9 Scheffel Rogken, zum jährlichen Deputat gegeben werden, welchen Roggen die Küchmeister ihnen mahlen und zu ihrer Gelegenheit zu Brodte verbacken, und dann auch jeder Domina alle vier Wochen, zwey Tonnen Bier, eine halbe Tonne schwach Bier, der Unter-Priorin anderthalb Tonnen Bier, eine halbe Tonne schwach Bier, den andern Jungfrawen eine Tonnne Bier, und eine halbe Tonne schwach Bier, und den 15. Conwersen und Kloster-Schliessern einer jeden eine halbe Tonne schwach Bier auf jede vier Wochen verreichen lassen sollen, und sollen sie sambt und

sonders mit solchen Rogken und Bier sich einig und allein begnügen lassen, undt darüber nicht mehr von den Ambtleuten fordern, noch dieselbe ihnen mehr zu geben schuldig seyn.

17) Wie dann auch fürs Siebenzehende, die Kloster-Jungfrawen im Kloster Dobbertin an deme, was Ihnen von alters an Ahl und Fischen zu Behuef ihrer Küchen von den Ampt-Leuten ist verrichtet worden, begnügen und sich der unternommenen Theilung des Ahl- und Brassen-Fanges hinführo gäntzlich enthalten sollen. Es were denn, daß Sie darthun und erweisen könnten, daß Sie an deme, was von Alters hero gebreuchlich gewesen, von den Amptleuten verkürtzet würden, auf welchem Fall Sie damit gehöret, und darauf ein ernstes einsehen geschehen soll.

18) Fürs Achtzehende, dieweil befunden, daß etzliche sich unterstehen, auf des Klosters Grund und Boden zu jagen und nach Hasen und andern Wildbrette zu schiessen, So sollen alle Kloster-Hauptleute und Diener befehligt seyn, darauf fleißig achtung zu haben, undt nicht allein solchen Jägern und Schützen ihre Hunde und Büchsen, wann Sie der mächtig werden können, zu nehmen, Sondern auch durch den verordneten Fiscal, vermöge der Polizey-Ordnung, dieselben am Hofgerichte mit rechtlichen Processen zu verfolgen.

19) Alß auch fürs Neunzehende die Jungfrawen beeder Klöster Dobbertin und Malchow ansehnliche Gelder auf Zinse haben, davon Sie die Zinse jährlich selbst, durch ihres Mittels verordnete einnehmen lassen, undt zu ihrem Unterhalt vorwenden, So wird vor billich erachtet, daß die Einnehmerinnen solcher Zinsen, den Provisoren jedes Klosters, im Beysein F. F. F. G. G. Rentmeister, von ihren Einnahmen undt Ausgaben, damit gebührende Richtigkeit darin gehalten werden möge, jährlich gebührliche Rechnung thun.

20) Zum Zwanzigsten, wann es sich nach dem Willen Gottes begiebt, daß Jungfrawen auß dem Kloster versterben, oder mit ihrer Freunde oder Provisorn Bewilligung aus dem Kloster ziehen, So soll den Provisorn allein freihstehen, an deroselben statt andere wiederumb einzunehmen, undt darauß keine Erbgerechtigkeit, wie es die Jungfrawen in etzlichen Clöstern vorhaben, gemacht werden.

21) Wie dann auch zum Ein und zwanzigsten, der verstorbenen und nach gestandenen Kloster-Jungfrawen Freunde, das Geld, das für eine Persohn in's Closter zu nehmen, gewöhnlich gegeben wird, wann es bey der Jungfrawen Lebzeiten nicht erlegt worden, nach Deroselben Absterben, wenn Sie auch über vier Wochen nicht darin gewesen wehren, erlegen und bezahlen, und wie es über Vermuthen von etzlichen woll geschehen, sich des keines weges verweigern sollen.

22) Nachdem auch für's Zwei und zwanzigste, bei den Klöstern Ribnitz und Malchow für diesem im Gebrauch gewesen, daß, wenn eine Jungfraw eine Kloster-Hochzeit thun müssen, darauf nicht allein ein grosses verwendet, Sondern auch daraus allerley Unlust, ja auch Mordt und Todtschlag erfolget, so sollen hinführo solche Kloster-Hochzeiten nicht mehr zugelassen werden, sondern es sollen die eingenommene Jungfrawen darfür Ein Hundert Gülden dem Küchenmeister entrichten, welcher dieselbe auf Zinse belegen, undt die Helffte der Zinsen, so darauß kommen, Jährlich unter den sämmtlichen Jungfrawen gleichmeßig vertheilen, und die übrigen zu Verbesserung der Ampts-Gefälle aufheben und gebrauchen soll.

23) Zum Drey und zwanzigsten, sollen die Kloster-Jungfrawen aller dreyer Klöster, keine des Klosters Unterthanen zu Fuß-Diensten, Brieffe zu vertragen, oder mündtliche Bottschafft an andern örtern zu werben, vorschicken, sondern dazu für ihr Gelt Botten dingen und schaffen.

24) Für's Vier und zwantzigste, Sollen in keinen Klöstern Knaben oder Weiber geduldet, sondern ohn Ansehn der Freundschaft oder Persohnen hinauß geschaffet werden.

25) Dieweil auch zum Fünff und zwanzigsten sich die Jungfrawen im Kloster Malchow unternehmen, wann eine oder mehr Jungfrawen mit Tode abgangen, oder abgestanden, Derselben Deputat an Gelde undt andern Verfellen unter sich zu vertheilen, Sie aber ein solch Deputat haben, daß Sie das nicht benöthigt, das Kloster aber dagegen mit grossen Ausgaben undt andern Ungelegenheiten ziemblich beschwert, So sollen hinführo dieselben Closter-Jungfrawen solcher Eroberung oder Vortheilung der Verstorbenen Deputats, biß eine andere wieder aufgenommen wird, undt in solch erledigtes Deputat tritt, eussern und enthalten, und dasselbe dem Ampte inmittelst seine anliegende Noturfft damit zu kehren, unweigerlich heimbfallen lassen.

26) Wie dann auch zum Sechs und zwantzigsten die Jungfrawen im Kloster Malchow sich selbst mit Leingewand, wie in andern Klöstern geschieht, versorgen, und dem Ampt das, so zu gezeugt wird, und das Geldt, welchs erobert werden kan, lassen sollen.

Solches alles und jedes, wie vorgeschrieben, wollen J. J. F. F. G. G. von allen Closter-Jungfrawen und eingehörigen Persohnen, Niemand außgenommen, also und nicht anders, gehorsahmlich gehalten, und deme durchaus, ohne Verweigerung, williglich gelebet, auch den Provisorn, Hauptleuten und Küchmeistern ernstlich anbefohlen haben, mit allem Fleiß und starken Ernst darauff zu sehen und acht zu haben, daß dieser Ordnung in allen Punkten und Articuln nachgegangen werde.

Welches J. J. F. F. G. G. gegen die Gehorsamen mit Gnaden zu bedenken geneigt, hiergegen aber sollen die Ungehorsamen mit gebührlicher ernsten Straffe angesehen und nach Vorwirkung alßbald, ohne einige Gnade auß dem Kloster verstossen und weggejagdt werden.

Wofern aber ein oder mehr unter den Conventualen vorhanden, welche diese Ordnung nicht gefällig oder derselben zu beleben undt zu gehorsamen nicht bedacht weren, der oder denselben soll hiemit freigelassen sein, sich ihrer Gelegenheit nach, an andere Oerter zu begeben, und zu vorrücken.

Doch behalten sich J. J. F F. G. G. bevor, diese Ordnung, nach gestalten Sachen, zu endern, zu vermehren, zu vermindern, oder gar eine andere zu verfertigen.

Urkundlich ist diese Ordnung mit J. J. F. F. G. G. Fürstlichem Secreten und Handzeichen bekrefftigt. Geschehen zu Güstrow, den 10. December Anno 1610.

# Beilage Nr. 10.

## Fürstl. Abschied zur Schlichtung der zwischen der Unterpriorin, Probsten, und Herrn Visitatoren des Jungfrauenklosters zu Rostock vorgefallenen Streitigkeiten, d. d. Doberan 8. März 1589.

(Frank A. u. N. M. XI. S. 59 ff.)

Zu wissen, als eine Zeit lang her sich Irrungen und Gebrechen zwischen der Unterpriorin des Jungfrauenklosters zum h. Kreuz in Rostock, Anna Sassen, an einem, und den verordneten Visitatoren — — — — — — — — am andern, denn auch Joh. Rygemann, jetzigen Probsten gemeldten Klosters, am dritten Theil, dahin enthalten, daß die Visitatoren in denen Sachen, so sie tragenden Amts halber dem Kloster zum Besten anzuordnen Vorhabens gewesen, bei der Unterpriorin keine Folge haben können, sie auch den anno 1586 erwählten und bestätigten Probst beim Amt nicht wissen, sondern einen andern dazu berufen und einsetzen wollen, darüber sie dann zu vielfältigen Klagen und Wiederklagen gerathen, wie die Supplicationes und Wechselsätze, so zu Hofe einkommen, überflüssig ausweisen; daß demnach die Durchl Hochgeb. Fürsten und H. L. Ulrich und H. Johann, Gevattern, Herz. z. Meckl. — — — — — — — berührte Irrungen, dieweil J. J. F. F. G. G. befunden, daß denselben durch viel Wechselschreiben nicht abzuhelfen sein wollen, sondern dadurch nur immer mehr und mehr Weitläufigkeit erreget, folgender Gestalt Amts und Obrigkeits halber verabscheidet, nämlich also:

Anfänglich, weil das Kloster zum h. Kreuze, nach Buchstäblichem Inhalt des anno 1584 zu Güstrow aufgerichteten Erbvertrages zu christlicher Auferziehung und Unterhaltung inländischer Jungfrauen vom Adel und Bürgerkinder alleine und zu nirgend anders vielweniger zu einem Privatnutz gebraucht werden soll, und aber solches schwerlich ohne gute richtige Ordnung zu geschehen, derwegen dann auch Hochgeb. Herzog Ulrichen F. G. anno 1586, die damals von den Visitatoren, als denen des Klosters Gelegenheit zum Besten bewußt, aus gehabten Befehlen verfaßte, und J. F. G. zugeschickte Ordnung gnädiglich revidiret, approbiret und bestätiget, auch folgendes publiciret, und binnen Klosters damit sich ein Jeder, so darunter begriffen, darnach zu richten, ohne männiglich Widersprechen anschlagen lassen; so soll es auch nochmals bei solcher Ordnung bleiben, und die Visitatores, als denen die Inspection des Klosters befohlen, darauf Achtung zu haben, befehliget sein, daß derselben in allen Punkten von der Priorin, pro tempore Probsten, Klosterjungfrauen und Gesindes gehorsamlich gelebet werde. Und damit auch die Priorin, so zu jeder Zeit sein wird, desto besser ihr Regiment binnen Klosters und gute Zucht und Disciplin bei Jungfrauen, Schulkindern und Gesinde erhalten könne, sollen die Visitatores und Probst ihr, vorfallender Gelegenheit nach, zu jeder Zeit die Hand leihen, sie nicht allein selbst in gebührenden Würden halten, sondern auch alle diejenigen, so unter ihrem Kloster-Regiment und Disciplin sind, zu schuldigem Gehorsam und Ehrerbietung zum fleißigsten ermahnen, damit gemeldte Priorin als der andern Haupt, auch in billigen Sachen vermöge der Ordnung unweigerliche Folge bei ihnen haben, und alles unordentliche Wesen, so bis daher häufig eingerissen sein soll, hinführo abgeschafft, und verhütet bleiben möge, wie denn auch die Visitatores gemeldter

Priorin ein Genanntes zu ihrem besseren Unterhalt vermachen, und die Verordnung thun sollen, daß sie in Speisen und sonsten vor den andern Klosterjungfrauen einen Vorzug haben möge.

Die Verwaltung aber des Klosters Land- und anderer unbeweglichen Güter, und was dazu gehörig, soll bei dem Probst allein sein und bleiben, und ihm darin von der Priorin oder Anderen keine Verhinderung geschehen, jedoch soll derselbe jährlich vermöge obgedachten Erbvertrages den vier Deputirten des Fürstl. Consistorii, und des Raths zu Rostock, als verordneten Visitatoren, im Beisein der Priorin Rechnung thun, welcher Priorin dann auch, da es nöthig erachtet, freistehen soll, eine oder zwo von den ältesten und verständigsten Jungfrauen zu sich zu ziehen, damit dieselben neben ihr, der Rechnung beiwohnen, und wie mit des Klosters Gütern hausgehalten wird, ansehen und da sie Mängel bei der Haushaltung und Administration der Klostergüter befinden, dieselben den Visitatoren frei anzeigen mögen. Des jetzigen Probsts Johannis Rygemanns Person aber betreffend, wissen J. J. F F. G. G. denselben noch zur Zeit nicht zu removiren; sintemal derselbe vermöge des Erbvertrages ordentlicher Weise erwählt und bestätigt worden.

Es wollen aber J. J. F. F. G. G. für diesmal den Visitatoren Ihres Theils beide derselben Landrentmeister Jochim Schönermarken, und Johannes Wöldern zuordnen, wie dann dem Rath zu Rostock gleichfalls die ihrigen zu deputiren frei stehet) die Rechnung, darüber die Unterpriorin sich bis daher beschwert von ihm aufzunehmen, und da dann befunden wird, daß er in Zeit seiner Verwaltung den Klostergütern ungetreulich vorgestanden, hat er seine Strafe zu gewarten.

Damit auch hinführo des Klosters und Probsts Siegel nicht mißbraucht oder auch deswegen wider Jemand einiger Verdacht nicht geschöpft werden möge; sollen dieselben in einem Kasten, daran vier unterschiedliche Schlösser gehenkt, verwahrt, und J. J. F. F. G. G. Verordneten ein Schlüssel, imgleichen des Raths zu Rostock Verordneten auch ein Schlössel, der Priorin pro tempore der dritte, und dem Probst der vierte Schlüssel aufzuheben, zugestellet werden, damit also einer ohne des andern Vorwissen der Siegel nicht mächtig sein, und ohne gemeinen Rath in gemeinen Klostersachen nichts vorgenommen noch verrichtet werden könne.

So sollen auch die zum Kloster gehörigen Siegel und Briefe gleichergestalt in das dazu angerichtete Gewölbe hinterlegt, und dasselbe mit vier Schlössern, dazu die Visitatores, Priorin und Probst resp. vier unterschiedliche Schlüssel in Verwahrung haben sollen, versperrt werden, damit also einer ohne des andern Wissen und Willen zu den Briefen auch nicht kommen, noch mit denselben eigenes Gefallens handeln könne.

Ins gemeine aber sollen die Visitatores nochmals hiemit gnädig und ernstlich befehligt sein, nicht allein neben der Priorin und Probst fleißige Aufsicht zu haben, daß von den beweglichen und unbeweglichen Klostergütern, so dabei noch vorhanden, nichts alieniret, sondern dieselben dabei erhalten, und so viel möglich gebessert und vermehrt, dasjenige aber, so hiebevor unrechtmäßiger Weise an Häusern, Gärten und dergleichen unbeweglichen Gütern, auch Kesseln, Grapen, Bettgewand und andern Hausgeräthe davon entfremdet, gebührlich von den Inhabern vindicirt' und wieder zum Kloster gebracht werden möge. Und damit hinführo gute Zucht,

Disciplin und Einigkeit im Kloster so viel mehr erhalten werde, sollen die Visitatores neben dem Convent befehligt sein, weil die jetzige Unterpriorin dermaßen mit einem hohen Alter beladen, daß sie dem Regiment binnen Klosters schwerlich mehr vorstehen kann (derwegen denn auch J. J. G. G. sie hinführo in Gnaden damit verschonen wollen) eine andere tüchtige Person an ihrer Statt zu erwählen, so das Regiment binnen Klosters wohl verwalten möge; nichts weniger aber soll gemeldte Unterpriorin in vorigen Würden bleiben, ihr auch dasjenige, was ihr bereits von den Visitatoren hiebevor zu einem bessern Unterhalt angeboten, die Zeit ihres Lebens gefolget werden.

Es soll auch die jetzige Unterpriorin dem Probst wegen des Klosters die zu Lübeck vorenthobenen 90 Fl. und 50 Mrk. sundisch zu restituiren, oder den Visitatoren genugsame Rechnung davon zu thun schuldig sein.

Womit also die vorgefallenen Irrungen zwischen obgedachten Partheien ihre gebührende Maaße haben sollen. Urkundlich ist dieser Bescheid mit Hochgedachter unserer gnädigen Fürsten und Herrn Fürstl. Secreten und Handzeichen bekräftigt und gegeben zu Dobberan d. 8. März anno 1589.

---

# Beilage Nr. 11.

## Auszüge aus der Ordnung des Klosters zum h. Kreuz von 1586, revidirt und mit Zusätzen versehen im Jahre 1630.

(Mantzel Staatscanzlei Theil II. S. 1—27).

(Art. I und II handeln lediglich von dem anzustellenden Prediger und vom Gottesdienst, und stimmt hier, wie auch sonst, diese Klosterordnung vielfach sogar wörtlich mit der revidirten Ordnung der Landesklöster de 1610 überein.)

Art. III.

Zum Dritten die Personen, so von Neuem in's Kloster zu nehmen, sollen gut Gezeugniß haben, eines christlichen, ehrlichen, züchtigen und keuschen Lebens und Wandels, und durch den Superintendenten und des Klosters Prediger mit ihnen, so sie etwas von Jahren sind, von ihrer Lehre und Glauben Unterredung gepflogen werden, und soll eine jede Klosterjungfrau bei ihrer Annehmung angeloben, der Dominä gebührlichen Gehorsam zu leisten, im Kloster ein gottesfürchtig, keusch und züchtig Leben zu führen und mit des Klosters Armuth und jederzeit verordneten Speise und Trank vorlieb zu nehmen, und in demüthigen schwarzen Kleidern zu gehen. — — — — — — — — — — — Und soll keine einmal ins Kloster bestätigte Jungfrau ohne vornehme und hochwichtige Ursachen, der Herren Visitatoren, der Dominä, Probstes und ganzen Capitels Vorwissen und ihrer Freundschaft Vergünstigung, daraus wieder auszuziehen gestattet werden. Welche nach dem Probejahr in dem Kloster bleiben will, soll dem Kloster nach Endigung des Probejahrs 100 Thlr. oder 200 Fl., wo sie des Vermögens sind, zum wenigsten einbringen. Mit den Armen und Nothdürftigen aber soll nachdem sie vermögend sind, gehandelt werden. — — — — — — — — — — — Da aber einige Jungfrau, die im Kloster bleibt, mehr Geldes von ihren Eltern oder Freunden bereits ererbt oder folgends ererben würde, dasselbe soll ihr freistehen, die Zeit ihres Lebens zu ihrer selbst Gelegenheit christlich und billig zu gebrauchen, und in ihrem letzten Willen wohin es soll gewendet werden zu verordnen, oder auf ihre nächsten Freunde ab intestato zu vererben. — —

(Hiezu fügt die Revid. Ordn. u. A. hinzu:)

Damit hinführo zum Fünften auch eine Gewißheit der Anzahl der Conventualen, wie viel derselben sein sollen, ist in Erwägung der geringen Einkunft des Klosters und jetziger Zeit Theurung, wie hiebevor Anno 1605 also auch anjetzo für gut angesehen und dahin geschlossen worden, daß in künftig nicht mehr als 20 Personen (wann die Jungfern so jetzo sein, nach Gottes Willen, bis auf jetzt gedachte Anzahl abgegangen) sein, noch Jemand für eine Klosterjungfrau ehe von den 20 Jungfern jemand verstorben, ins Kloster genommen und mit Einnehmung derselben es also gehalten werden, daß hinfüro keine Jungfer ohne Vorwissen und Beliebung der Herrn Visitatoren von der Domina ins Kloster soll eingenommen werden. Und wenn ermeldte Provisoren darin gewilliget, soll der Jungfer Namen in daß Expectantien-Buch geschrieben und nach der Ordnung wie sie im Buche befunden, in der abgelebten Jungfer Stelle auf vorgehende baare Erlegung des Kloster-Brautschatzes und der Dominä geleisteten Gelübde für eine Klosterjungfer eingenommen und bestätigt werden. Die Kost-Kinder oder Jungfern betreffend, sollen dieselben von der Domina und Priorinnen auch auf Ratification der Visitatoren (da keine erhebliche Ursachen) ohne Verwiedern angenommen werden. — — — — — — — — — — — — — — — — — — — — — — — — — — — — — — — — — — — — — — — — — — —

(Die Kostkinder sollen ohne Ausnahme ein gewisses Tischgeld geben, welches jedoch für die armen auf Gutachten der Domina, der Provisoren und des Probstes herabgesetzt werden kann. Ohne Kostgeld, auf Unkosten des Klosters, sollen keine Kinder im Kloster ihren Unterhalt haben.)

## Art. IV.

Zum Vierten soll allezeit eine gottesfürchtige tüchtige, friedliebende, verständige und wohlerfahrene Jungfrau, die etwas von Jahren ist, und Gottes Wort lieb hat, zu einer Domina und Priorin durch ordentliche Wahl den andern Jungfrauen vorgesetzet, und dieser eine Unterpriorin zugeordnet werden, auf daß durch diese beiden Personen als Häupter und Regentinnen das Regiment binnen Klosters ordentlich und richtig verwaltet und fleißige Aufsicht auf die andern Jungfrauen, daß sie thun, was ihnen gebühret, ausgeübt werde.

(Die Revid. Ord. fügt diesem Artikel das Nachstehende hinzu:)

Obwohl der Domina und Priorin als Häuptern und Regentinnen das Regiment binnen Klosters ordentlich und richtig zu führen und fleißige Aufsicht auf die andern Jungfrauen zu haben befohlen und auch billig wird gelassen, so gebühret dennoch ihnen keineswegs nicht, außer Kloster weltlicher Handlung sich anzumaaßen oder in denselben Ordnung zu thun, besondern werden damit den Probst gewähren und ihm dieselbe zu seiner Verantwortung und geleisteten Eides Pflicht hinführo verrichten lassen.

## Art. V.

(Der fünfte Artikel handelt von der Schule, den Gegenständen des Unterrichts und der Schulzucht. Es heißt hier u. A.:)

Wo Klosterjungfrauen sind, welche wohl lesen, schreiben, nähen, wirken und andere dergleichen jungfräuliche Arbeit können, sollen derselben ein oderz wei zu Schulmeisterinnen, daß sie die Kinder zu obberührter Arbeit nützlich unterrichten, verordnet werden. Wo sie aber im Closter nicht sind, so soll sonsten eine geschickte züchtige Matrone oder Jungfrau dazu bestellt und mit gebührlicher ziemlicher Unterhaltung und Besoldung vom Closter versorgt werden. — — — — — — — — — — — — — — — — — — — — — — — — — — — — —

Die Klosterjungfrauen, so nicht in die Schule gehen, wenn sie nicht auf dem Chor oder in der Predigt sind, sollen dem Kloster mit Aufwarten in der Küche, Spinnen, Nähen, Sticken, Wirken, Weben, in den Garten Arbeiten dienen, des Morgens eine und des Nachmittags zwei Stunden. Die übrige Zeit mögen sie ihnen selbst von ihren eignen Materien arbeiten und was sie davon kaufen, zu einem Nothpfennige haben.

Die ungehorsamen Kinder, so sie sich entweder in der Lehre und auferlegten Arbeit faul und versäumlich, oder sonst in ihrem Leben mit Worten, Werken oder Gebehrden ungebührlich, trotzig oder widerspenstig erzeigen, die sollen durch die Schulmeisterinnen nach Gelegenheit und Umständen der Uebertretung mit Worten und mit Ruthen gebührlich, die alten aber auf der Dominä und des Probstes Erachten und Befehl mit dem Kerker ernstlich gestraft werden.

(Hierzu bemerkt jedoch die Rev.-Ordn. u. A.:)

Ob auch wohl im fünften Artikel enthalten, daß ein oder zwei Schulmeisterinnen sollen bestellet und auf des Klosters Unkosten gehalten werden, weil aber dennoch bis jetzt dies nicht zu Werke gerichtet, so soll auf Mittel und Wege gedacht werden, daß auch demselben baldmöglichst ein Genüge geschehe oder sonst gute Ordinantz gemacht werden, damit dennoch die jungen Schulkinderlein in Gottesfurcht, aller Tugend und in der wahren Religion unterweiset und zu Gottes Ehren auferzogen werden, inhalts obgedachten fünften Artikels.

Und damit auch bessere Disciplin, Zucht und Ehrbarkeit über Tische möge gehalten werden, sollen Domina und Priorin oder zum wenigsten eine derselben da die andere Leibesschwachheit oder andere hochwichtige Ursachen daran nicht behindert werden, täglich neben den andern Conventualen und Klosterkindern in die große Stube zu Tische gehen und das Alles fein ehrbar still und züchtig und wie es unter der Mahlzeit zu halten, in ermeldetem fünften Artikel angeordnet zu gehen, gute Achtung darauf geben.

Es sollen auch die andern Kloster-Jungfrauen, welche ins Kloster bestätiget, wenn sie nicht auf dem Chor oder in der Predigt sein, dem Kloster in der Küche, Keller, Garten, Brau- und Back-, wie auch im Waschhause aufwarten und was ihnen sonst anbefohlen, treu und fleißig, dem Kloster zum Besten, zu verrichten, sich nicht verweigern. Wie denn dieselben Jungfrauen, welche in der Küche, Keller, Speisekammer verordnet, ebenso welchen das Flachs, Leinewand und andere Sachen unter die Hände gegeben, dem Probste jährlich auf Michaelis ihre Verwaltung, Einnahme und Ausgabe schriftlich richtige Rechnung unweigerlich einliefern, damit er solches bei dem Haupt-Register bringen und bei Ablegung seiner Amts-Rechnung davon zugleich Bericht thun kann.

Insonderheit aber soll beider Dominä und Priorin Magd, wie von Alters gebräuchlich, des Klosters Flachs spinnen, selbst Holz klöven und so oft es nöthig, neben beiden Küchen-Mägden in der Küche auch mit arbeiten helfen.

Dieweil auch das Holz sehr theuer und in des Klosters Gütern, bevorab zum Kanckel keines hinfür mehr gehauen werden kann, so sollen die Jungfrauen jährlich nicht mehr als viermal, und gegen die Zeit, wenn sie ihres Gottesdienstes und des heiligen Abendmahls sich bedienen wollen, baden und sich daran genügen lassen. Wie dann auch zur Ersparung des Holzes künftig die Domina und Priorin ihr Leingeräthe, wie es früher auch gehalten worden ist, mit den andern Conventualen und also in einer Wäsche zugleich mit, und nicht absonderlich waschen lassen.

Mit dem allgemeinen, der sämmtlichen Conventualen jährlichen Convivio, soll es also gehalten werden, daß den sämmtlichen Kloster- und Kost-Jungfrauen im Sommer außer der Heu- und Korn-Erndte, ein Jahr ums andere zur Schmerle und Volckenshagen, einen Tag von dem Probste zwei gute Mahlzeiten sollen angerichtet werden, dahin die Domina und Priorin nebst den sämmtlichen Conventualen verreisen und sich gebührlich belustigen können. Außer diesem aber keiner auf andere Zeit, ohne besondere Vergünstigung der Herren Provisoren dahin zu verreisen erlaubet sein soll.

Art. VI.

Zum Sechsten sollen einer verständigen ernsthaftigen treuen Jungfrau, welche des Klosters Thüren mit auf- und zuschließen, in guter Acht haben, daß nicht einem jeden, wenns ihm wohlgefällt, aus- und einzugehen frei stehe, die Schlüssel alle Morgen von der Domina, der sie nach Gebrauch der Jungfrauen-Klöster, dieselbe den Abend wieder bringen soll, zugestellt und übergeben werden. Denn von den Conventualen und bestätigten Kloster-Jungfrauen, wie auch von den Kindern, keine ohne sonderliche Ehehafft und der Dominae Vorwissen und Erlaubniß aus dem Kloster gehen soll. Die aber aus dem Lande in's Kloster genommen werden, sollen ohne Vorwissen der Dominae und des Probstes mit Nichten Macht haben, zu ihren Freunden zu fahren und zu verreisen, auch über die bestimmte Zeit, welche ihnen zu der Wiederkunft ernannt und angesetzt wird, nicht auszubleiben. Ferner soll das Kloster zum heil. Kreuz also verschlossen sein, daß außer den Herren Bürgermeistern, den Visitatoren, dem Kloster-Prediger, Probste und dem Einnehmer Niemand von Männern, Frauen oder Jungfrauen darin gelassen werden; sondern die so eine Jungfrau zusprechen, soll solches in dem Sprachhause vor den Scheiben geschehen. Wenn aber Männer, Frauen und Jungfrauen sonderliche Werbung im Kloster haben, die im Sprachhause vor den Scheiben nicht verrichtet werden können, so soll denselben mit des Probstes und der Dominae Erlaubniß das Kloster eröffnet werden. Da auch etliche das Kloster besehen wollen, kann ihnen solches vom Probst und der Domina nach Gelegenheit gestattet werden; und wo es junge Gesellen sind, soll die Domina eine betagte Person, die sie umherführe, ihnen zuordnen. Wenn aber Essenszeit ist, beide auf den Mittag und Abend, sollen alle, ohne allen Unterschied, sie sein gleich Vater, Mutter, Brüder, Schwester, Blutfreunde, Schwäger aus dem Kloster wiederum ausgelassen werden. Die Fremden, welche ihre Kinder, Schwestern oder Freundinnen im Kloster zu besuchen anhero kommen, sollen in der Stadt zur Herberge ziehen und allda sich von den ihrigen Mahl und Futter verschaffen. Die Klosterthür soll den Sommer um 7 und das Vorjahr und den Herbst um 6 und den Winter um 4 Uhr verschlossen werden, und wenn die Glocke halbweg Neun ist auf den Abend, sollen die Jungfrauen und Kinder sich auf das Schlafhaus verfügen, allda stille sein und in der Stille sich austhun und zu Bette legen, also, daß sie Niemand und vornehmlich den Alten mit Reden, Laufen oder dergleichen keine Unruhe machen. Nach dieser Zeit soll Keiner sich mehr im Kreuzgang oder auf dem Reventher, oder sonsten wo, ohne allein auf ihrem Bette, finden lassen. Die hiegegen muthwillig handeln, sollen ohne allen Unterschied und Gnade darum ernstlich gestraft werden.

Die Thüren zum Klosterhofe und Kloster-Kirchhofe sollen, wenn die Glocke neun schlägt, auch verschlossen, und die Schlüssel dem Probste, oder dem er es in seinem Abwesen befiehlt, zugestellet werden.

Auf dem Klosterhofe sollen zwei vereidete Scheiben-Frauen sein, unter welchen die eine den Schlüssel zur Klosterthür von außen und zur Scheiben: die Andere aber zu der Thür vor dem Klosterhofe haben. Diese sollen die Thür und Scheiben ohne des Probstes Vorwissen nicht eröffnen, um neben dem, daß sie auf dem Hofe das Vieh warten und sonst arbeiten, die Werbung in der Stadt verrichten, was nöthig ist kaufen und holen, und durch die Scheibe ins Kloster verreichen und einthun.

## Art. VII.

Zum Siebenten muß auch eine Schaffersche erwählet und verordnet werden, die zu rechter Zeit, was durch den Probst, zu nothwendiger Unterhaltung der Kloster-Personen an Speis' und Trank eingeschaffet wird, empfange, der Köchin zu kochen oder einer Magd den Trank aus dem Keller zu holen befehle, und was übrig bleibt und aufgehoben wird, verschließe, auf daß nicht zur Ungebühr etwas verrücket, verunrathet, verbracht und verschwendet werde; denn keine Person, auch die Priorin und Unter-Priorin etwas von Speis und Trank oder anderen des Klosters Gütern und Einkommen zu verschenken, Macht haben soll.

Und damit so vielmehr alle Verschwendung und Verbringung der Victualien und anderer Dinge so im Kloster sind und demselbigen gehören, verhütet werde, soll hiemit dem Probst, den Dienern und Jungen auf dem Klosterhofe und den vereideten Scheiben-Frauen auferlegt und befohlen sein, daß sie jederzeit auf die fremden auf- und abgehenden Personen fleißige Achtung haben, auch bisweilen nach Gelegenheit dieselben besuchen, und da Jemand, welcher etwas an Victualien oder sonsten von Klostergütern heimlich andern zutragen würde, betroffen würde, soll derselbe alsobald ins Gefängniß geführet und ohne Erkenntniß des Probstes nicht wiederum herausgelassen werden; es soll auch die Thür, welche aus dem Klosterkeller auf den Hof gehet, von dem Probst zu jeder Zeit verschlossen und allein, wenn das Bier aus dem Brauhause gebracht wird, geöffnet werden. Nachdem durch das vielfältige Anrichten, daß von Alters her einer jeglichen Jungfrau, insonderheit da eine Schüssel mit Speise aufgetragen ist, nicht allein die Speise verunrathet, sondern auch andere Ungelegenheit verursachet wird; als sollen hinfüro zehn oder zwölf Jungfrauen und Kinder an einen viereckigen Tisch gesetzet und aus einer gemeinen Schüssel gespeiset, und so viel Brod als die Nothdurft erfordert, aufgetragen werden. Desgleichen sollen die an einem Tische sitzen, aus einer oder zwei Kannen trinken, was nach geendeter Mahlzeit an Brod, Speis und Trank überbleibet, soll wiederum aufgehoben und der Schafferschen zu verschließen von den Mägden, welche auf der Jungfrauen und Kinder Tische aufzuwarten verpflichtet sind, zugetragen werden. Wann die Jungfrauen und Kinder gegessen haben, sollen die Mägde auch an einem Tische nach ihrer Gelegenheit gespeiset und geträncket werden. Den kleinen Jungfern soll des Morgens ein Frühstück, es sei eine Biersuppe, süße

Milch oder Butterbrod verreichet werden; die erwachsenen und alten Personen aber sollen sich an zwei Mahlzeiten, den Mittag nach zehn und den Nachmittag nach fünf Uhr genügen lassen.

---

## Beilage Nr. 12.

### Auszug aus der revidirten Ordnung des Klosters Rühn vom Jahre 1619.

(Mantzel Bützow'sche Ruhestunden Thl. 11, S. 7—20.)

Nachdem v. G. Gn. Wir Ulrich, Administrator des Stifts Schwerin u. s. w. in Erfahrung gebracht, daß die von Uns revidirte und den 15. Augusti anno 1608 von neuem publicirte Klosterordnung in vielen Wegen überschritten wird, und uns dann darüber ein billiges Einsehen zu thun oblieget, — als haben Wir nöthig zu sein erachtet, solche Klosterordnung abermals vor die Hand zu nehmen und den Personen, so jetzo darin sich aufhalten, oder mehr darin genommen werden möchten, bei Vermeidung Unserer ernsten Strafe, damit Wir gegen die Verbrecher ohne Ansehen der Personen zu verfahren gedenken, sich zu richten, sie nochmals vorstellen und vorlesen lassen.

Erstlich soll niemand als betagte Wittwen und Jungfrauen von Adel, so ehrlichen Herkommens, guten Gerüchts und aufrichtigen Wandels sind, darin genommen werden, doch dergestalt und mit vorhergehender Zusagung, daß sie sich gottesfürchtig und frömmlich, wie ihrem Stande gebühret, verhalten, auch daß sie der Priorin in allen Dingen unterthänig und gehorsam sein sollen und wollen.

— — — — — — — — — — — — — — — — — — — — — — —

Es sollen auch solche eingenommene Personen jederzeit ohne Unsere oder der Priorin, so Wir dazu verordnen, Erlaubniß aus solchem Kloster ihres Gefallens und ihrer Geschäfte halber zu verreisen, nicht Macht haben; sondern, da sie ja ihrer nothwendigen Sachen und Geschäfte halber, ausreisen müßten, soll solches alsdann nicht allein von den Personen selbst, sondern auch von ihren Freunden bei Uns oder der Priorin, die von Uns deshalben Befehlig hat, gesucht und gebeten werden. Darauf ihnen denn auf solchen Fall Urlaub wiederfahren soll, doch daß sie sich gewißlich bei Vermeidung eines viertel Jahres Hebung auf die bestimmte erlaubte Zeit wiederum einstellen. Wofern aber sie in ihren Geschäften nach Bützow verreisen wollen, so sollen sie desselben Tages wieder zurück ins Kloster kommen und allda nicht übernachten. Auch sollen sie außerhalb Klosters ins Feld, nach Pustohl oder ins Holz, nicht spazieren gehen, dahin Jemand zu sich bescheiden, sondern dieselben, damit sie zu sprechen haben, ans Kloster, wie Wir unten gedacht, zu sich kommen lassen, und solches alles bei Verlust des Klosters.

(Weil sich in anderen Klöstern wegen der Gemeinschaft — des Refectoriums und Dormitoriums — viele Uneinigkeiten zutragen, so soll in diesem Kloster eine jede „Adelsperson, so sich darin wie gemeldet begeben wird", sowohl ein besonderes Haus bewohnen, als auch eine besondere jährliche Hebung empfangen, und nur der Gottesdienst gemeinsam bleiben. — Streitigkeiten sollen zunächst vor die Priorin „oder wen Wir dazu verordnen werden“ gebracht werden. Bei wiederholt fruchtlos bleibender Vermahnung soll die Conventualin „des berührten klösterlichen Unterhalts verlustigt sein und nichtsdestoweniger ihr eingebrachtes Geld, wie hernach berührt, dadurch verwirkt haben und hinter sich im Kloster bleiben lassen“.)

Weiter sollen die vorberührten Adelspersonen, so in dieses Kloster eingenommen werden, ehe sie einziehen, auf dem Güstrow'schen Umschlag 200 fl., jeden zu 24 ß. Lübsch gerechnet, sammt der Rente aus ihren Gütern, dem Kloster zu ihrem und des Klosters Unterhalt baar erlegen, und ihnen noch auf nächstkommenden Festtag Ostern oder Pfingsten einziehen, und folgends von einem halben Jahr zum andern mit zu völliger Hebung kommen. Und sollen alsdann und hinfürder alle Jahr jede dagegen zum Unterhalt haben: an Gelde 24 fl. Lübsch, an Korn 18 Scheffel Roggen, 18 Scheffel Gersten, 1 Scheffel Erbsen, 2 Scheffel Haber, 2 Scheffel Buchwaizen zu Grütze, an Proviant 14 Lämmer, 1 Schwein, 2 Hühner.

— — — — — — — — — — — — — — — — — — — — — — — —

Dieweil denn auch in andern Klöstern keine Jungfrauenschule vorhanden, da der von Adel Kinder zum Schreiben und Lesen gehalten werden möchten, als haben Wir zu Gottes Ehren und den Unterthanen zum Besten in diesem Kloster Rühn eine Mägdleinschule gestiftet, dergestalt, daß allda ein Schulmeister zu solchem Behuf gehalten werde und einer jeden ins Kloster begebenen Jungfrau frei stehen soll, ihrer Freunde, auch wohl anderer Leute Kinder von Adel zu sich zu nehmen, und allda in die Schule gehen, schreiben und lesen lernen zu lassen.

— — — — — — — — — — — — — — — — — — — — — — — —

Wann aber Etliche von Adel ihre Freunde im Kloster zu besuchen, oder Bürger und andere kommen und um Besichtigung der Kirche und Klosters bitten, so soll sie (die Pförtnerin) solches der Priorin anzeigen, mit ihrem Consens dieselbe (die Klosterpforte) auflassen und zu ihren Freunden zu gehen verstatten, auch denen, so es begehren, die Kirche oder Reventer zu besichtigen, aufschließen. Es soll aber keine Klosterperson bei Verlust des Klosters Niemand, der sie zu sprechen begehrt, hinaus in den Krug, in die Schulmeisterei, Schusterei oder andere verdächtige Oerter zu gehen, daselbst sich entgästen zu lassen, oder Gespräch zu halten, sondern dieselbe zu sich in der Kirche oder Kreuzgang oder auch in Häuser kommen lassen, aber bei gleicher Strafe nicht bemächtigt sein, einige Mannspersonen die Nacht über im Kloster zu behalten, es wäre denn derselben Person Vater, ihr Bruder, des Vaters oder Mutter Bruder, denen im Kloster eine Nacht oder zwei nach Gelegenheit bei ihrer Blutsfreundin zu verharren vergönnt werden mag — — — — — — — — — — — — — — —

Bützow den 24. Janr. anno 1619.

# Beilage Nr. 13.

## Landtagsverhandlungen, betreffend den Streit wegen der Dörfer Maders und Brebberow, aus den Jahren 1606 bis 1610.

Landtag zu Sternberg, d. 25. Juni 1606. A. 1606.

Gravamen 11. der Ritterschaft:

Da Herzog Ulrich p. m. die Klöster Ribnitz, Malchow und Dobbertin mit allen Pertinenzien abgetreten, und man in Erfahrung brächte, daß etliche der Klosterdörfer, als Maders und Brebberow, wegen gemeiner Erstattungen eingezogen wären, so bäte die E. Landschaft, den Provisoren aufzugeben, daß sie solche Dörfer zu den Klöstern wieder zu bringen, sich höchsten Fleißes angelegen sein lassen sollten. (Spalding Bd. I. S. 293.)

Deputationstag zu Güstrow d. 22. April 1607. B. 1607.

Fürstliche Resolution:

ad 11. Wegen des Dorfs Maders würde E. E. Ritterschaft unverborgen sein, daß solches mit Wissen, Willen und Beliebung der Domina, Priorin und der verordneten Provisoren, wayl. Herzog Ulrich gegen das Dorf Schlawe und einen See und stattliche Fischerei, so das Kloster viel mehr und höher als das Dorf Maders der großen Entlegenheit halber nutzen und genießen könnte, gutwillig cediret und abgetreten sei. Daß aber das Dorf Brebberow dem Kloster Dobbertin jemals sollte eigenthümlich angehöret haben, davon hätte man bei der Canzlei keinen Beweis und Nachricht. Hiebei würde E. E. Ritterschaft sich erinnern, daß die Klöster Dobbertin, Ribnitz und Malchow E. E. Landschaft zu dem Ende überlassen und eingeräumt wären, daß selbige Zuchtschulen sein, und sowohl die von der Ritterschaft als die Landesfürsten sich des Auftritts und Zehrens daselbst gänzlich äußern und enthalten sollten; wie aber demselben an etlichen Oertern eine Zeit her gelebet und nachgesetzet worden, sei leider mehr denn zu viel notorisch und landkundig, und hätte E. E. Landschaft aus beiliegendem Extract der Supplication der Provisoren des Klosters Dobbertin mit mehreren zu vernehmen. (Spalding Bd. I. S. 316.)

Landtag zu Wismar d. 1. November 1609. C. 1609.

Unerledigte Gravamina der Ritterschaft.

Es wären auch bis daher noch unerörtert geblieben die übrigen Punkte und Gravamina, als — — — — — — — — — — — — — — — — — —

2) wegen der eingezogenen und zu den Klöstern gehörigen Dörfer Maders und Brebberow, welche noch vor 13 Jahren dazu belegen, und wovon die Küchenmeister die Pächte und Rauchhühner eingenommen, nur daß sie dem Amt Suan für ein genanntes Dienstgeld verpachtet gewesen, und also den Provisoren zu restituiren wären. (Spalding Bd. I. S. 366.)

Deputationstag zu Wismar d. 12. Juni 1610. D. 1610.

Fürstliche Resolution.

ad 2. Was wegen der Dörfer Maders und Brebberow gebeten würde, hielten Sie, Herzog Carl, für eine besondere Zunöthigung etlicher weniger, indem dem Kloster Dobbertin für das Gut Maders, mit gutem Wissen, Willen und Beliebung der Domina, Priorin, und der Provisoren annehmliche Erstattung geschehen sei, am Dorfe Brebberow aber wären Sie dem Kloster Ribnitz keine Gerechtigkeit geständig, als die dasselbe bis anjetzt in possessione vel quasi hergebracht, daher man Sie mit dergleichen Anmuthen billig hätte verschonen sollen. (Spalding Bd. I. S. 380.)

Die Ritterschaft antwortet:

Das Gesuch wegen der Dörfer Maders und Brebberow sei nicht das Anhalten etlicher weniger, sondern der sämmtlichen Landschaft gewesen, es wären auch noch andere Sachen des Dobbertin'schen Klosters, darin denselben großer Eintrag geschehen, und warum nachgehends Anregung geschehen müsse. (Spalding Bd. I. S. 391.)

E. 1610. Landtag zu Sternberg d. 26. Juni 1610.

Weitere fürstliche Resolution.

Wegen der Dörfer Maders und Brebberow hätten Sie, Herzog Carl, Ihre Meinung hiebevor genugsam erkläret, dabei Sie es endlich bewenden ließen. (Spalding Bd. I. S. 402.)

Die Ritterschaft antwortet:

Weil Serenissimi der Land- und Ritterschaft Suchen wegen der Dörfer Maders und Brebberow in Zweifel ziehen wollten, die Provisoren der Klöster aber sich zum Beweis ihres Rechts erböten, so bäte die E. Landschaft, jetzo alsbald zur Erkundigung dieser Sache Commissarien zu verordnen, sie stellte auch zu Serenissimorum Gefallen, ob Sie den J. Moltke zu Toitenwinkel, nebst dem Professor A. Hein zu Rostock zur Verrichtung solcher Commission deputiren wollten. (Spalding Bd. I. S. 413.)

Diese Bitte wurde den Ständen am 28. Juni von den Landesherren gewährt (Spalding a. a. O. S. 417), jedoch erhellt der endliche Ausgang dieses Streites nicht aus den weiteren Mittheilungen. Jetzt sind beide vormalige Dörfer Großherzogliche Haushaltsgüter (Höfe).

---

## Beilage Nr. 14.

### Streitigkeiten und Vergleich wegen des Klosters Ribnitz, aus den Jahren 1613 bis 1669.

---

A. 1611. In dem Erbvertrag zwischen Herzog Adolph Friedrich und Herzog Johann Albrecht d. d. Varenholtz 9. Juli 1611 (Klüver III. 2. S. 18 ff.) heißt es sub Nr. 49:

> Gleichergestalt ist demjenigen, welchem Ribnitz fallen würde, erlaubt, das Kloster daselbst an sich zu bringen und dafür der Landschaft Erstattung zu thun.

B. 1613. Auf Grund dieser Vertragsbestimmung begannen im Jahre 1613 die Tractaten des Herzogs Johann Albrecht mit den Landständen wegen Permutation des Klosters Ribnitz. In den ersten Jahren blieben diese Verhandlungen vergeblich,
1618. im Jahre 1618 aber schrieb H. Johann Albrecht zum Zwecke ihrer Beendigung einen Landtag auf den 18. Novbr. nach Sternberg aus. Zu diesem

schickte auch H. Adolph Friedrich einige seiner Räthe, um die Vorschläge H. Johann Albrecht's zu unterstützen und H. Adolph Friedrich's Uebereinstimmung mit denselben zu versichern. Die fürstliche Proposition lautete vornehmlich dahin:

E. E. Ritter- und Landschaft werde sich ohne Zweifel der wegen Permutation des Klosters Ribnitz seither gepflogenen münd- und schriftlichen Handlungen erinnern; die damaligen Deputirten der sämmtlichen Stände hätten sich willfährig erklärt, die andern Stände aber ihre schriftliche Declaration verzögert. Um dieser Sache ein Ende zu geben, sei nun mit H. Adolph Friedrich's Consens dieser Landtag ausgeschrieben. Serenissimus wollten gegen das Kloster Ribnitz das fürstl. Amt Broda dergestalt wieder abtreten, daß eine von beiden Herzögen und der Landschaft gewählte Deputation das Kloster und das Amt genau taxiren sollten, wonach dann das etwaige Uebermaß des Werthes des einen oder des andern erstattet werden könnte. Demnach möge sich die Ritter- und Landschaft nunmehr schließlich über diese Proposition erklären und zwar consentirend „bevorab, weil solches in den fürstl. brüderlichen Erbverträgen beliebt wäre, und gemeiner Landschaft durch diesen Wechsel nichts abginge, sie sich auch bereits hiebevor zu aller unterthänigen Willfahrung anerboten hätte, auch sonst in den Rechten versehen und begründet sei, daß, wenn die hohe Obrigkeit zu Ihrem bessern Nutz und Frommen, dem Lande ohne Schaden, ein Stück Guts an sich zu bringen Vorhabens sei, solches derselben gegen billige Erstattung nicht verweigert noch versagt werden sollte.“ (Spalding Bd. I. S. 471.)

Hierauf antwortete die Ritter- und Landschaft:

Sie erinnere sich wohl der anno 1613 dieser Sache wegen vorgewesenen Tractaten und wodurch selbige removirt und bis zur allgemeinen Convocation der sämmtlichen Landstände differirt worden. Sie sei auch im Allgemeinen nicht abgeneigt, Serenissimis zu gratificiren, müsse aber doch vorerst bitten, die Zahl der Landräthe zu vervollständigen, damit man sich deren Rathes gehörig bedienen könne. Sobald dies geschehen, wollte Ritter- und Landschaft geschehen lassen, daß aus der Landräthe sowohl der Ritterschaft und Städte Mittel gewisse Personen von Serenissimo und der Landschaft deputirt würden, theils zur Taxation, theils auch zur Erkundigung, was es mit dem Kloster Ribnitz für eine Gelegenheit habe, und zur darüber demnächst an die Landschaft abzustattenden Relation. Auf alle Fälle würden Serenissimus es ihr nicht verdenken, wenn sie sich ausbedinge, daß die gegen das Kloster getauschten Güter mit allen denselben Privilegien und Kaiserl. Confirmationen wie das Kloster versehen und und befreiet würden, und wenn die Landschaft sich außerdem von beiden Serenissimis verassecuriren ließe, daß ihr hinführo zu keinen Zeiten in den noch übrigen vor Jahren cedirten geistlichen Klostergütern dergleichen Permutationen angemuthet werden sollten. (Spalding a. a. O. S. 473 f.)

Auf dem Landtage zu Güstrow d. 13. Decbr. 1620 erklärte jedoch die Ritter- und Landschaft demnächst, daß sie zwar einige Personen aus ihrer Mitte deputirt habe, um sich über das Kloster näher zu erkundigen, weil sie aber aus deren Relation befunden, daß des Klosters Fundation nicht allein mit unterschiedlichen Kaiserl. hoch verpönten und andern vielen Confirmationen und Kaiserlichen Schutzbriefen versehen, worin die alienatio und permutatio bei vielen Mark löth. Goldes verboten, auch mit gar nachdenklichem Vermaledeyen roborirt und bekräftigt sei, so finde sie bei diesen jetzigen besorglichen Läuften des heil. Röm. Reichs darin zu verwilligen sich gar nicht bemächtigt, daher sie bäten, daß Serenissimi darin Ihre gefaßte Meinung ändern und der Ritter- C. 1620.

und Landschaft aus vorigen und andern bewegenden Ursachen, die Ihnen künftig berichtet werden könnten, solches nicht verdenken möchten. (Spalding a. a. O. S. 499 f.)

Hierauf wurde von H. Hans Albrecht am 22. Decbr. erwidert: Es käme Ihm sehr befremdlich vor, daß Ritter- und Landschaft derselben Auswechselung sich jetzo verwidern wollte, in welche sie doch früher vermittelst prächtiger und hoher Zusage bereits gewilligt habe; es erfordere bona fides, das zu halten, was man einmal versprochen habe, und es hindere weniger denn nichts, was von der ersten Fundation des Klosters und den darin gesetzten und einverleibten Betheurungen nichtiglich eingeführt würde, indem ohne dies, daß solches aus dem Pabstthum herrührte, und dessen ohngeachtet vor diesem mit dem Kloster Veränderungen gemacht und vorgenommen worden, es auch etliche aus der Landschaft selbst hart empfinden würden, wenn die geistlichen Güter nach ihrem Ursprung und den einverleibten Betheurungen censurirt und gerichtet werden sollten. Weil aber der Landschaft ihre Ihnen gethane vielfältige Zusage entfallen wäre, so wollten Sie nunmehr dieses Klosters wegen kein Wort mehr verlieren, noch ferner mit der Landschaft verhandeln. (Spalding a. a. O. S. 501 f.)

D. 1621. Daß dieser Erklärung ungeachtet das Project nicht aufgegeben wurde, ergiebt sich aus dem brüderlichen Erbvertrag d. d. Güstrow d. 3. März 1621 (Klüver III. 2. S. 60 ff.), worin es heißt:

„Wegen des Klosters Ribnitz soll Uns, H. Hans Albrechten, mit der Landschaft zu handeln und dasselbe gegen gebührliche Erstattung ganz oder zum Theil an Uns zu bringen erlaubt sein."

so wie auch aus der Punctatio (Nebenvertrag) de cod. dato (ebendas. S. 90 ff.), worin es heißt:

„Zum Achten wollen H. Adolph Friedrichs Fürstl. Gn. sich dahin bemühen, daß J. F. G. H. Hans Albrecht das Kloster Ribnitz gegen gebührliche Erstattung von der Landschaft bekommen mögen."

Es übernahm aber seinem Versprechen gemäß H. Adolph Friedrich jetzt die weitere Verhandlung mit den Ständen, um dieselben zur Einwilligung zu bewegen. Dies geschah zuerst auf dem Landtage zu Rostock d. 10. April 1621, wo Herzog Adolph Friedrich die Stände wiederum erinnerte, daß sie halten müßten, was sie einmal versprochen, daß sie ihrem Landesherrn nachgeben müßten, wo nur immer es ohne Nachtheil geschehen könne, und daß in dieser Angelegenheit kein Grund zur Verweigerung des Consenses vorliege. Die auf dem Landtage noch anwesenden wenigen Stände antworteten hierauf, daß sie auf diese Proposition nicht vorbereitet wären, die Abgeordneten der von Städten seien hierin ohne Instruction und die wenigen von der Ritterschaft könnten sich auch nicht unterstehen hierüber etwas zu beschließen. Sonst erkennten sie allerdings die Verpflichtung an, ihren gnädigen Landesfürsten zu gratificiren, verkennten keineswegs die aus dem gestörten freundlichen Einvernehmen ihnen sammt und sonders und insonderheit dem Kloster selbst drohenden Discommoditäten und Gefahren, und seien auch erbötig, ihren Fürsten in allem was möglich und in ihren Gewissen und bei der Posterität verantwortlich, in Devotion nachzugeben. Allein diesmal seien sie aus obigen Ursachen nicht im Stande, die Tractaten zu reassumiren, bäten also ihre differirende Antwort nicht ungnädig aufzunehmen und etwa auf einem andern Landtage vor gesammte Stände wiederum zu bringen. (Spalding Bd. I. S. 593 bis 595.)

H. Adolph Friedrich anerkannte diese Gründe und proponirte daher jetzt auf dem nächsten Landtage zu Sternberg d. 15. Mai schriftlich der Ritter- und Landschaft, daß sie ihre Einwilligung zu der bewußten Permutation ertheilen möge. Auch hier wiederholt sich die Berufung auf die einmal anno 1618 geschehene gewierige Erklärung und Zusage, auf die Nothwendigkeit des guten Einvernehmens mit der Landesherrschaft, auf die Pflicht der Nachgiebigkeit gegen die von Gott vorgesetzte Obrigkeit, ferner daß der Landschaft die Permutation keinen Nachtheil bringe, und daß sie auch dem Kloster selbst nur zuträglich sei. Hierauf zeigte die Landschaft sich wieder erbötig, indem sie auf ihre frühere anno 1618 ertheilte Antwort recurrirte, mit Hinzufügung der Bedingung, daß sie auch der der kaiserl. Confirmation einverleibten Poen halber versichert werden möge. Uebrigens sei das Amt Broda bei weitem kein genügendes Aequivalent und müßte sie vor allen Dingen um eine Erklärung über die von ihr gestellten Bedingungen und begehrten Versicherungen bitten. (Spalding a. a. O. S. 601 f.) Hierauf wurde am 17. Mai eine Commission von 6 ritterschaftlichen und 6 landschaftlichen Deputirten von den anwesenden Landständen erwählt und mit Instruction versehen, um in Gemäßheit der bereits am 18. Novbr. 1618 erklärten Bereitwilligkeit, das der gemeinen Landschaft vor Jahren abgetretene Kloster Ribnitz gegen billige Erstattung wiederum auf gewisse Maße an Serenissimus zu überlassen, die zum Auswechsel gesetzten Güter zu besichtigen und in Gemeinschaft mit den Fürstl. Deputirten zu taxiren, demnächst aber die Permutation unter Ausgleichung des Differenzwerthes wirklich zu effectuiren (Spalding a. a. O. Seite 609 f.), welche Instruction denn auch von den Landesfürsten approbirt und die Ernennung von 4 Fürstl. Deputirten verheißen wurde. (Spalding a. a. O. S. 613.) E. 1621.

Auf dem Landtage zu Sternberg d. 9. Septbr. 1623 recapitulirte H. Adolph Friedrich alsdann nochmals die Permutationstractaten, weil die Commission es bisher wegen allerhand Difficultäten zu nichts gebracht habe. Namentlich sei die Vollmacht mangelhaft befunden worden, weil sie auf die Abwesenden zur Zeit der Vollziehung allein gerichtet sei und die Landräthe ausgelassen wären. Dergleichen Difficultäten möchten aus dem Wege geräumet und dann endlich die Taxe vorgenommen und beiderseits zum Behufe der weiteren Handlung übergeben werden. (Spalding a. a. O. S. 630.) Auf diese Proposition antwortete die Ritter- und Landschaft: die Vollmacht sei so wie sie laute auf allgemeinem Landtag beliebt und vollzogen, wobei sie es bewenden ließe und die Landräthe seien erbötig Theil zu nehmen, im Uebrigen sei das Amt Broda nicht als geeignetes Aequivalent befunden worden und müßte sie bitten, zuvörderst einen andern Ort statt dessen zu benennen. Durch eine Taxe ließe sich die permutatio nicht effectuiren. (Spalding a. a. O. S. 638.) H. Adolph Friedrich nahm diese Antwort sehr ungnädig auf, indem er den Ständen vorhielt, daß sie Schwierigkeiten über Schwierigkeiten machten; es sei nicht abzusehen, weshalb sich die Permutation nicht durch eine Taxe, noch wie dieselbe sich anders, als gerade durch eine solche bewirken ließe; die noch immer in Disputation gezogene Vollmacht sei endlich in Richtigkeit zu stellen und dann der Sache auf dem längst eingeleiteten Wege ein Ende zu geben, damit Sie (H. Adolph Friedrich) mit fernerer vergeblicher Mühe, Ihr Herr Bruder aber, wie auch das Kloster selbst, mit vergeblichen Kosten verschonet würde, und Sie zu erspüren hätten, daß Ritter- und Landschaft, was sie verbis promittirte, auch ins Werk zu setzen gemeint sei, denn man müsse nach gerade an deren F. 1623.

ernstlichem Willen zweifeln. Die wenigen noch anwesenden Landstände inhärirten hierauf ihrer vorigen Erklärung. (Spalding a. a. O. S. 645 f.) Ebenso blieb aber auch H. Adolph Friedrich bei seiner letzten Resolution und stellte in Aussicht, daß er allein die Taxation vornehmen lassen würde. (Spalding a. a. O. S. 647 f.) So kam man in der Sache selbst nicht weiter und bald darauf blieb die ganze Angelegenheit liegen, weil die Verwirrung des dreißigjährigen Krieges die Gedanken anders wohin lenkte. Auf dem Deputations-
1625. tage zu Rostock anno 1625 machte H. Adolph Friedrich zum letztenmale den Versuch, die Permutation durchzusetzen. Der Ausschuß der Stände antwortete aber: sie hielten solche Veränderung nicht für rathsam, es wären in Deutschland wegen der geistlichen Güter bereits große Weitläuftigkeiten und lasse es sich noch immer mehr darnach an; das Kloster Ribnitz sei vom Kaiser confirmirt, daher es auch am sichersten dabei bliebe. (13. und 15. April 1625.) s. Franck A.
G. u. N. M. Lib. XII. S. 327. Im April 1628 verließen die beiden Fürsten be-
1632. kanntlich das Land, um erst anno 1631 wiederzukehren. Hiernach ruhete diese Angelegenheit eine Reihe von Jahren, allein H. Johann Albrecht nahm seinen Plan wieder auf. Ein anderer Weg sollte jetzt zu dem gewünschten Ziele führen. Da der Herzog bei den Ständen auf beharrlichen Widerstand stieß, so wandte er sich nunmehr an den Klosterconvent und erreichte hiedurch endlich das so lange verfolgte Ziel, indem er im Jahre 1632 resp. sub d. 23. März und 23. April zu Ribnitz und zu Güstrow mit der Domina und sämmtlichen Conventualen zwei Contracte abschloß (Spalding Bd. II. S. 231 bis 235), welche ihm den erstrebten Besitz verschafften.

In dem ersteren dieser Contracte treten die Domina und Jungfrauen des Klosters ihres Theils sämmtliche zum Klosteramt gehörigen Güter mit alleinigem Vorbehalt der Klostergebäude und des Klostergartens ab, so daß selbst die Kirchen mit an Sermus. übergehen. Die vacant werdenden Klosterstellen sollen vermöge der Statuten und Gewohnheiten unverändert ersetzt, auch soll den Jungfrauen ihr Gerichtsstand u. dgl. m. verbleiben. Ferner sollen sie sich zur Bestellung ihrer Gewerbe und Einkaufung ihrer Bedürfnisse einen eigenen Bedienten halten dürfen, der sein Deputat durch das Amt vom Herzoge zu empfangen hat. Außerdem übernimmt der Letztere die Leistung sämmtlicher Deputate an die Jungfrauen aus seinen Aemtern und manche sonstige Verbindlichkeiten gegen die Conventualinnen, und verheißt wegen der noch näher zu specificirenden, auf dem Kloster haftenden Schulden eine demnächstige gnädige Erklärung. Vorbehalten bleibt die Ratification H. Adolph Friedrich's und „anderer, so hierunter Interesse prätendiren möchten". Zu dieser durch die traurige Lage der Conventualen und den finanziellen Ruin des Klosters motivirten Punctation ertheilte H. Adolph Friedrich sub. d. Güstrow 6. April 1632 seinen schriftlichen Consens, nur mit Vorbehalt der nach dem Erbvertrage von 1621 beiden Landesherren gemeinsam verbleibenden Landesfürstl. Hoheit über das Kloster, worauf denn am 14. April 1632 unter Concurrenz eines Bevollmächtigten des H. Adolph Friedrich die wirkliche Ueberweisung der Klostergüter an H. Hans Albrecht's Bevollmächtigten erfolgte.

In dem zweiten der obigen beiden Contracte, v. 23. April 1632, verspricht der Herzog demnächst den Klosterjungfrauen noch, daß sie wegen der von der Ritter- und Landschaft angezogenen und prätendirten Ratification und Vollworts nicht gefährdet werden sollten. Was die Jungfrauen, so künftig in's Kloster auf- und angenommen würden, besage der Klosterordnung conferiret und gäben, sollte zum Besten der Jungfrauen auf Zinsen ausgethan werden, so daß sie davon jährlich die Zinsen zu genießen haben. Die Reise- und Zehrungskosten für die Provisoren, wenn sie wegen des Klosters Geschäfte daselbst zu verrichten hätten, will der Herzog für zwei Male im Jahr, jedesmal für vier Personen auf drei Tage bezahlen, wie er denn auch sonst noch manche Verbindlichkeiten gegen das Kloster und die Conventualen übernimmt.

Die jährlichen Leistungen an die Conventualen betrugen c. 3785 Fl., was zu 5 pro Cent capitalisirt 75700 Fl. ausmacht, während das Kloster anno 1666 nur zu 30,000 Thaler taxirt wurde.

Alles dies war hinter dem Rücken der Landstände abgemacht worden, allein diese schwiegen nicht lange dazu. Der erste förmliche Landtag wurde von den Fürsten nach ihrer Wiedereinsetzung auf den 26. März 1633 nach Malchin ausgeschrieben und hier kam denn auch sogleich die Ribnitzer Angelegenheit zur Sprache. Das auf diesem Landtag übergebene Gravamen 9. der Ritter- und Landschaft lautet nämlich: H. 1633.

In Ansehung des Klosters Ribnitz hätte Ritter- und Landschaft sich nicht versehen, daß auf Maaße, wie mit eines Theils Conventualen, als welche dessen nicht bemächtigt gewesen, geschehen wäre, hätte gehandelt werden sollen, weil es aber geschehen, so hielte sie hochnöthig, wenn es bei dem jetzigen Stand verbleiben und hierüber Richtigkeit getroffen werden sollte, zu vernehmen, auf was Art und durch welche Mittel die versprochenen Gelder und andere Puncte zu berichtigen wären, und versichert zu werden, daß dieser Casus nicht in consequentiam gezogen würde. (Spalding Bd. II. S. 218.)

Am 1. April wird sodann wegen des Klosters Ribnitz referirt, daß H. Adolph Friedrich Sich geäußert, daß Sie nicht gehofft hätten, daß Ritter- und Landschaft so leichtlich die Veräußerung beliebt haben würde, insonderheit die Stadt Rostock u. s. w. Hiebei zeigte aber der Landmarschall Lützow an: daß er wegen Herzog Adolph Friedrich's die Anweisung gethan, und producirte nicht allein das von demselben ihm dazu zugegangene Mandat d. 6. April 1632, worin ihm aufgegeben war, daß — da nunmehr die Permutation des Klosters Ribnitz mit dem H. Hans Albrecht in der Maaße geschlossen sei, daß dasselbe zum Amte gelegt werde sollte, und Sie darüber Ihren freundbrüderlichen Consens ertheilt hätten, er zu mehrer Bekräftigung dessen in Ihrem Namen den H. Hans Albrecht an solches Kloster anzuweisen hätte, — sondern er zeigte auch sein Entschuldigungsschreiben vor, worin er vorgestellt, daß E. E. Ritter- und Landschaft an den drei Klöstern Ribnitz, Dobbertin und Malchow vermöge der Assecurationsreverse ein großes Interesse hätte, ihm aber unwissend sei, ob mit derselben desfalls Richtigkeit getroffen wäre, und, wenn solches über Verhoffen nicht geschehen, ihm dieserhalb beschwerliche Nachreden und Gefährde würde beigebracht werden u. s. w. — und endlich zeigte er das von H. Adolph Friedrich ihm darauf ertheilte Respons vor, worin er befehligt sei, daß, da Sermus. seine Entschuldigung von keiner Erheblichkeit zu sein erachteten, sondern es bei der einmal geschehenen Verordnung bewenden ließen, — er die ihm anbefohlene Anweisung dem Contracte gemäß und gebräuchlich in's Werk zu richten habe.

An demselben Tage zeigte H. Hans Albrecht Geh. Rath v. d. Lühe den Landräthen, Landmarschällen und Rostock'schen Deputirten an: Sermus. hätten in Gnaden vernommen, daß Ritter- und Landschaft in die Permutation mit dem

Kloster Ribnitz gewilligt hätte und nur noch übrig wäre, daß die Versicherung der versprochenen Gelder geschehen sollte, Sermus. wären erbötig, der Ritter- und Landschaft das Amt Gnoyen zur Versicherung einzusetzen, auch selbige alsbald zu immittiren und ihr solches zu cediren, womit Ritter- und Landschaft hoffentlich zufrieden sein würde. Die Landräthe erwiderten hierauf, daß dies ein Werk wäre, so die sämmtlichen Landstände concernirte, daher sie allein darauf nicht antworten könnten. (Spalding Bd. II. S. 229.)

Am folgenden Tage (2. April) ging alsdann eine schriftliche Erklärung H. Johann Albrecht's an die Landtagsversammlung ein des Inhalts:

„Sie hätten aus der Ritter- und Landschaft Vorbringen vernommen, wessen sie sich wegen Permutation des Klosters Ribnitz erkläret, und acceptirten selbige mit dem Erbieten, was sie den Conventualen, Inhalts des Recesses, versprochen, für Sich und Ihre Posterität Fürstlich zu halten, und mit dem Amt Gnoyen genugsam dergestalt zu versichern, daß Ritter- und Landschaft wie auch die jetzigen und künftigen Conventualen der ihnen verschriebenen Einkünfte genugsam assecurirt sein könnten, gestaltsam Sie erbötig wären, E. E. Ritter- und Landschaft das Amt Gnoyen pro quantitate der den Conventualen verschriebenen Einkünfte zur Hypothek einzusetzen, und die Provisores oder welche von ihr sonst dazu verordnet werden mögten, an bemeldetes Amt und die jetzigen und künftigen Amtsverwalter zu waltigen und anzuweisen, also, daß die Amtsverwalter die verschriebenen Einkünfte niemand anders, als den Conventualen zu entrichten und abzutragen schuldig sein, und daran von Sermo. noch Niemand behindert und beunruhigt, sondern von Ihnen bei dem erlangten jure hypothecae und den verschriebenen Einkünften Fürst- und vestiglich geschützt und gehandhabt werden sollten, wie Sie denn auch E. E. Ritter- und Landschaft vermittelst eines Reverses diesem, was obstände, nachzukommen, und daß solches nicht in consequentiam gezogen werden sollte, versichern wollten. Wie nun dies wohlgemeinte Erbieten zu gänzlicher Vergnügung des Gesuchs der Ritter- und Landschaft gereichte, So hätten Sie zu ihr das Vertrauen, daß sie solches acceptiren und sich hierunter dermaaßen bezeigen würde, daß Sie ihre unterthänige Devotion zu verspüren und selbige mit Landesfürst- und Väterlicher Gnade zu erwiedern, Ursache haben mögten.“ Auch wurde mit dieser Proposition der Entwurf des versprochenen Reverses vorgelegt, welcher so anfängt: „Demnach Sie mit den Conventualen des Klosters Ribnitz wegen der Klostergüter, und was dem mehr anhängig, Sich verglichen, H. Adolph Friedrich auch diese Vergleichung bestätigt, und E. E. Ritter- und Landschaft wegen ihres Interesse ihr Vollwort gegeben, mit der Condition, daß Sie die Ritter- und Landschaft der von Ihnen verschriebenen Einkünfte und anderer Punkte halber und daß es nicht in consequentiam gezogen werden sollte, genugsam versichern mögten, so wollten Sie der Ritter- und Landschaft wegen der von Ihnen verschriebenen Einkünfte und anderer in der mit den Conventualen getroffenen Vergleichung enthaltenen Punkte, so viel zu deren Eviction immer nöthig sein könnte oder mögte, Ihr Amt Gnoien u. s. w. als ein sicheres Unterpfand dergestalt verschrieben und angewiesen haben, daß“ u. s. w. u. s. w. (Spalding Bd. II. S. 230.)

Hierauf wurden die beiden Contracte, der Consensbrief des H. Adolph Friedrich und das über die Tradition aufgerichtete Protocoll verlesen, sowie eine Erklärung des H. Adolph Friedrich über diese Abtretung der Klostergüter, welche hauptsächlich folgenden Inhalts ist: Ihr ertheilter Consens könne nur praesupposita validitate contractus zum Effect gelangen, derselbe sei mithin auch für nicht ertheilt zu erachten, sofern die Ritter- und Landschaft, welche die Befugniß der Conventualen bestritten habe, ihren Consens versagen sollte; jeder Extension Ihres ertheilten Consenses zu angemaaßter Reformation und Aenderung über den Buchstaben hinaus und allen widrigen Attentaten wollten Sie vielmehr per expressum widersprochen haben; denn obwohl in der Punctation die Kirche Ihrem Herrn Bruder abgetreten wurde, so sei doch die landesfürstliche Hoheit, der das jus episcopale und davon dependirende jus reformandi ohnzweiflich anhängig wäre, in dem Consens d 6. April ausdrücklich pro indiviso reserviret und vorbehalten, es sei Ihnen auch niemals in den Sinn gekommen, zugleich die Reformation gestatten und eine Aenderung in der Religion damit verhängen zu wollen, und wie in der abtretenden Conventualen Macht es nicht gestanden, ein solches jus zu übergeben, so sei auch durch Ihren ertheilten Consens ein Mehreres nicht confirmirt, als durch den Contract gegeben werden könne u. s. w. (Spalding Bd. II. S. 235 f.)

Hiebei ist daran zu erinnern, daß H. Johann Albrecht nicht allein selbst reformirter Religion war, sondern auch die calvinistische Lehre im Lande begünstigte, und in dem zweiten — von H. Adolph Friedrich nicht confirmirten — Vertrage vom 23. April etwas von Abschaffung der Bilder und Altäre in der Kirche im Sinne der calvinistischen Lehre vorkam, wovon H. Adolph Friedrich nichts wissen wollte, vielmehr seinen Bruder abzustehen ermahnte.

Demnächst votirten die Landräthe, Landmarschälle, die Rostock'schen und Wismar'schen Deputirten einzeln über diese Angelegenheit, und gab darauf die Ritter- und Landschaft durch den Bürgermeister Baleke zu Protocoll: Da H. Adolph Friedrich in dem brüderlichen Erbvertrage mit beliebt hätte, daß das Kloster bei dem Güstrow'schen Theil verbleiben sollte, auch darauf die Tractaten mit Ritter- und Landschaft angefangen wären, so müsse sie bekennen, daß den Conventualen nicht gebührt hätte, sich in den Contract einzulassen, weil sie minorennes und dazu nicht habilitirt wären, und dazu ihre Provisores hätten; weil es aber geschehen, und H. Adolph Friedrich quodam modo darin consentirt, so hielten sie dafür, daß solches nicht wieder zu retractiren, sondern, wenn Sermus. damit einig wären, es das beste sei, die Tractaten mit Ritter- und Landschaft zu continuiren; — wo nicht, so hielte sie dafür, daß anstatt Ribnitz ein anderer Ort zu deputiren und anzurichten sei, wo die Conventualen wohnen könnten, indem sich der Hofstaat und das Kloster nicht beisammen schickte. Wenn Sermus. einen solchen Ort vorschlagen würden, so hätte sie kein Bedenken, darin zu willigen. Wegen des puncti religionis glaubte sie, daß derselbe in den Art. 3 und 7 der Reversalen genugsam fundirt sei, und da geistliche Güter nicht anders als ad pios usus verwandt werden könnten, so wäre billig zu schließen, daß die Reformation nicht geschehen sollen; sie sähe böse Inconvenientien daraus kommen, wenn Hofstaat und Kloster beisammen bliebe; sonst hielt sie auch dafür, daß, weil die Jungfrauen sich dieses Werks wider Gebühr angemaaßt, ihre Hebung auf zwei Jahre lang zu cassiren oder selbige aus dem Kloster ganz auszutreiben, und andere einzunehmen wären, auch zu verhüten sei, daß dieses nicht in consequentiam gezogen werden mögte.

Hiebei vermeinten auch einige, daß an dem Ort anstatt des Klosters eine Ritter- und Landschule anzurichten sein mögte.

Die förmliche Resolution wegen dieses Punktes wurde verschoben, und beliebt, Sermi. Resolut. ad Gravam. zu erwarten, auch tauchte von neuem der Vorschlag auf, Sermus. möchten entweder Erstattung an liegenden Gründen thun oder Sich der Reformation begeben und Versicherung thun. (Spalding Bd. II. S. 236 f.)

Demnach erfolgte nunmehr beider Landesherren Fürstl. Resolution auf das obige Ritter- und Landschaftliche Grav. 9. am 4. April, welche dahin lautete, daß H. Adolph Friedrich wiederholte, daß er durch seinen Consens der Ritter- und Landschaft an ihren reversalmäßigen Rechten nichts benommen, sondern die weitere Vereinbarung und Abschließung eines rechtsbeständigen Contracts der Ritter und Landschaft und Seinem Bruder überlassen haben wollte, im Uebrigen aber diesen Consens nochmals versicherte, mit Vorbehalt jedoch der landesfürstl. Hoheit und Obrigkeit und des daran hangenden juris episcopalis, auch daß wider die Reversalen keine reformatio in doctrinalibus et ceremonialibus in der Klosterkirche vorgenommen würde; H. Johann Albrecht dagegen acceptirte die Ritter- und Landschaftliche Erklärung wegen des Klosters und erbot sich demzufolge, E. E. Ritter- und Landschaft wegen angedeuteter Versicherung genugsame Satisfaction auf ferneres Anhalten widerfahren zu lassen und die somit allseitig approbirte Punctation zu halten. (Spalding Bd. II. S. 245.)

Hierauf erklärte die Ritter- und Landschaft noch an demselben Tage (4. April): Obwohl sie herzlich wünschte, daß entweder die mit den Conventualen vorgenommenen Tractaten verblieben sein oder durch bequeme Mittel gehoben werden möchten, so ersehe sie doch, daß beide Fürsten hierin verschiedener Meinung seien, sie befände daher nöthig, zur Verhütung fernerer Weitläufigkeiten und Irrsale, auch zur Erhaltung ihres habenden Interesse und Gerechtigkeit an das Kloster und die theuer erkauften Reversalen, zu bitten, daß H. Hans Albrecht die Tractaten mit der allgemeinen Ritter- und Landschaft reassumiren und für das Kloster gewisse anderweitige genugsame liegende Gründe vorschlagen und auf Ihre Kosten einrichten lassen möchten, indem sie anderer Gestalt es in ihrem Gewissen und für die liebe Posterität nicht verantworten könnte. (Spalding Bd. II. S. 251.)

Diese Erklärung beantwortete H. Johann Albrecht am 6. April dahin, mit seinem Bruder würde er sich schon zu vergleichen wissen, befremblich sei es ihm aber, daß die Ritter- und Landschaft von ihrer früheren, von ihm feierlichst acceptirten Erklärung abgehen wollte, worin sie bloß um eine Erklärung über die von ihm zu gebende Versicherung angehalten habe. Vorbehältlich dessen Allen und salvo jure quaesito wollte er verstatten, daß die Ritter- und Landschaft zu der weiteren Verhandlung über diese Angelegenheit etliche Deputirte mit geeigneten Vorschlägen zu ihm nach Güstrow senden möge. (Spalding Bd. II. S. 256).

Hiermit schließen die Verhandlungen auf dem Landtage des Jahres 1633, und es nahm nun die weitere Fortführung dieser anscheinend doch fast abgethanen Angelegenheit einen unendlich schleppenden Character an.

J. 1634. Auf dem Landtage zu Sternberg d. 9. Septbr. 1634 bittet Ritter- und Landschaft wiederholt, für das Kloster Ribnitz mit liegenden Gründen Erstattung zu thun und den Ort zu benennen (Spalding Bd. II. S. 272), worauf resolvirt wird, daß es deshalb bei voriger Resolution sein Verbleiben habe und die Schuld der Verzögerung allein die Ritter- und Landschaft treffe, weil sie bisher um Eröffnung der Tractaten keine Ansuchung gethan (ebendas. S. 295). Darauf verheißt Ritter- und Landschaft die Ernennung einer Deputation, bittet jedoch abermals um zuvorige Benennung des zur Erstattung bestimmten Ortes (d. h. Amtes oder Grundstückes), (ebendas. S. 297). Die letztere Bitte wiederholt sie auf dem Landtage zu Sternberg d. 9. December 1634 (ebendas. S. 331), welches fürstl. Seits die Erwiederung zur Folge hat, daß jene Benennung bei künftigen Tractaten geschehen solle, (ebendas. S. 333). Am 18. Decbr. wird die Deputation ernannt, aus zwei Landräthen, zwei Landmarschällen, vier von der Ritterschaft und fünf Städten bestehend, (ebendas. S. 332), aber auf dem Landtage zu Güstrow d. 22. Juli 1635 1635. bittet R. und L. abermals um jene Benennung und zugleich um Angabe der Zeit zur Fortsetzung der Verhandlung, weil inzwischen die Deputirten von den Landständen verordnet seien, und damit diese demnächst darauf bevollmächtigt und instruirt werden könnten (ebendas. S. 338 f.). Der Herzog erbietet sich hierauf, sich vor Ausgang des Landtages, auf particular geschehenes Anhalten weiter zu erklären (ebendas. S. 347), dieses wird mit dem Bemerken acceptirt, daß einige Landstände zur Communication mit Sermo. abgeordnet werden sollen (ebendas. S. 353), hiedurch nimmt der Herzog die Sache für erledigt an (ebendas. S. 356), die Ritter- und Landschaft bittet bald möglichst einen Tag zur Vornehmung der Tractaten zu determiniren (ebendas. S. 358), — aber mit allen diesen Erklärungen und Gegenerklärungen kommt die Sache selbst nicht weiter. Und bei diesem Stande der Sache stirbt plötzlich H. Johann Albrecht im Jahre 1636 mit Hinterlassung des dreijährigen H. Gustav Adolph, für welchen H. Adolph Friedrich die Vormundschaft und Regierung antritt. Auf dem Landtage zu Sternberg d. 18. April 1637 bittet die Ritter- und Land- K. schaft wieder, die Tractaten zu reassumiren, und ihr entweder das Kloster 1637. im vorigen Stande zu restituiren oder dafür in liegenden Gründen Erstattung zu thun. (Spalding Bd. II. S. 363), worauf die Reassumtion verheißen wird (ebendas. S 378). Ritter- und Landschaft bittet dazu Zeit und Ort noch auf jetzigem Landtage zu benennen, damit sie ihre anno 1634 erwählten Deputirten mit Instruction versehen könne (ebendas. S. 382), auch dies wird wiederum bereitwillig zugesagt (ebendas. S. 388). Dennoch gedeiht die Sache nicht weiter, noch kommt es überhaupt zur Reassumtion. Deshalb repetirt Ritter- und Landschaft auf dem Landtage zu Rostock d. 29. August 1639 ihr altes Gravamen mit dem Bemerken, daß die noch lebenden 1639. Conventualen in großem Elend lebten und schon in etlichen Jahren nicht das geringste von den Oertern, wovon es verschrieben sei (Amt Gnoien) erhalten hätten, daher sie bäte, entweder die angefangenen Tractaten ehestens zu Ende zu bringen, oder auch das Kloster in vorigen Stand zu restituiren (ebendas. S. 412 f.). Es wird aber geantwortet, daß es Sermo. nicht gebühre, den Contract zu rescindiren, die vier Jungfrauen aber sollten ihre Alimenten ordentlich erhalten (ebendas. S. 422).

(Das waren also die Folgen jenes Contractes und der Verwirrung des Krieges, daß überhaupt nur noch vier Conventualen im Kloster waren und diese kaum das Leben hatten!)

Auf dem Landtage zu Schwerin d. 18. August 1641 bittet Ritter- L. und Landschaft wieder um einstweilige Alimentation der nothleidenden Jung- 1641. frauen und demnächstige völlige Resitution des Klosters (Spalding Bd. II.

S. 427). Die desfallsige Resolution weist die Beschwerde über die den Jungfrauen angeblich nicht gebührend verabreichten Alimente als unbegründet zurück und stellt die forderſamste Ernennung einer Deputation zur Abthuung der Klosterangelegenheit in Aussicht (ebendas. S. 443). Ritter- und Landschaft bittet um Ernennung dieser Deputation noch auf diesem Landtage, damit dieselbe sich mit ihren Deputirten wegen einer gewissen Zeit vereinbaren und dadurch die Restitution des Klosters desto eher vollzogen werden könne (ebendas. S. 447), die fürstliche Deputation wird aber nicht bestellt. In ähnlicher Art
1643. dauern die Verhandlungen auch auf dem Landtag zu Güstrow d. 4 Juli 1643 fort, wobei H. Adoloh Friedrich Bedenken äußert, während der Vormundschaftsjahre in dieser Sache etwas zu ändern, und die Stände auf ihrer Alternative beharren: entweder — und zwar am liebsten — Restitution des Klosters, oder Erstattung an liegenden Gründen, (ebendas. S. 471 und 475).

M. Auf dem Landtage zu Schwerin d. 25. November 1646 bittet Ritter-
1646. und Landschaft wieder unter Bezugnahme auf die früheren Verhandlungen und auf die ruinirte Lage des Klosters um Restitution desselben nach seinem vorigen Stand, auch Nachzahlung der aus dem mit den Jungfrauen getroffenen vermeinten Contract rückständigen Alimentgelder nebst Zinsen (Spalding Bd. II. S. 508), es erfolgt aber auf diesem Landtage eine Resolution hierauf gar nicht Demnächst taucht die Bitte um die Restitution des Klosters und Unterhaltung
1650. der Jungfrauen erst auf dem Landtage zu Schwerin d. 3. Decbr. 1650 wieder auf (Spalding Bd. III. S. 21), es erwidert H. Adolph Friedrich aber, daß diese Angelegenheit ihrer Wichtigkeit wegen bis zur Majorennität des H. Gustav Adolph ausgesetzt bleiben müsse (ebendas. S. 47).

Nun bittet die Ritter- und Landschaft, wenigstens ad interim, salvo jure den Conventualen ihr vermachtes Deputat zu reichen, den Provisoren ihre vormalige Freiheit zu lassen und den vorigen numerum zu suppliren (ebendas. S. 56), es ergeht aber auch hierauf nur die Antwort daß die Klagen über den Unterhalt unbegründet seien, und daß der numerus vollkommen sei (ebendas. S. 68).

N. Auch auf dem Landtage zu Güstrow d. 15. Octbr. 1651 läßt die
1651. Ritter- und Landschaft zwar die Restitution, salvo jure, ausgesetzt sein, bittet aber nochmals um Verabreichung des vermachten Unterhaltes und um Observirung der Rechte der Provisoren und gemeiner Versammlung (Spalding Bd. III. S. 85). Hierauf wird die frühere Resolution wiederholt unter Hinweisung darauf, daß die andern Klöster (Dobbertin und Malchow) durch E. E. Ritter- und Landschaft fleißige Aufsicht und der Beamten getreue emsige Haushaltung, in solchem guten Stande sein mögten, daß die gehörige Zahl der Jungfrauen erfüllt wäre und ihren vollkommenen Unterhalt dermaßen hätte, daß darüber keine solche gravamina, wie bei Ribnitz, vorkämen (ebendas. S. 107).

O. Auf dem Landtage zu Schwerin d. 7. Septbr. 1653 bezieht Ritter-
1653. und Landschaft sich darauf, daß dem Verlaut nach Herzog Gustav Adolph vom Kaiser veniam aetatis impetrirt haben solle und danach der Terminus majorennitatis vor der Thür sein würde, und wiederholt deshalb nunmehr aufs neue ihre Bitte um Verabreichung der vollkommenen Hebung an die Klosterjungfrauen, und um Bestellung einer fürstlichen Deputation zum Behufe der weiteren Verhandlung und endlichen Restitution (Spalding Bd. III. S. 167). Auf dieses Gravamen (17) ertheilt jetzt der inzwischen für volljährig erklärte

H. Gustav Adolph auf dem Landtage zu Malchin d. 7. Septbr. 1654 die Resolution, daß er sich in der Sache selbst aus den Acten informiren und dann den von Ritter- und Landschaft dazu zu bestellenden Deputirten einen Communicationstag ansetzen lassen würde, um die Sache in Richtigkeit zu bringen (ebendas. S. 207). Dies acceptirt Ritter- und Landschaft mit der Bitte, inzwischen den Jungfrauen ihren Unterhalt und ihre Hebung den Verträgen gemäß reichen zu lassen, sowie unter Einreichung der Liste der von ihr gewählten Deputirten (ebendas. S. 219), und auch diese Bitte findet geneigtes Gehör (ebendas. S. 231) S. dazu in Betreff des obigen Gravamen 17: Spalding a. a. O. Seite 211, 227, 237. 1654.

Auf dem Landtage zu Sternberg d. 29. August 1655 erklärt Herzog Gustav Adolph geradezu seine Bereitwilligkeit, das Kloster wieder an die Ritter- und Landschaft zu überlassen, jedoch nach vorheriger Erkundigung und Befindung (Spalding Bd. III S. 249 und 262). Auf dem Landtage zu Güstrow d. 8. Octbr. 1656 aber wird den Ständen angezeigt, der Herzog sei durch die Krankheit seines hiezu gebrauchten Dieners bisher noch nicht zur Inspection des Klosters Ribnitz gekommen, dieselbe sollte aber ehestens vorgenommen werden und sodann eine hauptsächliche Erklärung erfolgen (Spalding a. a. O. S. 332). In diesem Zustande blieb die Sache nun wiederum volle sieben Jahre liegen, bis auf dem Landtag zu Sternberg d. 6. März 1663 die Stände aufs neue in einem Memorial um die Restitution des Klosters baten (Spalding Bd. III S. 411). In diesem Memorial (ebendas. S. 459 f.) oder einem zweiten beruft sich Ritter- und Landschaft auf ihre schon so oft geschehene Sollicitation und die vergeblich erhaltenen Versprechungen, auf die Dürftigkeit der Conventualen des Klosters, die sich deshalb zum öfteren an sie gewendet hätten, und spricht sie ihre Hoffnung aus, daß die Seitens des Herzogs geschehene Einräumung zweier Klosterdörfer an die Creditoren eines v. d. Lühe zu einigem Nachtheil des Klosters und der Ritter- und Landschaft nicht gemeint sein werden, nachdem ihr die Restitution und Satisfaction schon so viel mal versprochen worden sei. Sie müsse sich solchem nach und wegen ihres darunter versirenden großen Interesse billig verwahren und bäte, alle nachtheiligen Consequenzen zu verhüten, und sowohl Ritter- und Landschaft als auch den Conventualen die vertröstete Sublevation und Restitution wiederfahren zu lassen. — Da aber auch dies Memorial keine gewierige Antwort zur Folge hatte, so wurde auf dem Deputationstage zu Rostock d. 21. Febr. 1664 ein neues entworfen, worin es heißt, daß, da Ritter- und Landschaft erführe, daß Sermus. dem Hauptmann zu Ribnitz committirt hätten, mit der Domina und den Conventualen de novo zu tractiren, sie nochmals bäte, die Verordnung zu machen, daß das Kloster ihr endlich cum omni causa restituirt, und die Jungfrauen dergestalt versorgt würden, daß selbige, sowie Ritter- und Landschaft, dermaleinst klaglos gestellt und der Reversalen cum effectu auch in hoc passu zu genießen haben mögten (ebendas. S. 478). Dieses Memorial wurde den fürstl. Deputirten behändigt (ebendas. S. 489), blieb aber wie das frühere, fürs erste ohne Erfolg, weshalb denn nun die Ritter- und Landschaft wieder ein Specialgravamen aus dieser Sache machte.

P. 1655.

1656.

Q. 1663.

1664.

Als solches erscheint die Angelegenheit von neuem auf dem Landtage zu Rostock d. 13 März 1666. Hier heißt es: Ritter- und Landschaft habe das Kloster Ribnitz nebst Malchow und Dobbertin Inhalts des Assecurationsreverses de anno 72 cum omnibus pertinentiis oneroso titulo plenarie

R. 1666.

acquirirt, auch viele Jahre geruhig besessen. Nachgehends habe dasselbe ihr durch einen von Sermi. Herrn Vater p. m. mit der Domina und Conventualen, die doch de re aliena nicht contrahiren könnten, getroffenen Vergleich wieder entzogen werden wollen. Es sei bis dahin fast auf allen Landtagen um die Restitution gebeten, aber bis dahin immer vergeblich trotz mehrmaliger Fürstlicher Vertröstung, daher sie bitte, nunmehr endlich die Versprechung zu erfüllen und das Kloster cum omni causa zu restituiren, auch eine Commission zu bestellen zu Adjustirung der von der Domina und den Provisoren vor vielen Jahren communicirten Rechnung, die Jungfrauen mit dem gehörigen Unterhalte zu versehen und die Ritter- und Landschaft wieder in den Genuß ihres juris quaesiti zu setzen (Spalding Bd. IV. S. 19).

Hierauf läßt H. Gustav Adolph die Ritter- und Landschaft auffordern, ihm das Klosteramt Ribnitz für eine Gegenforderung (gegen den Landkasten), die er dann fallen lassen wolle, völlig abzutreten, was jedoch die Letztere ablehnt, weil das Kloster ihr titulo oneroso zu ihrer Disposition als ein besonderes Privilegium überlassen sei, und es ihr bei der Posterität unverantwortlich fallen würde, einen so vornehmen Antheil zu verlassen, weshalb sie sich auf ihr Gravamen bezieht (Spalding a. a. O. S. 65). In der weiteren Verhandlung mit den fürstl. Räthen äußern die ständischen Deputirten, daß sie nicht verhofften, daß Serenissimus die Säcularisirung des Klosters Ribnitz im Ernst begehren, noch der Ritter- und Landschaft anmuthen würden, daß sie die abominandas execrationes auf die Veränderung der Fundation auf sich und ihre Nachkommen bürdeten, — in welchem Sinne denn auch der Herzog in einem darauf abgelassenen Memorial ersucht wird, auf die Klostergüter keine Reflexion zu machen, jede Veränderung derselben zu unterlassen, und vielmehr das Kloster den Reversalen gemäß mit dessen Pertinenzen und bisherigen Abnutzungen zu des Klosters Besten zur Administration der Ritter- und Landschaft kommen zu lassen (Spalding a. a. O. S. 67). Dagegen versichern die fürstl. Räthe bei den fortdauernden Verhandlungen über den obigen Vorschlag, daß Serenissimus keineswegs beabsichtigten, dies geistliche Gut zu profaniren, sondern nur diese geistliche Stiftung an einen andern Ort transferiren wollten. Hiebei deutet die Ritter- und Landschaft schon an, daß sie eventualiter den Weg Rechtens zu beschreiten gesonnen sei (ebendas. S. 69 f.), und wiederholt, daß sie unmöglich salva conscientia und ohne schwere Verantwortung gegen die Posterität, sich hierunter einzulassen vermögte, und dies um so viel weniger, da das Kloster ein Theil theuer erworbener und von Kaisern zu Kaisern confirmirter Privilegien ausmachte (ebendas. S. 70 unten), — wogegen wiederum die fürstl. Räthe anführen, daß kein geistliches oder weltliches Recht es Serenissimo verbieten könne, wenn Sie ad pios usus gewidmete Dinge nicht profanirten, sondern sie (R. u. L.) aequivalentia erhielte und solche vielleicht mit besserm Vortheil administriren lassen und selbige vermittelst Kaiserl. Confirmation in gleichen Stand als voriges, ohne Präjudiz der Reversalen, setzen könnte. Hierauf votirt Ritter- und Landschaft zu Protocoll, erst die Landräthe, Landmarschälle und Rostock'schen Deputirten viritim, dann die Güstrow'sche Ritterschaft durch den Behr, die Schwerinsche durch den Rittmeister Bülow und die Städte durch Bürgermeister Kistmacher, und wird concludirt (19. Mai), daß der punctus permutationis als Theil der gravamina zu verschieben sei und Ritter- und Landschaft zur Salvirung ihres Gewissens darüber sich ein Gutachten von Theologen und Juristen geben lassen wolle (ebendas. S. 71). Demgemäß wird dann ferner am 26. Mai beschlossen, von der Universität Greifswald eine Rechtsbelehrung darüber einzuholen, ob Ritter- und Landschaft salva conscientia et illaesis privilegiis darin willigen könnte daß das auf Ribnitz bewidmete Kloster cum pertinentiis an einen andern Ort, wenn er auch gleich dem jetzigen an Werth und sonst gleichförmig wäre, und solchergestalt der Ritter- und Landschaft ein Aequivalent gegeben und abgetreten werden könnte, permutirt und verlegt werden mögte (ebendas. S. 78). Nach Eingang dieses verneinend ausgefallenen Gutachtens bat dann Ritter- und Landschaft unter Ueberreichung desselben um beschleunigte Restitution des Klosters cum omni causa (ebendas. S. 97 und 100 f. — 27. und 28. Septbr.).

Nunmehr erfolgte endlich am 11. October die fürstl. Resol. ad Grav., welche aber nur dahin lautete, daß dieser Angelegenheit wegen erst genügende Erkundigung eingezogen werden müsse, die bisher immer verhindert worden sei, nunmehr aber baldigst befördert werden solle (ebendas. S. 112).

Jetzt repetirte Ritter- und Landschaft am 16. Octbr. ihr Gravamen dahin, daß sie nicht wisse, was hier noch zu erkundigen sei, da aus den Reversalen bekannt, daß unter den andern im Lande belegenen Klöstern auch das Kloster Ribnitz gegen eine hohe Summe Geldes von der Landesherrschaft plenissimo jure an Ritter- und Landschaft abgetreten, nachgehends aber ohne Vorbewußt, Zuziehung und Consens derselben vermittelst eines mit der Domina uud Conventualen gemachten Vergleichs hinwiederum entzogen, und über vielfältiges Ansuchen, auch testantibus actis, verschiedene Vertröstungen nach so vielen Jahren, bis annoch nicht restituirt werden wollen, da denn auch neulich gnädigst angemuthete Permutation, mit Serenissimi Erlaubniß, vermittelst eines von ihr zur Befreiung ihrer conscience von vornehmen Theologen und Rechtsgelehrten eingeholte und Ihnen eingesandten Raths, Ihnen ihre Befugniß vorgestellt und um Restitution cum sua causa gebeten worden; wie nun dieses in facto richtig, also sei auch ex jure bekannt, daß Domina uud Conventualen de re aliena beständig nicht contrahiren, weniger der Ritter- und Landschaft dadurch präjudiciren mögten, absonderlich da auch diese ohne Abbruch der theuer erworbenen Privilegien und sonder Verletzung ihrer conscience sich dessen nicht unternehmen könnte, daher sie um anderweitige uud zulänglichere Erklärung bitten müßte (Spalding a. a. O. S. 131). Der Herzog blieb aber dennoch bei seiner vorigen Resolution (ebendas. S. 152), worauf auch die Stände nochmals ihre Remonstration inhärirten (ebendas. S. 163) und hiemit endigten denn auch die Verhandlungen dieses Landtages von 1666 ebenso resultatlos, wie alle früheren.

Landtag zu Parchim d. 13. Novbr. 1667. S. 1667.

Auf dem nächsten Landtage konnte fürstlicher Seits nun freilich (nach beschaffter Erkundigung der Sache aus den Acten) eine bestimmtere Erklärung erfolgen, aber diese fiel dahin aus, daß die Permutationsfrage gar nicht mehr eine quaestio an sei, sondern nach den früheren Verhandlungen von 1613, 1618, 1621, 1622 und 1633 lediglich noch zu desideriren sei, daß der Ritter- und Landschaft wegen Erfüllung der in dem Contract der Conventualen promittirten jährlichen Gelder genugsame Versicherung, wie auch daß dieser Punkt in keine Consequenz gezogen werden sollte, zu geschehen habe, welche Versicherung E. E. Ritter- und Landschaft gethan und damit die Sache erledigt werden solle. —

Dieser Resolution lag eine ausführliche Species facti über die gesammten früheren Verhandlungen an, in welcher es von dem übergebenen Consilium heißt, daß solches extra statum controversiae concipirt, mithin unbeachtlich sei, auch an sich nicht haltbar, weil, was etwa in sacris et patribus de simplici alienatione decidirt sei, perperam ad permutationem applicirt würde (Spalding Bd. IV. S. 224, 225—227). Hierauf antwortet Ritter- und Landschaft weitläuftig, indem sie im Wesentlichen behauptet, daß man früher niemals über bloße Tractaten hinausgekommen und mithin die angenommene Sachlage nicht die richtige sei. Umgekehrt habe Serenissimus auf den vorigen Landtagen bereits die Restitution definitiv verheißen. Die Unannehmlichkeit der Vermengung der Kloster- mit Serenissimi Tafelgütern sei auch schon vor den Reversalen de 1572 vorhanden gewesen, und doch habe Serenissimus damals das Kloster in statu quo an Ritter- und Landschaft wieder kommen lassen und zwar per modum contractus reciproci et titulo oneroso; auch gehe dies Argument viel zu weit, weil kaum ein fürstl. Amt im Lande sein möchte, da nicht einige piae causae vel alterius privati Güter zu nahe grenzten. Durch die Reversalen von 1621 seien die älteren nochmals bestätigt, also daß das Kloster der Ritter- und Landschaft zu ihrer Verordnung heim gelassen bleiben sollte. Nachdem das Kloster somit zu Ritter- und Landschaft Verordnung gänzlich anheim gelassen, und titulo oneroso übertragen, hätten die Conventualen als nudae alumnae circa proprietatem coenobii et ejus incorporata praedia rechtsbeständig nicht disponiren, permutiren oder alieniren können; ihr Contract sei, als de re aliena und von Personen geschlossen, die keine facultatem contrahendi gehabt, ipso jure null und nichtig. Jede permutatio sei, besonders in rebus ecclesiasticis, auch unter alienatio begriffen, und nur erlaubt ex causa necessitatis et majoris utilitatis evidentis et notoriae, unter Observirung des modus, und Voraussetzung der personae ad contrahendum idoneae, an welchem allem es hier ermangele (ebend. S. 233—236). Die abermalige hierauf ertheilte fürstliche Resolution repetirt im Wesentlichen nur die früheren Gründe und erwähnt ein fürstl. Seits eingeholtes Gegenerachten, wodurch das Greifswalder entkräftet sei. (Spalding a. a. O. S. 253—255.)

Auch die Duplik der Ritter- und Landschaft bringt nichts eigentlich Neues. Absque facto suo hätte der Ritter- und Landschaft die Possession der Klostergüter nicht entwandt werden können. Sie bittet, Serenissimus möchten sine causa die geistlichen Güter dem Kloster nicht ferner verweigern, sondern solche Inhalts der Reversalen zu ihrer freien Disposition und Verordnung nunmehr kommen lassen (Spalding a. a. O. S. 263—266).

Serenissimus geht indessen nicht von seiner früheren Resolution und dem einmal abgeschlossenen Contracte ab und widerlegt, was von Ritter- und Landschaft vorgebracht worden. (Spalding a. a. O. S. 275 f.)

Ritter- und Landschaft findet aber ihre Argumente nicht widerlegt und inhärirt ihrem Gravamen (Spalding a. a. O. S. 279). Auch die mündliche Verhandlung führt nicht weiter (Spalding a. a. O. S. 283), als daß eine Deputation nach Güstrow an den Herzog selbst beschlossen und mit solcher Instruction versehen wird, daß Ritter- und Landschaft allenfalls damit zufrieden sein wolle, wenn ihr binnen Jahr und Tag ein Aequivalent an Immobilien gegeben würde, die nicht weit vom Kloster belegen, nämlich für diejenigen Klostergüter, die der Herzog der Lage wegen nicht gerne wieder abtreten möchte was dann bis auf Ratification der Ritter- und Landschaft in eine Punctation gebracht werden könnte, — sonst aber solle Alles in integro bleiben (Spalding a. a. O. S. 284).

Diese Deputation ging denn auch wirklich ab und setzte in Güstrow die Verhandlungen fort. In der dortigen mündlichen Conferenz äußerte sie sich dahin, daß Ritter- und Landschaft in der Handlung über Ribnitz Principalcontrahentes wären, und wenn sie von ihren vermöge der Reversalen eigenthümlich besitzenden Ribnitzschen Klostergütern etwas geben sollten, sie ein aequivalens haben müßten und also zu vernehmen stände, worin solches bestehen würde. Wenn auch der Contract gültig sei, so würde doch der Herzog nicht das Kloster an sich, noch die Direction über dasselbe und dazu gehörige Personen und Güter dadurch erlangen können, weil das Kloster und dessen privilegia und statuta in dem Contract selbst ausdrücklich von der Permutation ausgenommen wäre. Ritter- und Landschaft müßte nach der Natur des contractus permutationis für die hinweggegebenen Güter nothwendig etwas wieder haben, was in locum des vorigen succediren und eodem jure, wie das vorige gewesen, wieder in dominium der Ritter- und Landschaft kommen müßte. Serenissimus selbst aber äußerte sich hierauf dahin, daß er die geistlichen Güter nicht begehrte, vielmehr das Kloster noch weiter dotiren wolle, und dieses referirten die Deputirten am 3. Decbr in der Landtagsversammlung (Spalding a. a. O. S. 284, 287, 288 u. 289). Hierauf erbaten Deputati auf dem Landtage von den fürstl. Abgesandten nochmals eine gewierige Resolution, und referirten demnächst, daß der Geh. Rath Gans nunmehr verheißen hebe, daß wegen Ribnitz in resolutione also gedacht werden sollte, daß Ritter- und Landschaft versichert sein könnte, daß durch desfalls veranlaßte Handlung (wozu Ritter- und Landschaft Zeit und Personen benennen möge) das Werk auf billige Weise gehoben würde (a. a. O. S. 291). In diesem Sinne erfolgte denn auch bald die weitere fürstl. Resolution (a. a. O. S. 309) und demgemäß bestellte Ritter- und Landschaft nun die begehrte Deputation aus zwei Landräthen, zwei Mitgliedern der Ritterschaft und einem Bürgermeister, die sich nach dem Landtage nach Güstrow begeben sollten, und wegen Ribnitz auf die frühere Instruction verwiesen wurden mit dem Bemerken, daß auch selbst Serenissimi eigener Consulent die alienationem rerum ecclesiasticarum nicht anders zu rathen gewußt, als sub hac expressa conditione, daß andere immobilia ejusdem valoris et utilitatis in deren Stelle surrogirt werden mögten, und daß ihnen deshalb besondere Vorsichtigkeit in diesem Punkte anempfohlen sein solle (a. a. O. S. 311—313). T. 1667.

Diese Deputation brachte nun endlich einen Contractsentwurf mit dem Herzoge zu Stande, hinsichtlich dessen auf dem Landtage zu Schwaan d. 9. December 1668 der Beschluß gefaßt werden konnte, daß, wenn er wirklich zur Perfection käme, er von dem großen Ausschuß nomine der Ritter- und Landschaft und kraft specieller Vollmacht unterschrieben und untersiegelt werden sollte. (Spalding Bd. IV. S. 332.) Selbst auf diesem Landtage gerieth das Vergleichswerk nochmals ins Stocken und sogar dem Scheitern nahe (a. a O. S. 338, 340, 343—352), endlich aber doch soweit, daß die vollständige Einigung zu erwarten stand. In einem am 13. Januar 1669 übergebenen Memorial sagt die Ritter- und Landschaft, daß ihr bei dieser Handlung nichts zum Vortheil gereichte, als daß die pia causa und deren Fundation, weil sie durch die Landesreversalen erworben und bestätigt worden, beibehalten und nießbar U. 1668. 1669.

gemacht und also die Landesprivilegia in ihrem vigore conservirt würden, auch die armen Klosterjungfrauen ihren nothdürftigen Unterhalt haben mögten; nur aus Respect für Serenissimus könne Ritter- und Landschaft so ansehnliche Klosterpertinenzien überlassen, welche sonst gegen kein Geld noch Gut zu verändern noch zu permutiren wären. Auch wird das Kloster eine geistliche Stiftung genannt (Seite 344). Dagegen äußerte der Herzog, er sei keineswegs gemeint von den ad pias causas gewidmeten Gütern ohne genugsames Entgelt an sich zu bringen (S. 347). Am 18. Januar schlug Ritter- und Landschaft zu dem Entwurfe ein additamentum vor: „zu gebührender observance der Klosterordnung, jedoch ohne Abbruch der der Ritter- und Landschaft, den Provisoren und der Domina über dies Kloster gleich den andern Landesklöstern allein zustehenden freien Disposition und Befugnisse". (S. 348.)

V. 1669. Nach diesen langwierigen Verhandlungen führte der Landtag zu Parchim d. 31. August 1669 diese Angelegenheit ihrem Ende zu (Spalding Bd. IV. S. 357, 364 f., 367 u. 375). Am 16. Septbr. ward von sämmtlicher Ritter- und Landschaft beschlossen, daß der Ribnitzische Kloster-Contract von den sämmtlichen Landräthen, wie auch von der Stadt Rostock und von acht Mitgliedern des Adels sowohl Schwerin'schen als Güstrow'schen Theils unterschrieben werden sollte (a. a. O. Seite 372), am folgenden Tage aber dieses dahin geändert, daß die Unterschrift von der Ritterschaft und den Städten alternative sine cujusvis praejudicio geschehen sollte und am 18. September sodann demgemäß der Contract wirklich vollzogen und ausgewechselt (Spalding a. a. O. S. 376 und 377).

W. 1669. Dieser Vergleich lautet nun im Auszuge folgendermaßen:

„Kund und zu wissen sei hiemit Jedermänniglichen:

„Demnach zwischen den wail. Durchl. — — — Herrn Adolph Friedrich und „Herrn Hans Albrecht Gebr. Herz. zu Mecklenburg — — — Inhalts der unter „Ihrer beiderseits F. F. G. G. aufgerichteten Erbverträge unter Anderm ver„glichen, daß hochgedachten Herren Hans Albrechts F. G. mit E. E. R. und L. „wegen des Klosters Ribnitz handeln mögten, Herrn Herz. Adolph Friedrich's „F. G. auch sich bemühen wollten, daß Dero Herrn Bruders Herz. Hans Al„brecht F. G. solches Kloster gegen gebührliche Erstattung an sich brin„gen könnten, gestalt dann seine Hrn. Herz. Hans Albrecht's F. G. demzufolge „unter anderm, absonderlich darum, daß sothanen Klosters Landgüter „mit J. F. Gn. Dorfschaften, Aeckern, Wiesen, Wäldern, und dergleichen Amts„Stücken gutentheils vermenget, und daher allerhand Streitigkeiten zwischen „dem Amte und Kloster entstanden, und beiderlei nicht recht genossen wer„den können, mit E. E. R. und L. des Herzogthums Mecklenburg auf unter„schiedenen Landtagen Handlung pflegen lassen, die aber wegen tödtlichen Hin„tritts hochgedachten J. F. Gn. die völlige Perfection nicht erreichet, daß darauf „im Jahr 1667 bei dem zu Parchim gehaltenen Landtage solche Handlung reas„sumirt und anfänglich das Werk zu einer Specialdeputation an den Durchl. „Fürsten und Herren, Herren Gustav Adolph — — — — veranlasset, ferner auf „dem Landtage zu Schwaan anno 1668 continuiret, nachgehends auch mit dem „großen Ausschuß E. E. R und L., und folgends den Deputirten aus allen „Aemtern Schwerin'schen und Güstrow'schen Territorii communiciret und end„lich auf dem jetzigen Landtage zu Parchim völlig adjoustiret, und folgender„gestalt aus dem Grunde verglichen worden:

„Anfänglich überlässet und verkaufet ob höchstgemeldeter J. F. Durchl. und „Dero Fürstlichen Successoren E. E. R. und L. für sich selbst und ihre „Nachkommen alle Pertinentien, so hiebevor zum Kloster Ribnitz „gehöret haben — — — —, wie auch die Jurisdiction an Hals und „Hand, item die Jura Patronatus und alle andere Freiheit, Herrlich- „und Gerechtigkeit, geist- und weltlich, sie sind hierin benannt oder „nicht benannt, und wie dieselben von J. J. F. F. G. G. Herrn Hans Albrecht „und Herrn Ulrich E. E. R. und L. erstmal abgetreten und angewiesen, „auch von R. und L. bis anno 1632 annoch geruhig besessen, gebraucht „und genutzt sind, nichts überall daran ausbeschieden, als was in hiernächst „folgenden Punkten von E. E. R. und L. reservirt und ausbedungen worden, „um und für 30,000 Thlr. in dreien gleichen Terminen aus dem Landkasten „diesergestalt abzutragen, daß

— — — — — — — — — — — — — — — — — — — — — — — — — —

(Den Kaufschilling soll die R. und L. in drei Terminen von dem dem Landesfürsten zustehenden Quanto der Contribution einbehalten und abziehen, inzwischen aber R. und L. davon 5 pCt zur Verpflegung der Conventualen und zu andern klösterlichen Ausgaben empfangen, durch Assignationen auf den freiwilligen Landkasten; auch werden „die an J. F. Durchl. verkauften Klostergüter“ der R. und L. für Capital und Zinsen zur Special-Hypothek bestellt, wogegen R. und L. dem Landesherren und seinen Successoren wegen aller verkauften Klosterpertinenzen so weit Rechtens Gewähr leistet gegen jede Ansprache. Die Klosterzimmer, die Kirche nebst Zubehör und das Pfarrhaus reservirt sich die R. und L. Fürstlicher Seits wird dagegen versprochen zu den jetzt nur vorhandenen 10 Zellen noch eine Wohnung aufführen zu lassen, so daß 12 Conventualen bequem untergebracht werden können. Der Brunnen soll sowohl für das Amtshaus, als das Kloster genutzt, auch sowohl von den Fürstlichen Beamten, als von R. und L. im Stande erhalten werden, weshalb Reparaturen nur mit Vorwissen und Consens der Klosterprovisoren vorgenommen und dann zu $^2/_3$ auf fürstliche, zu $^1/_3$ aber auf Unkosten des Klosters beschafft werden sollen.)

„Nächst diesem haben auch J. F. Durchl. R. und L. den Obstgarten an „der Mauer gnädigst wieder abgetreten, damit die Domina und Conven- „tualen die Früchte hiernächst daraus zu genießen haben mögen. Imgleichen „sollen auch die auf dem Ribnitzer Stadtfelde belegenen und dem Kloster zu- „stehenden sechs Morgen Acker R. und L. gelassen und davon, wie vor Alters, „der Wein und die Oblaten zur Communion, wie auch zur Erhaltung „der Uhr in der Klosterkirche die Sumptus genommen werden.

„Da auch in künftigen Jahren zu Erhaltung der Kirchen und Kloster- „zimmer, wie auch zu der Pfarr- und Küsterhäuser Reparation einiges „Bauholz nöthig sein sollte, und J. F. Durchl. von R. und L. oder den „Provisoren des Klosters darum bittlich in Unterthänigkeit angelanget „würden, wollen J. F. Durchl. außer Verbindlichkeit und also aus freier Fürstl. „Propension die Noth aus Ihrer nächst anbelegenen Hölzung gratis abfolgen „lassen.

„Ebenmäßig dann J. F. Durchl. die Wassermühle mit dem zu derselben „gehörigen Teiche, Dämmen, Wiesen und allen andern Pertinenzien nebst denen

„dazu von Alters her gehörigen Mühlengästen (welche jedoch nach Proportion „der auf sothaner dem Kloster zugeeigneten Wassermühle, wie auch der „J. F. Durchl. verbleibenden Windmühle jährlich etwa fallenden und in nächsten „Jahren befundenen und dazu gehörigen Matten von einander gesetzt, und von „J. F. Durchl. dazu verordneten Commissarien und den Provisoren des „Klosters innerhalb sechs Wochen a dato dieses Vertrages richtig eingetheilt, „auch darüber ein förmlicher Neben-Receß verfertigt, und von J. F. Durchl. „auch Ritter- und Landschaft Deputirten unterschrieben, auch besiegelt „werden soll) hinwieder zu dem Kloster gnädigst kommen lässet, und R. und „L. pleno Jure kraft dieses abtritt, also daß dieselbe die Matten und „proventus daraus von Trinitatis bevorstehenden 1670. Jahres anzufangen, „erheben, und zu des Klosters Besten anwenden, auch den Teich nach „eignem Belieben befischen möge, gestalt dann J. F. D. sich davon nichts (außer-„halb wann eine Prinzessin als Aebtissin auf dem Fürstl. Amtshause wie unten „gemeldet sich befinden, und Ihre Residenz haben sollte, daß derselben alsdann „jährlich zwei Last Korn mattenfrei passirt werden) vorbehalten, auch die von „den Fürstl. Beamten in Neulichkeit auf solche Mühle gelegte Pächte für die „Stadtprediger, R. und L. hiemit abnehmen und solche Mühle sine omni onere „E. E. R. und L. frei und sicher gnädigst gewähren wollen.

„Allermaßen dann auch Höchstbemeldte J. F. D. über den bewilligten Kauf-„schilling der 30,000 Thlr. und was obgesetzet, E. E. R. und L. den Hof Bock-„horst nebst dem Ackerwerke und allen dazu gehörigen Pertinenzien — — —
— — — — — — — — — — — — — — — — — — — — — — — — —
„jedoch mit Vorbehalt des Juris territorialis, wie Sie selbiges bisher in „Ihrem ganzen Fürstenthum, also auch allhier exerciren, hinwieder abtreten „und einräumen, also und dergestalt, daß R. und L. solchen Hof und „Ackerwerk bester ihrer Gelegenheit nach-genützen und gebrauchen „möge, gestalt dann auch J. F. D. alle Schulden so darauf von Deroselben „oder Dero Hochsel. Herrn Vatern Fürstl. Gnd. gemacht worden, solchem Hofe „abnehmen und denselben also Ritter- und Landschaft frei und frank gnä-„digst gewähren, auch Derselben und Dero Gevollmächtigten solchen „Hof nebst dessen Zubehör, wie auch die obgesetzte Wassermühle c. p. auf bevor-„stehenden Anth. k. J. anweisen lassen wollen; jedoch erheben J. F. D. die „Pension sowohl von der Wassermühle, als dem Hof Bockhorst, so bis Trinit. „anno 1670 fällig ist, alleine, und haben R. und L. und das Kloster nichts „davon zu prätendiren.

„Im Fall sich auch hiernächst befinden sollte, daß J. F. D. oder Dero „Hochsel. Herrn Vatern Fürstl. Gnd. einige andere Schulden beim Kloster ge-„macht und die Creditores auf dessen Gütern versichert haben sollten, wollen „J. F. D. solches alles über sich nehmen und R. und L. darunter gänzlich „liberiren, auch dieselbe hierunter noth- und schadenlos halten, imgleichen die „hiebevor von Dero Hochsel. Herrn Vatern F. G. beweislich übernommenen „Kloster-Schulden ohne Zuthun Ritter- und Landschaft abführen; „was aber alte Schulden sind, so das Kloster oder die Provisores selbst „gemacht haben, und von J. F. D. oder Dero Herren Vaters Fürstl. Gn. nicht „contrahiret oder übernommen worden, dieselben bleiben beim Kloster und „werden von R. und L. ohne Zuthun J. F. D. und Dero Successoren „abgeführet und richtig gemacht, allermaßen dann auch Ritter- und „Landschaft fortan den Unterhalt der Provisoren, wann sie nach dem

„Kloster reisen und daselbst subsistiren, wie auch des Priesters und Küsters Gebühr, imgleichen der Schüler und Armen Erogationen, wie vor Alters hergebracht, über sich nehmen; jedoch verbleiben dem Pastoren und Küster seine alte Hebung und Pächte an Korn und andern Intraden von den Kirchspiels-Verwandten, und was insonderheit dem Pastor von Wustrow bisher gereicht worden, ungeschmälert, welches ihnen auch unweigerlich wie von Alters gegeben werden soll.

— — — — — — — — — — — — — — — — — — — — — —

— — — — — — — — — — — — — — — — — — — — — —

„So ist es auch wegen des Juris Patronatus zwischen J. F. D. und R. und L. dahin resp. gnädigst und unterthänigst verglichen, daß dasselbe über das Kloster und Deroselben Kirche R. und L. gänzlich und allein verbleiben und Deroselben darin kein Einhalt von J. F. D. und Dero Fürstl. Successoren zugefüget werden soll, allermaßen dann auch die Jurisdiction in civilibus et criminalibus über das Kloster und dessen Pertinentien R. und L. dem Herkommen nach heimgelassen wird.

— — — — — — — — — — — — — — — — — — — — — —

— — — — — — — — — — — — — — — — — — — — — —

— — — — — — — — — — — — — — — — — — — — — —

„Und wie im Uebrigen das Kloster nebst dessen Pertinentien, auch dazu gehörigen und künftig weiter zu kaufenden Gütern zu freier Disposition E. E. R. und L. verbleibt, also behalten sich höchst gedachte J. F. D. und Dero Fürstl. Successoren die supremam inspectionem darüber Inhalts der Landes-Reversalen, und wie in andern R. und L. Klöstern hergebracht, gnädigst bevor. Würde auch R. und L. in Höchstbemerkter J. F. D. Territorio einige Lehen-Güter von dem Kaufschilling der 30,000 Thlr. an sich erhandeln, wollen J. F. D. Dero gnädigen Consens nicht allein darüber ertheilen, sondern auch solche Lehnstücke allodial machen, und von dem onere der Roß-Dienste und andern Lehns-Pflichten befreien, doch daß Deroselben das Jus territoriale nach wie vor vorbehalten verbleibe. Da es auch an gelegenen Lehnstücken ermangeln sollte, und R. und L. einiges Belieben tragen würde, das Capital auf Zinsen oder sonsten an einem oder anderen Orte allhier im Lande zu bestätigen, wollen J. F. D. ebenmäßig auf unterthänigstes Ansuchen Dero Consens gnädigst ertheilen, damit R. und L. sowohl als das Kloster auf alle Fälle versichert sein, und das Ihrige genießen mögen.

„Würde auch hiernächst aus J. F. D. Hause einige Fürstl. Prinzessin auf J. Durchl. gnädigste Verordnung sich nach Ribnitz zu begeben, und auf dem Amtshofe zu wohnen Belieben tragen, ist hiebei zugleich verabredet, daß solcher alsdann unweigerlich als einer Aebtissin von der Domina und Conventualen der gebührende Fürstl. Respect gegeben werden solle. Jedoch daß dadurch R. und L. und denen Provisoren an Ihrer freien Disposition und allen übrigen Rechten nichts derogirt, noch die E. E. R. und L. zustehende Administration, Jurisdiction und Jus patronatus und der Conventualen Genießbrauch im geringsten geschwächt werde, sondern es haben J. F. D. für Sich und Dero Successoren gnädigst übernommen, ohne einiges Zuthun R. und L. und ohne Zubuße von den Kloster-Intraden, und dessen Pertinenzien, solche Fürstl. Aebtissin und Dero Bediente aus Dero eigenen Mitteln verpflegen zu

„lassen, wie denn auch dieselbe allein von J. F. D. und Dero Successoren „dependirt.

„Und weil die vorgewesene Handlung in obgesetzten Punkten hiedurch völlig „geschlossen, als renunciren sowohl J. F. D. für sich und Dero Fürstl. Successoren, „als auch E. E. R. und L. für sich und Dero Nachkommen, wissend und „wohlbedächtlich allen rechtlichen Wohlthaten und Behelfen, so ein oder andern „Theils zu Statten kommen mögten, insonderheit — — — — — — — — — — —

— — — — — — — — — — — — — — — — — — — — — — — — —

„Item C. S. A. Vet. X. de reb. Eccles. alien. vel non, ut et Novell. 7. de non „alien. aut perm. rebus Eccles. — — — — — — — — — — — — — — — —

— — — — — — — — — — — — — — — — — — — — — — — — —

„maßen so wenig J. F. D. und Dero Successoren, als Ritter- und Land- „schaft und Dero Nachkommen sich derselben allen zu keinen Zeiten wider „diesen aufgerichteten Vertrag gebrauchen wollen, alles ohne Arglist und Gefährde. „Urkundlich ist dieser Vergleich und Contract zu stets währender Verbind- und „Haltung von Höchstgedachter J. F. D. sowohl als denen auf hiesigem Landtage „anwesenden Landräthen, Landmarschällen, und specialim ad Protocollum pro- „vinciale dazu von gemeiner R. und L. Verordneten und unten benannten „Deputirten eigenhändig unterschrieben, und haben viel Höchstgemeldeter J. „F. D. das eine Exemplar unter Dero Fürstl. Hand und Fürstl. Secret wie „auch R. und L. das andere unter Dero zu Landsachen bisher gebrauchten „und gewöhnlichem Insiegel, wie auch obgemeldter Landräthe, Landmarschälle „und Deputirten angebornen und gewöhnlichen Pettschaften herausgegeben und „von sich gestellt. Geschehen in Unserer Residenz Güstrow den 18. September, „anno 1669.

Auf dem nächsten Landtage zu Malchin d. 25. August 1670 kam noch ein Gravamen über mangelhafte Ausführung des Vergleichs vor, welches jedoch sogleich erledigt wurde (Spalding Bd. IV. S. 390, 400, 406.). Sonst wurde dem Engern-Ausschuß und Provisoribus des Klosters Ribnitz committirt, das von H. Gustav Adolph für die Ueberlassung der zum Ribnitz'schen Kloster gehörigen Güter durch Assignation auf den Landkasten freiwilliger Contribution zu erhebende Kaufpretium der 30,000 Thlr. zum Ankauf anderer nutzbarer und wohlgelegener Güter zu verwenden (ebendas. S. 410).

---

## Beilage Nr. 15.

### Landtagsverhandlungen, betreffend eine generelle Klostervisitation aus den Jahren 1663 bis 1667, und Memorial des Landraths v. Jasmund vom Jahre 1692.

A. Auf dem Landtage zu Sternberg vom Jahre 1663 übergab am
1663. 18. November der Landrath v. Jasmund, als Hauptmann zu Dobbertin, ein Memorial folgenden Inhaltes:

E. E. Ritter- und Landschaft erinnerte sich, daß anno 1572 gegen freiwillige Erlegung 400000 Fl. ihr zu ihrer Disposition die drei Jungfrauenklöster Dobbertin, Malchow und Ribnitz dergestalt abgetreten wären, daß sie Macht haben sollte, einen Amtmann, Vorsteher und Verwalter, doch vermittelst Fürstl. Confirmation jeden Orts zu bestellen, und aus erheblichen Ursachen zu beurlauben, sie auch noch selbigen Jahres den damaligen Landräthen Vollmacht gegeben, in ihrem Namen zur Einnehmung solcher Klöster und Bestellung derer Wirthschaften den Provisoren Vollmacht zu ertheilen; in dieser Vollmacht wäre nun so viel aus dem Tenor der Reversalen geschritten, daß anstatt der Ritter- und Landschaft in den Reversalen solches gegeben, allhier den Provisoren sammt der Priorin und Kloster-Versammlung Freiheit gegeben sei, die ganze Disposition in Bestellung und Ordinirung aller Sachen, Annehmung und Absetzung der Beamten zu verrichten. Hieraus sei erfolget, daß, weil die Parthei, so der Ritter- und Landschaft jura mainteniren sollen, theils zu schwach (weil diese Sache altioris indaginis gewesen) gefallen, theils gar inconvenient dem Kloster-Frauen-Zimmer (welches sub tutoribus als Provisoribus ex mera gratia der Ritter- und Landschaft gelebet) solche Disposition mit heimgegeben, daß

1) die Fürsten contra tenorem reversalium wegen Ribnitz mit der Domina und Versammlung wegen Abtretung solchen Klosters, sich verglichen, und von den Provisoren die Anweisung ohne Vorbewußt der Ritter- und Landschaft geschehen, und wie es noch heute stünde, aus deren Händen genommen sei;

2) daß die Fürsten etliche Hauptleute nach einander zu Dobbertin bestellet, und mit großer Mühe hinwieder an Ritter- und Landschaft gekommen;

3) daß man beim Kloster Dobbertin ohne Vorbewußt der Ritter- und Landschaft über 20 Unterthanen erblich losgeworden und das Kloster deren Erbunterthänigkeit entrathen müssen;

4) daß man ohne Vorbewußt der Ritter- und Landschaft einem Hauptmann 1000, und einem Küchenmeister 500 Fl. geschenket, und also libere disponiret;

5) daß bis dato Ritter- und Landschaft nicht die geringste Nachricht gewußt, wie in Verwaltung des Klosters Malchow verfahren, und was es damit für einen Zustand habe;

6) ja man hätte sich zu Malchow unterstanden, an Seiten der Versammlung zwei Provisoren als D. Weltzin und Rittmeister Knuth zu wählen, und confirmiren zu lassen, ohne Vorwissen von Ritter- und Landschaft.

Ob nun wohl Ritter- und Landschaft schon vor anno 1610 diese Inconvenienzen gesehen, und daher nach unterschiedlichem Anhalten endlich in solchem Jahre eine revidirte Klosterordnung mit den regierenden Landesfürsten gemacht, worin §pho. 13 die formalia enthalten, daß Domina und Priorin der Klöster, auch ganzer Convent jeden Klosters ihre Provisoren, als die ihnen vorgestellten Vorsteher anstatt der Ritter- und Landschaft erkennen, ehren und achten, ihnen in allen billigen Sachen Gehorsam leisten, auch die verordneten Hauptleute, Küch-Meister und andere Amtsdiener für gut halten, denselben, oder auch andere des Klosters Dienern und Unterthanen außer Klosters zu heißen und zu gebieten sich nicht unterstehen, sondern allein an dem Regiment, welches ihnen im Kloster über die Jungfrauen, Mägde und Kinder anbefohlen sei, vergnügen lassen sollten, so sei doch diesem bisher nicht nachgelebet, sondern man hätte an Seiten der Kloster-Versammlung nicht allein Prätension an der Hauptmanns-Wahl gemacht, sondern es sei ihnen auch in praejudicium der Ritter- und Landschaft so viel noch indulgiret, daß Hauptleute und Küch-Meister, wenn sie angenommen, in's Kloster geführet, und allda in Gegenwart der Priorin und Versammlung beeidigt und bestellet, und dadurch voriges inconveniens restabiliret worden. Wenn hieraus aber Ritter- und Landschaft leicht zu ermessen hätte, daß daferne sie nicht bei den Reversalen und Klosterordnung sich mainteniren sollte, voriges, was bei Ribnitz geschehen, auch bei den andern Klöstern ihr wiederfahren, und die Klöster gar aus ihren Händen wieder kommen würden, so hätte er solches hierduch vorstellen und anheim geben wollen, ob nicht ein solches allgemeines placitum an alle Klöster zu publiciren sei, daß Ritter- und Landschaft ohngeachtet aller Mißbräuche, so jemals eingeschlichen, überall bei dem, was die Reversalen und Klosterordnung besagten, verbliebe, und nicht verstatten könnte, daß wider selbige als Grundgesetze einige Aenderung, sie hätte Namen, wie sie wollte, introduciret würde, auch nochmals den Provisoren committirte (außer was in Unterhaltssachen der Klosterjungfrauen nach dieser Zeit und der Klöster Umstände unumgänglich geändert werden müßte, welches allein ihrer Dexterität committiret würde) darüber vestiglich zu halten, und da sich einige der Klosterjungfrauen oder Bedienten finden sollten, die sich dawider zu sperren sich unterstünden, und auf ihr Ermahnen davon nicht abstünden, selbige in den Klöstern und Diensten nicht zu dulden, auch Ritter- und Landschaft davon zu benachrichtigen, und daß daneben aus dem Mittel der Ritter- und Landschaft Commissarien verordnet würden, die des Klosters Malchow Zustand genau inquirirten, alles wieder in gute Ordnung stellten, und der Ritter- und Landschaft davon Relation abstatteten. (Spalding B. III. S. 443 f.)

B. Dieses Memorial wurde auf dem Deputationstage zu Rostock d.
1664. 21. Febr. 1664 verlesen und zur Resolution verstellt.

Die Landräthe Güstrow'schen Antheils gaben nebst den Landmarschällen und Deputato Rostockiensi ihre Vota darüber ab, die Ritter- und Landschaft wollte aber ihr Votum nicht abgeben, weil die Landräthe Schwerinscher Seite nicht gegenwärtig wären. Nachdem folgenden Tages der Landrath Plesse sein Votum abgegeben hatte, so zeigte der Obristlieutenant Vieregge nomine der Ritterschaft an: Die von der Ritterschaft hätten gestern ganz ungerne vernommen, daß in den Klöstern ein und andere Neuerung eingeschlichen, so schnurstracks gegen die Reversalen und Klosterordnungen laufen sollte, da sie aber dafür hielten, daß die Reversalen die Grundsatzungen dieses Landes sein, und zu einer Richtschnur dienen müßten, so würden die Conventualen nächst der Klosterordnung sich solcher Gesetze und Meinungen nicht entziehen können, sie confirmirten sich daher den abgegebenen votis, daß von Ritter- und Landschaft neben den Provisoribus glimpfliche Personen ernannt würden, so diese Sache gebührlich untersuchten, und nach Möglichkeit diese Irrung unter den Conventualen, Provisoren und Hauptleuten, zu vergleichen suchten, jedoch, daß solche Commission mit gehöriger Behutsamkeit angeordnet würde, daß die landesfürstliche Obrigkeit und das jus episcopale darunter nicht lädiret würde. Deputati von Städten erklärten sich durch den Bürgermeister Gyse von diesem Voto gar einig. (Spalding Bd. III. S. 477.)

C. Landtag zu Rostock d. 13. März 1666.

1666. Wegen des Klosters Malchow wurde dem Landrath Jasmund die Inspection als Haupmann von Ritter- und Landschaft angemuthet, welcher solche auf ein Jahr übernahm.

Von Ritter- und Landschaft war resolviret, daß die Notification an die Provisores, Beleuchtung der Rechnungen, Introduction des Hauptmanns, Besoldung der Bedienten, wie auch die zwischen beiden Klöstern in's Mittel gekommene Handlung wegen des Dorfes Panckow, item wegen der Unterthanen in Dartze und Stralendorf, vermittelst einer Neben-Instruction, den zur Beleuchtung der Klöster erbetenen Commissariis committiret, und diese Neben-Instruction von dem Syndico ausgefertiget, und demnächst zur Verlesung übergeben werden solle. (Spalding Bd. IV. S. 37.)

Den 9. April referirte der B. H. Lützow wegen der ihm von Ritter- und Landschaft in Betreff der Klöster Dobbertin, Malchow und Ribnitz übertragenen Commission: er wäre, als er von Dobbertin wieder nach Hause gereisetsei, etliche Tage nachher von Herzog Christian Louis nach Suerin vor Ihrer geheimen Cammer citiret, und ihm demnächst daselbst von den geheimen Räthen vorgehalten, daß Sermus. gar ungnädig empfunden, daß er sich als Ihr Lehn-Mann, zu Ihrem großen Despect, unterstanden hätte, bei dem Kloster Dobbertin einige Dinge ohne Ihr Vorwissen vorzunehmen, daher Sie gesonnen wären, ihn deswegen ernstlich anzusehen; er hätte darauf geantwortet, daß er zwar von Ritter- und Landschaft neben dem Landrath Lehsten und dem C. Gyse deputiret worden, die Mängel in Augenschein zu nehmen, und derselben von selbigen gegen künftigen Landtag Eröffnung zu thun, damit sie mit Zuziehung Beiderseits Landesherrn, so viel möglich, ändern möchten, er aber nichts vorgenommen, so wider Sermi. Respect wäre, auch hätte er sich dabei erboten, den fürstl. Räthen von der ihm ertheilten Instruction ehestens copiam vorzuzeigen; Wie nun hierauf ein anderweitiger Tag zu Malchow angesetzet sei, um sich der dortigen Klostermängel zu erkundigen, hätte er den fürstl. Räthen copiam ihrer Instruction vorgezeiget, welche selbige zwar verlesen, ihm aber nicht rathen wollen, die von Ritter- und Landschaft ihm aufgetragene Commission ehender, als bis es Sermo. vorgetragen, und er Ihren Consens erhalten, auszurichten, welches ihn denn behindert, die gedachte Tagesfahrt abzuwarten. (Spalding Bd. IV. S. 53.)

Am 10. April ward beliebet, den Vice-Canzler Wedemann daran zu erinnern, daß derselbe vor etlicher Zeit mit dem B. H. Lützow, wegen derselbigen und andern von Ritter- und Landschaft in Betreff der Landesklöster-Umstände und Wirthschaften übertragenen Commission, geredet, daß solche ungleich aufgenommen sei und daß der Lützow darüber zur Rede gestellet worden, da aber diese Commission ihnen weiter nichts beigeleget, als, der Befugniß der Ritter- und Landschaft nach, der Klöster und deren Wirthschaften Bestes zu befördern, im geringsten aber nicht sich mit einiger Rechnungs-Aufnahme zu beladen, so könnte Ritter- und Landschaft nicht anders dafür halten, als daß die Sache in einem Mißverstand beruhen müßte, daher dem Vice-Canzler solches nochmals hinterbracht, und nicht gezweifelt wurde, daß er solche gute Intention nicht hindern, vielmehr selbige secundiren würde, gestalt denn Ritter- und Landschaft zur Fortsetzung der Commission nochmals diensame Verfügung gethan. (Spalding Bd. IV. S. 56 f.)

Am 18. November ward eine Neben-Instruction für die Commissarien der Ritter- und Landschaft zur Besichtigung der Klöster Dobbertin und Malchow dahin verfertigt, daß, da sie anno 1665 den Landrath von Lehsten, den B. H. Lützow und Bürgermeister Gyse zu Commissarien ernannt, die in den dreien hier im Lande belegenen Jungfräul. Klöstern wider die Klosterordnung eingeschlichenen abusus bestmöglichst zu untersuchen und selbige mit der gnädigsten Landesherrschaft Assistenz, so viel thunlich, abzuschaffen, selbige auch ihrem Berichte nach an einigen Orten bereits wirklich vollzogen, die Handlungen zwischen dem Kloster Dobbertin und Malchow wegen des Dorfes Pancow und wegen der Unterthanen in Dartze und Stralendorf aber dazwischen gekommen, und die vormalige Instruction praecise darauf nicht gerichtet sei, die vorige Commission, so nach wie vor bei völligen Kräften bliebe, und hiemit denuo bestätigt würde, dahin ertheilet sein sollte, daß Commissarii, wie es der Sachen Nothwendigkeit erforderte, und sie solches den Klöstern profitable und nützlich befinden würden, alles im Namen ihrer Committenten andeuten, verrichten, schließen, gehörige Instrumente darüber abfassen, und ad ratificandum bei erster Zusammenkunft beibringen möchten. (Spalding Bd. IV. S. 175 f.)

D. 1666. Auf eben demselben Landtage referirte am 26. oder 27. November der Landrath Lehsten im Namen der ernannten Commission ausführlich über den Zustand des Klosters Malchow und über die Ergebnisse der dort kürzlich vorgenommenen Visitation, worauf denn von der Ritter- und Landschaft in pleno mehrere in das Einzelne eingehende Beschlüsse gefaßt wurden. (Spalding Bd. IV. S. 185 bis 190 und S. 194. f.)

Aus den Resolutionen der Commission auf die Gravamina des Küchenmeisters und der Conventualinnen ersieht man unter anderem:

a) daß letztere als berechtigt anerkannt wurden, Mängel in der Verwaltung zu rügen und um deren Abstellung zu bitten;

b) daß deren herkömmliche Hebungen und Deputate nicht ohne ihre Einwilligung verändert werden konnten, sowie

c) daß sie das Einkaufsgeld, abgerechnet die Gebühr des Küchenmeisters, so unter sich theilten, daß selbst die Jungfer, welche sich mit emselben einkaufte, ihren Antheil davon erhielt.

Außerdem heißt es in dem Berichte der Commission (Spalding a. a. O. Seite 188):

Es sei dem Provisor Weltzin und dem Küchenmeister angezeiget, daß Ritter- und Landschaft gesonnen sei, zu besserer Aufsicht und Administrirung des Klosters Malchow, ohne dessen Beschwerde und Kosten, dem Landrath und Hauptmann zu Dobbertin C. F. von Jasmund die Inspection und Wirthschaftung dieses Klosters mit zu übertragen, in sonderbarer Consideration, daß die Sand-Probstei des Amts Dobbertin hinter Malchow belegen, und also, wenn von Dobbertin dahin geschickt oder gereiset würde, die Nachfrage zu Malchow zugleich mit geschehen könnte, worauf der Provisor erwiedert hätte, daß er der Ritter- und Landschaft zwar ihren Willen darunter gönnen müßte, aber für seine Person nicht von derselben sondern von Herzog Christian zum Provisor verordnet sei, und eine Instruction von demselben hätte, die er vorzeigen wollte, jedoch begehrte ihm copiam der Instruction von Ritter- und Landschaft zu ertheilen, da denn Deputati sich entschuldiget hätten, daß solches nicht Herkommens wäre, worauf der Weltzin seine Commission d. 25. April 1661 verlesen hätte, welche im Namen der Geheimten Räthe unterschrieben worden und ungefähr folgenden Inhalts sei: daß er auf Anhalten Dominae und sämmtlicher Jungfrauen des Klosters Malchow zum Provisor erwählet und bestätiget sei, demnach auf die Gerechtigkeiten, Hebungen und Einkünfte solchen Klosters gute Acht haben über die Klosterordnung und deren Observance halten, und alles das thun sollte, was einem getreuen Provisor gebührte; hiebei hätte der Weltzin hinzugefüget, daß er zwar wüßte, daß die Provisores von Ritter- und Landschaft erwählet, und von Sermis. dazu confirmiret würden, er auch des Behufs den Landrath Bülow der Dominä und Conventualen dazu vorgeschlagen, selbiger sich aberbeständig davon entschuldiget, und er also, da die Jungfrauen inständig in ihn gedrungen, es acceptiren müssen, er sich aber der Ritter- und Landschaft Verordnung wohl gefallen ließe, wenn sie nur geschehen ließe, daß er, was passiret sei, Sermo. bevor hinterbrächte.

(Spalding Bd. IV. S. 188.)

Am 29. November wurde an die Provisoren des Klosters Malchow ein Schreiben abgelassen und selbige darin ersucht, mit dem allerersten sich annoch während des Landtages einzufinden, weil Ritter- und Landschaft mit ihnen dieses Klosters wegen sich höchst nöthig zu besprechen hätte. (Spalding a. a. O. S. 193.)

Am 30. November wurde in pleno beschlossen, es sollte Namens der Ritter- und Landschaft den Klosterjungfern zu Malchow verwiesen werden, daß sie wider ihr Wissen und Willen, auch wider die von der Landesherrschaft bestätigte Klosterordnung sich unterstanden, die jetzigen Provisores auszubitten und confirmiren zu lassen, mit dem Verwarnen, daß sie sich dessen hinführo enthalten, und widrigenfalls gewärtig sein sollten, daß man ihnen ihre Hebung entziehen und selbige denen zuwenden würde, die der Ritter- und Landschaft Gerechtsame besser beobachten wollten, und daß sie hiemit ermahnet würden, sich der letzten Klosterordnung von anno 1610 und demjenigen, was besage derselben die Provisores und Beamten an sie begehren würden, gemäß bezeigen sollten, mit hinzugefügter Anzeige, daß dem Landrath Jasmund ad tempus, die Aufsicht des Klosters als Hauptmann zu haben, aufgetragen, und sie also hiemit an denselben verwiesen sein sollten. Auch ward resolvirt, daß nomine der Ritter- und Landschaft ein Notificationsschreiben, wegen des erwählten Hauptmanns, an die Provisores, so wie an den Küchenmeister zu Malchow abgehen, und letzterer ermahnt werden sollte, daß er sich mit Einschickung der Monatszettel wegen Einnahme und Ausgabe, wie auch sonst mit allem gebührlichen Respect gegen den Hauptmann comportiren, und von allen, was etwa beim Amte vorgehen, oder vorzunehmen sein würde, mit demselben vorher gebührlich sich berathen und dessen Gutbefinden erholen sollte..

(Spalding Bd. IV. S. 195).

Beide Beschlüsse kamen noch auf demselben Landtage zur Ausführung und lautete das an die Domina und Coventualen des Klosters abgelassene Schreiben folgendermaßen:

Es wäre der Ritter- und Landschaft bei jetziger allgemeinen Landtags-Versammlung in glaubhafte Erfahrung gekommen, daß sie sich eine Zeit her unternommen haben sollten, der erledigten Provisoren-Stellen Ersetzung bei sich selbst zu bewerben; wenn aber solches nicht allein der Klosterordnung schnur gleich zuwider, sondern auch gar ungereimt und unbillig, auch der gesammten Ritter- und Landschaft, als welcher sothane Bestellung zustände, in ihren Klöstern zu verstatten nicht leidentlich sei, so hätte sie hiemit widersprechen, und sie ermahnen wollen sich solchen unbefugten Vornehmens fortmehr gänzlich zu enthalten, mit dem fernern Anhang, daß, im Fall sie bei solchen Fällen dergleichen Unbefugniß sich weiter unternehmen sollten, Ritter- und Landschaft solche Wahl nicht allein für nichtig halten, sondern auch auf die Urheber Nachfrage anstellen, und sie im Kloster nicht geduldeu würde, wie denn insonderheit die zu der Zeit vorhandene Domina als Regentin solches würde mit entgelten müssen; sie wollte aber hoffen, daß sie von selbst dazu keinen Anlaß geben, sondern sich vielmehr an dem vergnügen würden, wozu sie die Klosterordnung anwiese. (Spalding Bd. IV. S. 214 f.)

E. 1667. Auf dem Landtage zu Parchim d. 13. November 1667 wurde die bisherige Commission noch um zwei ritterschaftliche Mitglieder (eines aus jedem Herzogthum) verstärkt und beauftragt, auf dem nächsten Landtage vollständige Relation abzustatten. Bis dahin wollte die Ritter- und Landschaft auch ihr Judicium auf die von dem Landrath Jasmund proponirte Quästion suspendiren. (Spalding Bd. IV. S. 316.)

Diese letztere betraf:

a) die Erhandlung der hypothecarischen Schulden des Klosters Malchow durch den Landkasten;

b) die zu machende Verfügung, daß ohne der Ritter- und Landschaft ausdrückliche Verordnung die Klosterbeamten hinführo einige Schuld auf das Kloster zu machen nicht befugt sein sollten;

c) die Einführung einer Inspection über das Kloster.

Auch lag dieser Relation ein Erachten wegen der Klöster über die Frage an: ob in Ausfertigung der Obligationen, Bestellung der Diener, Verfertigung der Contracte, und Beisitzung in Gerichten, die Unterschrift der Domina und Versammlung beibehalten werden könnte oder sollte? welche Frage darin negative beantwortet war. (Spalding Bd. IV S. 300 f).

Die nächsten Landtagsverhandlungen von 1668 und 1669 geben in Spaldings Werk keine Auskunft darüber, ob jene Relation wirklich abgestattet worden und welche Beschlüsse darüber gefaßt worden sind.

---

## Zu Beilage Nr. 15.

F. 1692. **Memorial des Landraths von Jasmund vom Jahre 1692.**

(Monatsschrift v. und f. Mecklenb. Jahrg. 1789. S. 963 ff.)

Extract Landtags-Protocolls vom 17. September 1692.

Nachdem die Herren Provisores des Klosters Malchow das auf dem jüngsten Landtage übergebene Memorial, welchem die Herren Provisoren des Klosters Dobbertin adhäriret, reproduciret, und eine schriftliche Antwort und Resolution darauf verlangt; so ist beliebet: daß dem Herrn Landrath von Jasmund davon copia communiciret, und derselbe ersuchet sein möge, eine schriftliche Nachricht, wie sich der Status der Klöster seit Anno 1572 geändert, ad protocollum zu geben, damit man darnach die mesures nehmen könne.

Anlage 7. des Landtags-Protocolles de 1692.

Nachdem E. E. R. und L. auf der Hrn. Provisorum des Klosters Malchow Memorial vom 28. August Anno 1691 bei dem Landtage zu Schwaan im September dieses 1692. Jahres mich ersuchet, eine schriftliche Nachricht ad prot. zu geben, wie sich der Status der Klöster seit 1572 geändert, so habe, so viel ich davon Wissenschaft erlangen mögen, meiner Schuldigkeit gefunden, deroselben Begehren aller Möglichkeit nach ein Genüge zu leisten.

Und ist zuvörderst zu wissen: daß, nachdem der Fürstliche erste Assecurations-Revers de 2. Juli 1572 publiciret, R. und L. denen damaligen Landräthen committiret, denen von ihnen zu jeglichem Kloster erwählten Provisoribus eine Vollmacht zu ertheilen, wegen R. und L. die Klöster in wirklichen Besitz zu nehmen, und in einem und andern gute Ordnung anzurichten, welches auch gemeldete Herren Landräthe besage einer Vollmacht sub d. 30 Octbr. 1572, so viel sich in Eile, und ehe man specialia mit der gnädigsten Herrschaft ausmachen können, thun lassen wollen, verrichtet. Wann sich aber nachgehends in ermeldter der Landräthe Vollmacht, dieser Verstoß befunden: daß

1) anstatt der Assecurations-Revers besaget: daß gemeine R. und L. vermöge Fürstl. Confirmation einen Amtmann oder Vorsteher bestellen sollen, die Landräthe solches lediglich denen Provisoribus und Priorin, auch Kloster-Versammlung, deren letzteren doch im Assecurations-Reverse gar keine Meldung geschiehet, überlassen, solche Verordnung auch diesen schädlichen Effect gehabt, daß keine Relation in fürkommenden Fällen an R. und L. kommen, sondern allein vorgesetztermaaßen negotiiret worden und

2) dieses Inconveniens nach sich gezogen: daß weil die Provisores nicht nachdrücklich die Specialia betreiben mögen, die gnädigste Herrschaft denen Assecurationibus zuwider, die Bestellung des Hauptmanns dennoch beibehalten, und dero Räthen conferiret, wie dann deren nach einander Jochim von Bassewitz Marschall, Jochim von der Lühe und Jochim von Oldenburg Geheimte Räthe, imgleichen Paschen von der Lühe befindlich, imgleichen einige nachgehends von der Klosterversammlung erwählet und nach Belieben bald wieder demittiret und abgeschaffet worden, bis endlich Ritter- und Landschaft bei Zeiten vigiliret und den sel. Landrath Curth Behren erwählet, und demselben, weil Herzog Adolph Friedrich fürstl. Gnaden allbereit andere und in specie Hauptmann Warnstedten vorgeschlagen, fast mühsam mainteniret, sich also in der Possession ihres in den Reversalen fundirten Rechtes wiederum gesetzet;

3) wie denn ein gleiches sich wegen Aufnahme der Rechnungen befindet, allwo denen Provisoribus solches Negotium alleine committiret und keine Reflexion auf die Concurrenz der gnädigen Herrschaft gemacht, welche doch nach Maaßgebung der Assecuration dabei concurriren müssen, und bei Dobbertin dem Herkommen nach, noch Ihre Ministros zu solcher Rechnungs-Aufnahme von beiden fürstl. Häusern verordnen;

4) ferner befinde, daß in Dingen die altioris indaginis nicht der Recurs zu Ritter- und Landschaft, denen doch die Klöster abgetreten, verordnet, sondern allein denen Provisoribus etiam c. clausula c. libera nichts ausgeschlossen, heimbgelassen und weil solchermaaßen wie obgemeldet keine Relationes an Ritter- und Landschaft erfolget, die Provisores auch bei denen fürstl. Höfen sich zu schützen zu schwach gewesen, so seind verschiedene präjudicirliche Dinge passirt und zwar unter andern:

5) daß das Kloster Ribnitz gnädigst versprochenermaaßen nach Absterben der Aebtissin Fräulein Ursulen, Herzogin zu Mecklenburg, zu R. und L. Verordnung nicht gekommen; sondern Herrn Herzog Hans Albrechts Gnaden, mit der damaligen Domina daselbst Handlung pflegen, durch dero Räthe die Possession des Klosters nehmen, und dieselbe an das Amt Ribnitz alle folgende Jahre ziehen lassen, bis nach großer Mühsamkeit endlich anno 1669 allererst es so weit gekommen, daß R. und L. die Direction des Klosters wieder erlangen können;

6) Ingleichen Herrn Herzog Hans Albrechts fürstl. Gnaden mit der Domina

und Provisores wegen der hohen Jagd bei des Klosters Dobbertin Sand Probstei Anfangs anno 1627 vermittelst eines Reverses auf sechs Jahre gehandelt, nachgehends gar bis auf diese Stunde selbige behalten, daß über allen angewandten Fleiß dasselbe nicht redressiret werden kann. —

Als nun aller Apparentz nach die erwähnte schädliche, theils gefährliche und präjudicirliche Umstände, so sie ihres Orts darunter angemerket, Ritter- und Landschaft resentiret, und desfalls bei der gnädigsten Herrschaft über eins und anderes Beschwerde geführet, hat die landesfürstliche Obrigkeit resolviret, die anno 1578 publicirte Klosterordnung zu verändern und vermittelst einer andern, dero Intention etwas ausführlicher zu declariren, welche nunmehro bei hochgedachten Höfen sowohl als bei Ritter- und Landschaft agnosciret, und so lange bis zwischen der Herrschaft und dem Lande etwas anderes beliebet wird, als eine lex pragmatica zu achten und ohne absonderliche Ratification der Herrschaft darin nichts zu ändern sein will.

Ritter- und Landschaft haben indeß auch zu Conservirung ihrer Gerechtsame, nachdem denen Provisoribus durch die Klosterordnung de anno 1610 ihre Function, an Seiten der gnädigsten Herrschaft, zur Aufsicht und Beschaffung der Klosterjungfrauen guter Disciplin, nach Maßgebung deren in der Klosterordnung benannten Stücke, und deren verordneten Unterhalts, auch bei Erledigungsfällen, deren Einnehmung ins Kloster angewiesen, und an Seiten R. und L. nebst denen Provisoribus, daß in fürkommenden wichtigen Dingen, die verordneten Beamten sich davon guten Einraths zu bedienen, Zutritt zu nehmen haben, die von Anfang besage Fürstlicher Assecuration de 1572 denenselben gegebene Vollmacht ex Commissione Ritter- und Landschaft ein jedes Theil bei seinem Kloster (und zwar dem Herkommen nach bei Dobbertin) nebst denen Fürstlichen dazu abgeordneten Ministris die jährliche Administrationsrechnung von denen Beamten aufzunehmen gelassen werden; ferner ihres Orts die Erwählung der Haupt- und Amtleute vermittelst fürstl. Confirmation zu mainteniren sich beflissen, damit dieselbe des Landes jura bei denen Klöstern und der Klöster Interesse überall contra quoscunque in guter Obacht haben, durch einen zu erwählenden beständigen Syndicum die Justiz und gerichtliche Sachen sowohl beim Kloster als an den hohen Gerichten betreiben lassen und allemal um einen qualificirten Küchenmeister und andere Amtsdiener zu Aufsicht auf die Grenzen und Verwaltung der Oeconomey und anderer fürkommenden Sachen, auch Haltung des jährlichen Registers sich bemühen, in rebus arduis fürerst mit denen Provisoribus und Syndico sich darüber berathen, wenn aber solches nicht zu ererreichen, R. und L. das Anliegen referiren und deren Assistenz imploriren, auch sonst überall auf Erfordern von allen fürkommenden Sachen, und sonst hauptsächlichen Verordnungen, deroselben Nachricht ertheilen können und sollen, um daß R. und L. allezeit bei dem Archiv von der Klöster Zustand Nachricht haben und wo es nöthig fürsorglich vigiliren möge.

Und wann nun dieses die jetzige Verfassung ist, so meines unmaaßgeblichen Erachtens, wenn sie im Stande gehalten wird, dem Vaterlande sowohl als auch denen Klöstern vorträglich und zu deren Beibehaltung diensam sein kann; so habe durch diese Relation Einer Ehrbaren Ritter- und Landschaft Verlangen hiedurch vergnügen wollen. Denen ich mich übrigens zu geneigter Affection beharrlich empfehle. Datum Dobbertin den 8. October Anno 1692.

Einer Ehrbaren Ritter- und Landschaft dienstwilliger

Christoff Friedrich von Jasmund.

mpp.

# Beilage Nr. 16.

## Landtagsverhandlungen und sonstige Urkunden betreffend die Wahl und Bestellung der Klosterdiener.

Landtag zu Sternberg d. 25. Juni 1606. A. 1606.

Gemeine Beschwerungen des wendischen Kreises:

5) Im Assecurationsrevers sei der Landschaft verheißen, daß sie Macht haben solle, den Amtmann oder Verwalter, doch vermittelst Sermi. Corfirmation und Bestätigung in den drei Klöstern zu setzen und aus erheblichen Ursachen wieder zu verlauben. Daß selbigem nicht nachgesetzet, sei notorium, indem das Kloster Dobbertin sich sehr in Schulden vertiefet, und obwohl die Provisores sammt den Jungfrauen ihrem Hauptmann aufgesagt, so könnten sie doch seiner nicht ohnig werden. Weil nun die Aussage bei E. E. Landschaft stünde, so sollte ihm hiemit die Loskündigung geschehen, daher sie ersuchte, Sermus. mögten einen andern durch E. E. Landschaft jetzt ernennen lassen. (Spalding Bd. I. S. 294.)

Schreiben der Domina, Priorin und Provisoren des Klosters Dobbertin an den Geh. Rath Paschen v. d. Lühe wegen Uebernehmung der Klosterhauptmannschaft d. d. Dobbertin den 18. August 1634. B. 1634.

Wohledler und Vester, freundlicher lieber Oheimb: demselben wird nunmehro wissend sein, daß kurz verrückter Zeit der auch Wohledler und Vester Hardenack von Bibow, hiesigen adelichen jungfreulichen Klosters gewesener Hauptmann, nach dem unwandelbaren Willen Gottes diese Welt gesegnet.

Weil dann des Klosters höheste Nothdurft erfordert, daß solche vacirende Stelle mit einer qualificirten büchtigen Person hinwieder besetzet werden muß, und nunmehr einhellig auf seine Person (wann er sich nur der Fürstl. Dienste ohnig machen könnte) gewählet und gestimmt, zu ihm auch das ganze Vertrauen haben, er solche Hauptmannschaft auf sich nehmen, auch solches Amt, vermöge seiner Bestallung und Eides Pflicht also verwalten werde, daß es ihm wohl verantwortlich und rühmlich sein wird, und aber bei der Durchl. Hochgeb. Fürsten und Herrn, Herrn Adolph Friedrich und Herrn Hans Albrechten, Gebr. Herz. z. M. 2c. unseren gnädigen Fürsten und Herrn, um Confirmation nicht können angehalten, ohn wir mit ihm der Bestallung halber uns vereiniget, und dessen versichert sein, er sich von Fürstlichen Diensten entfreien werde, als thun wir ihm hiemit eine Bestallungs-Notul überschicken und ihn daneben freundlichst bitten, derselbiger bei erster Post erklären wolle, ob er auf solche Bestallung, diese Klosterhauptmannschaft auf- und an sich zu nehmen, und sich von Fürstl. Diensten gänzlich ohnig zu machen entschlossen wäre? auf welchem Fall und so bald uns seine Gemüths-Meinung wieder hinterbracht, und die Bestallungs-Notul zurückgesandt wird, bei Hochgedachten unsern gnädigen Fürsten und Herrn um Confirmation unterthänig angehalten werden soll, Gottes Schutz uns alle empfehlende, eiligst.

Dobbertin, den 18. August Anno 1634.

(Ungnaden Amoen. Diplom. p. 879 f.)

Schreiben der Ritterschaft an Domina, Priorin und Provisoren des Klosters Dobbertin d. d. Sternberg den 10. December 1634. C. 1634.

Wohlwürdige, Wohledle, Viel-Ehren- und Tugendreiche, auch Gestrenge und

Veste, vielgeliebte, resp. Wäschen, Oheimb und werthe Freunde und Freundinnen. Aus ihren unterschiedlichen bei jetziger Versammlung uns vorgekommenen Schreiben haben wir vernommen, was Gestalt ihr Domina, Priorin nebenst den Provisoren selbigen Klosters, an des sel. Hardenack Bibowen Stelle, den Wohledlen, Gestrengen und Vesten Paschen von der Lühe, Fürstl. Mecklenb. geheimen Rath zu Güstrow, ohn einig Zuziehen der Landräthe, zum Kloster-Hauptmann hinwieder zu vociren, und dessen Introduction euch anmaßlich unterfangen.

Nun ist zwar nicht ohne, als der Durchl. Hochwürdige, Hochgebohrne Fürst und Herr, Herr Hans Albrecht, Herzog zu Mecklenburg, unser gnädiger Fürst und Herr, bei jüngstem zu Malchin gehaltenen Landtage an E. E. Ritterschaft durch euch, Jochim Maltzahn, gnädig gesonnen, auf künftigen Todesfall damaligen Hauptmanns Hardenack Bibowen sel. obwohlgemeldeten Paschen von der Lühen hinwieder zum Hauptmann des Klosters Dobbertin zu erwählen und kommen zu lassen, daß damalige E. E. Ritterschaft sich dahin erkläret: wenn E. E. Ritterschaft, ob Herr Paschen von der Lühe seine Dienste bei Hofe abzustehen, und die Kloster-Hauptmannschaft anzunehmen gesinnet, vergewissert wäre, daß sie nicht abgeneigt, denselben zu solcher Hauptmannschaft zu erwählen, und mit Auswirkung Fürstlicher Confirmation, zu bestätigen, jedoch daß derselbe solche Erwähl-,Vocir- und Bestätigung allein von E. E. Ritterschaft herfließend agnoscirte, und bei derselben gebührlich suchte, wobei es dazumal und bis anhero verblieben.

Wir hätten aber nimmer verhoffet, daß ihr, Domina und Priorin, die nicht einst den geringsten Klosterdiener anzunehmen oder zu enturlauben bemächtiget, oder in einige Wege befugt seid, zumalen Einhalts des 13. Articuls der anno 1610 aufgerichteten Klosterordnung, euer Regiment sich nicht weiter, als über die Klosterjungfern, Mägde und Kinder erstrecket, euch der Vocirung des Kloster-Hauptmanns (die einzig und allein den Landräthen und E. E. Ritterschaft, mit Zuziehung der Provisoren zustehet) unbefugter Weise unterfahn würdet, können darum solch nur der ganzen Ritterschaft zu merklichem Präjudiz gereichendes Vorhaben, euch keinesweges gut heißen, besondern thun euch hiemit ermahnen, solch unverantwortliches Beginnen aufzuheben, und euch der Annehm- und Vocirung des Hauptmanns und anderer Amtsdiener jetzo und hinführo gänzlich zu entäußern und zu enthalten, denn ohne euer Zuthun die verordnete Landräthe und E. E. Ritterschaft nebenst den Provisoren, darin gebührende Beschaffung zu thun ihnen angelegen sein lassen werden.

Welches E. E. Ritterschaft, erheischender Nothdurft nach, ihnen unangefüget nicht lassen können, und thun dieselben nebenst Erbietung unserer freundlichen Ehrn- und geflissenen Dienste, in des allgewaltigen Beschützung fleißig empfohlen, Datum Sternberg, den 10. Decbr. 1634 der Wäschen, auch unser geliebten Ohme und Herren freundwillige jetzo allhier versammelte Ritterschaft. (Ungnaden a. a. O. p. 880 ff.)

(Nach Spaldings Landtagsverhandlungen B. II. S. 321 ist dieses Schreiben in der That nicht in allgemeiner Landtagsversammlung, sondern nur von der Ritterschaft abgelassen worden. Vgl. hiezu das Gravamen 19 der Ritter- und Landschaft de anno 1634 — Beil. N. 7 Litt G.)

D. Landtag zu Schwerin d. 15. Juni 1653.

1653. Den 30. Juni ging ein Schreiben der Priorin und ganzen Versammlung des Klosters Dobbertin d. 27. Juni an Ritter- und Landschaft ein, worinnen sie meldeten, daß sie aus ihrem Schreiben d. 22. ejusd. die Sorgfältigkeit das Kloster bei dessen wohlhergebrachten privilegiis und juribus zu schützen, mit Dank anerkennten, ihr auch gerne gewierige Resolution im Betreff des Vorschlags die vacirende Hauptmannsstelle zu ersetzen, hätten werden lassen wollen, selbige aber annoch bei sich selbst nicht so schleunig hätten finden können, weil der verstorbene Hauptmann annoch nicht zur Erden bestattet sei, und es ihnen zur Undankbarkeit angerechnet werden möchte, wenn vor dessen Erstattung mit der Wahl fortgefahren werden sollte, dieses auch wieder des Klosters Gewohnheit wäre, und sie leider keinen einzigen Menschen hätten, mit dem sie dies hochwichtige Werk, wie es die Nothdurft erforderte, in Rath stellen könnten, weil der eine Provisor gleichfalls Todes verblichen und der andere anjetzt auf dem Landtag wäre, daher sie bäten, daß Ritter- und Landschaft ihrem petito, so sie durch den Provisor Maltzahn an die Landräthe und sie sämmtlich gelangen lassen, geruhen wollte, daß die Wahl eines oder zwei Provisoren vollzogen, und selbige dem Provisor Maltzahn adjungiret werden mögten, damit sie von dieser wichtigen Sache des Klosters wohlhergebrachtem Gebrauch nach, mit selbigen deliberiren und sich besprechen mögten, da sie denn, sobald der Hauptmann zur Erde bestattet sei, üblichem Gebrauch nach, zur Hauptmanns-Wahl schreiten, und dahin trachten wollten, daß die in ihrem Schreiben vorbeschlagene oder eine andere Person aus der löbl. Ritterschaft, so des Klosters Wohlfahrt und Interesse zu beobachten dienlich sein mögte, gewählet, und Sermo., wie auch der löbl. Ritter- und Landschaft zu gnädigen und günstigen Confirmation vorgeschlagen werden mögte, sie inzwischen bäten, daß Ritter- und Landschaft sich des Klosters wohlhergebrachte Privilegia, Statuta, Gebräuche und Gerechtigkeiten besten Fleißes empfohlen sein lassen möchte, bevorab, da es der Domina, des einen Provisoris und nun auch des Hauptmanns beraubet wäre.

Es ward hierauf von Ritter- und Landschaft zur Wahl eines neuen Provisoris geschritten, und der Landrath D. Plesse durch einhelliges Votiren zum Provisor des Klosters Dobbertin erwählet, und dem Provisor Molzahn adjungiret. Es wurde in Deliberation gezogen, ob es nicht besser und rathsam sei, mit der Wahl eines neuen Hauptmanns vor der Hand ebenfalls zu verfahren, weil nach dem Schreiben der sämmtlichen Conventualen zu besorgen sei, daß Sermus. auf eines oder des andern importunes Anhalten einen neuen Hauptmann präsentiren und confirmiren mögten, welches große präjudicium sowohl von E. E. Ritter- und Landschaft, als auch von dem Kloster selbst abzuwenden sei, daher beschlossen wurde, daß zu der Wahl zu schreiten sei, worauf alsofort der Landrath Behre und der Landmarschall Molzahn bei E. E. Ritter- und Landschaft in Vorschlag kam, worauf auf derselben genommenen Abtritt ordentlich herum votiret ward, da dann die Landräthe Levetzow, Plesse und Bassewitz, der Landmarschall Hane und der Bürgermeister Vieregge aus Rostock dem Landrathe Behre ihr Votum gaben, wornächst der C. Speckin nomine der Ritterschaft derselben Votum auf den Landrath Behre einbrachte, und der Gyse nomine der sämmtlichen Städte versicherte, daß sich selbige den vorigen Votis submittirten, worauf das Conclusum gemacht wurde, daß der C. Behre durch ergangene einhellige Vota zum Hauptmann des Kloster Dobbertin hiemit erwählet sein und bleiben, und den Jungfrauen, Priorin und sämmtlichen Conventualen diese nunmehr vollzogene Wahl der Provisoris und Hauptmanns förderlichst denuntiiret, und ihnen anheim gestellt werden sollte, ob sie neben E. E. Ritter= und Landschaft Sermo. den neu erwählten Hauptmann präsentiren, und um dessen Confirmation noch bei jetzt währendem Landtag Ansuchung thun wollten, worüber sie sich auf das schleunigste zu erklären hätten. Unterdessen wurde der C. Behre und J. Molzahn hinwieder aufgefordert, und ersterem von sämmtlichen anwesenden Ständen Glück gewünschet, und das Denunciationsschreiben an die Jungfrauen Priorin und sämmtliche Conventualen abgefasset, placidiret, und durch eine reitende Post expediret, welches des Inhalts war: „Ritter= und Landschaft hätten aus ihrem Schreiben vernommen, was sie wegen der Wahl eines neuen Provisoris an sie gesonnen, und daß sie gebeten, mit der Wahl eines neuen Hauptmanns noch zur Zeit einzuhalten, und daß selbige bis zur Beerdigung des verstorbenen Hauptmanns differirt werden mögte; sie könnten ihnen also nicht vorenthalten, daß bei heutiger ansehnlichen Frequenz sowohl der Ritterschaft als der Städte Deputirten zuvörderst zur ordentlichen Wahl eines neuen Provisoris geschritten, auch selbige vollzogen, und der Landrath Plesse durch einhellige Vota erwählet sei. Weil auch E. E. Ritter= und Landschaft die gewisse Nachricht erlanget, auch aus der sämmtlichen Conventualen eigenen hiebevorigen Schreiben ersehen, daß nicht allein zu besorgen, sondern nunmehr obhänden sei, daß wegen der erledigten Hauptmannschaft Sermus. eine gewisse Person fordersamst präsentiren und confirmiren mögten, solches aber sowohl den sämmtlichen Landständen zum höchsten Nachtheil, als auch dem Kloster zum sonderbaren Präjudiz gereichen dürfte, so hätte sie, da periculum in mora wäre, der höchsten Nothwendigkeit zu sein erachtet, demselben bei Zeiten allhier vorzukommen, und zur Beibehaltung ihrer und des Klosters Freiheit und wohlhergebrachten Gerechtigkeiten zur ordentlichen Wahl eines neuen Hauptmanns, ohne fernern Verzug, zu schreiten, gestalt denn auch desfalls der Landrath Behre und Landesmarschall Molzahn bei ihr in Vorschlag gekommen, da denn auf derselben Beiderseits genommenen Abtritt, collatis votis, auf gedachten Behre einmüthig gestimmt, und also derselbe von ihr unanimiter zum Hauptmann erwählet sei; Dieses hätte sie ihnen hiemit denuntiiren wollen, in der gänzlichen Zuversicht, daß sie dies ihr Verfahren, so in den Reversalen ganz wohl begründet sei, nicht anders als an sich selbst wohl gemeinet, auch ihnen zum Präjudiz keinerlei Weise gereichen sollte, im Besten vermerken würden, wobei sie ihnen anheim stellte, ob sie neben ihr, und bei noch währender Landtagsversammlung, gedachten Behre Sermo. als Hauptmann des Klosters Dobbertin präsentiren, und um dessen Confirmation bitten wollten, und da sie zuverlässig wäre, daß sie contra propria commoda nicht laboriren, vielmehr da von Ritter= und Landschaft vermöge der Reversalen, der Hauptmannschaft Bestellung ratione nominationis et electionis allein dependirte, ihr hierin ganz geneigt beifallen würden, so erwartete sie durch diesen Expressen ihre schleunige und gewierige schriftliche Antwort."

Dieser Bote brachte nun ein Recepisse an Ritter= und Landschaft zurück, und daneben ein besonderes Schreiben an den Provisor Molzahn des Inhalts: daß sie zweie ihres Mittels anhero schicken wollten, um mit ihm, dieser wichtigen Sache halber, sich mündlich zu besprechen, bis dahin sie zur Einbringung ihrer Resolution um Dilation bäten.

Als nun die Priorin des Klosters Dobbertin zu Suerin angelanget war, so ließ Ritter= und Landschaft mit derselben durch den C. V. Plessen, U. C. von

Bassewitz und J. Kardorff wegen vollzogener Wahl des neuen Hauptmanns mündliche Conferenz halten, welche auch endlich dahin ausschlug, daß die Priorin und ihre mit abgeordnete Conventualin für sich, und im Namen der sämmtlichen Conventualen wegen des erwählten Hauptmanns vollkömmlich consentirte, und zugleich mit beliebte und bat, daß pro impetranda confirmatione an Serenissimum, sowohl nomine der E. Ritter- und Landschaft, als auch in der Priorin und sämmtlicher Conventualen Namen suppliciret werden mögte, wobei sich aber die Priorin solenniter protestando vorbehielte, daß die von Ritter- und Landschaft vorgenommene Wahl ihren Gewohnheiten, und wohlhergebrachter Gerechtigkeit nicht präjudiciren, noch einiger Weise nachtheilig sein sollte. Es wurde dieserhalb, Namens der Ritter- und Landschaft, imgleichen Namens der Priorin, und sämmtlicher Conventualen und Provisores ein Supplicat an Serenissimum entworfen, und solches Serenissimo durch den Landmarschall Lützow, und dem Güstrow'schen Canzler Cothmann durch den Landmarschall Maltzahn des Inhaltes überreichet: „Wann durch das Absterben des Land- und Hof-Gerichts-Präsidenten und Hauptmanns des Klosters Dobbertin die Hauptmannsstelle erlediget wäre, und Ritter- und Landschaft also der Nothdurft zu sein erachtet, nach dem Buchstab des Assecurationsreverses d. 1572 zur ordentlichen Wahl eines neuen Amt- oder Hauptmanns, ohne Verzug zu schreiten, und gestern bei ansehnlicher Frequenz sowohl der Ritterschaft als der Städte Deputirten der Landrath Behr und Landmarschall Maltzahn in Vorschlag gekommen, und darauf rogatis et collatis votis, mit Vorwissen und Willen der Priorin und sämmtlicher Conventualen, auch der Provisoren, die Wahl einmüthig auf den Landrath Behr gefallen, so bäten Sie, das Serenissimus für Sich, und im Namen Herzogs Gustav Adolph, denselben confirmiren, auch dem Herkommen nach, den Confirmationsbrief, in consueta forma, ertheilen mögten."

Auf Anhalten des Landmarschalls Maltzahn, als Provisoris des Klosters Dobbertin, wurde ein Schreiben an die Priorin zu Dobbertin und sämmtliche Conventualen, wegen dieser gedachten Hauptmanns-Wahl, erlassen, welches dahin lautete: „Ritter- und Landschaft hätte aus ihrem Antwortschreiben ersehen, was sie wegen der freien Wahl des Hauptmanns, als einer wohlhergebrachten Gewohnheit und ihnen zustehenden privilegii angezogen; sie ließe ihres Theils solches alles dahin gestellt sein, und repetirte dabei ihr voriges, daß zu demjenigen, so von ihr hieselbst auf öffentlichem Landtag vorgenommen worden, sie vermöge der Reversalen befugt, dennoch aber nicht dahin angesehen gewesen, sie in ihrer habenden Freih- und Gerechtigkeit zu beeinträchtigen, oder im geringsten zu präjudiciren, vielmehr geneigt bliebe, sie dabei zu handhaben und schützen zu helfen." (Spalding Bd. III. S. 138-141.)

Das Gesuch um Bestätigung des erwählten Hauptmanns wurde am 13. Sept. in derselben Form erneuert d. h. Namens der Ritter- und Landschaft, der Priorin und sämmtlichen Conventualen und der Provisoren des Klosters (ebendas. S. 147).

Am 22. Octbr. wurde aber der Versammlung referiret, daß Serenissimus den Provisoren des Klosters anzeigen lassen, Sie hätten zwar gegen die Person und die Wahl nichts zu erinnern, hätten aber diese Hauptmannschaft schon längst vor der geschehenen Wahl Ihrem Hauptmann von Warnstädt versprochen und bäten daher die Ritter- und Landschaft, diesen zum Hauptmann des

Klosters auf- und anzunehmen, unpräjudicirlich dem reversalmäßig der Ritter- und Landschaft zustehenden Rechte der Nomination des Hauptmannes; der Landrath Behr solle dann von beiden Herzögen und von Ritter- und Landschaft gemeinschaftlich mit 2000 Thlr. abgefunden werden, von jedem Theile bis zu einem Drittel. — Es kam dieser Vorschlag nun zwar zur Erwägung und Abstimmung, allein nachdem der Landrath Behr, um sein Erachten gebeten, die Sache für zu präjudicirlich erklärt hatte, als daß man darin willigen könne (wobei er sagt „das Wahlrecht stünde bei Ritter- und Landschaft und der Versammlung des Klosters"), wurde der Antrag schließlich abgelehnt, und zwar in einem Namens der Ritter- und Landschaft und der Priorin und sämmtlicher Conventualen des Klosters abgefaßten Schreiben, worin es heißt, ihr, der Ritter- und Landschaft, sei die gänzliche Disposition über alle Klöster beigelegt und gelassen u. s. w. (ebendas. S. 181—183). Hierauf wurde der Ritter- und Landschaft die Confirmation des Landraths Behre zugestellt, worin versichert wurde, daß: „da nach dem Absterben des P. v. d. Lühe als Dobbert. Klosterhauptmanns Ritter- und Landschaft sammt der Priorin und sämmtlichen Conventualen auch Provisores solchen Klosters Ihnen zu verstehen gegeben, daß sie, vermöge Ihrer ertheilten Vergünstigung zur ordentlichen Wahl eines neuen Hauptmanns geschritten und selbige einmüthiglich auf den L. R. Behre gefallen sei, Sie denselben dergestalt confirmirten, daß er des Klosters Nutzen und Bestes wissen, von seiner Haushaltung Ihnen und den von der Landschaft Verordneten jährliche Rechnung thun, was an Einkommen erspart und verübrigt würde, dem Kloster zum Besten wieder anwenden, auch sorgfältige Achtung darauf haben sollte, daß die Jungfrauen nach Ihrer Reformation und Klosterordnung lebten und wandelten und überhaupt alles das, was einem getreuen Klosterhauptmann zu thun und zu lassen eigne und gebühre, thun und lassen, auch den Klosterprovisoribus aufgeben sollte, den L. R. Behre dem Kloster und dessen sämmtlichen Unterthanen förderlichst vorzustellen, sie ihm anzuweisen und sie zu ermahnen, ihm in allem schuldigen Gehorsam zu leisten" (ebendas. S. 189).

E. 1666. Im Jahre 1666 kam ein ähnlicher Versuch der Theilnahme an der Bestellung der Klostervorsteher, oder der sogar prätendirten alleinigen Berechtigung zu deren Vocation, wie vorstehend von dem Dobbertiner Convent berichtet worden, auch Seiten des Conventes zu Malchow vor, s. Beilage Nr. 15 Litt. D. Von jetzt an notificirte daher die Ritter- und Landschaft den Conventen allemal die auf dem Landtage geschehenen Wahlen (s. z. B. Spalding Bd. IV. S. 93) und letztere mußten sich mit dieser bloßen Benachrichtigung zufrieden geben.

F. 1697. Auf dem Landtage von 1697 wurde am 4. Febr. Herr Magnus Friedr. Barner von den anwesenden Deputirten der Ritter- und Landschaft eventualiter und auf den Sterbefall des Landraths Jasmund zum Hauptmann des Klosters Dobbertin per majora erwählt und diese Wahl vermöge Protoc. vom 20. Juli 1659 (?) von der Güstrow'schen Ritter- und Landschaft mitbewilligt, dabei aber wurden folgende Conditiones gemacht: 1) daß hinkünftig und wenn von Güstrow'scher Seite ein Hauptmann dieses Klosters zu erwählen sein würde, die Güstrow'sche Ritter- und Landschaft solche Wahl gleichfalls verrichten und die Schwerin'sche Ritter- und Landschaft solche Wahl auch ihr gefallen lassen wolle; 2) daß dieser Modus eligendi ins Künftige wechselweise also beibehalten bleiben solle; 3) daß wenn dieser eventualiter erwählte Hauptmann vor dem Herrn Landrath von Jasmund mit Tode abgehen sollte, diese Wahl pro nulla gehalten werden und der Schwerin'schen Ritter- und Landschaft freistehen solle, nach Maßgebung gedachten Protocolli vom 20. Juli 1659 solche von Neuem zu verrichten; 4) daß dieser eventualiter erwählte Hauptmann sich keine Administration beim Kloster einnehmen solle, ehe und bevor Herr Landrath Jasmund mit Tode abgegangen; 5) daß bei Abtretung der Hauptmannsstelle der Herr v. Barner die Provisoratsstelle sogleich quitiren, und 6) nach Absterben des Herrn von Jasmund die Confirmation bei J. Durchl. gesucht werden solle; 7) daß die Hauptmannschaft des Klosters Malchow hiemit nichts zu thun haben solle.

Im Jahre 1709 wählte Ritter- und Landschaft den Obristl. von Bassewitz zum Hauptmann des Klosters Dobbertin, konnte aber dessen Confirmation vom Herzoge nicht erlangen. Ritter- und Landschaft appellirte gegen diesen unmotivirten Abschlag an den Reichshofrath und ließ den erwählten Hauptmann einstweilen zur Verwaltung seines Amtes gelangen. Als dies geschehen, ließ der Herzog nicht allein einen fiscalischen Proceß gegen Ritter- und Landschaft anstellen, worin er darauf drang, dieselbe wegen dieses „irrespectueusen Betragens und offenbarer violatio superioritatis territorialis" ihres bisher gehabten juris eligendi provisores zu priviren und verlustig zu erkennen, sondern er ließ auch das Kloster mit Dragonern besetzen und wollte dadurch den erwählten Hauptmann an der Verwaltung seiner Function behindern. Obwohl demnach die Sache bereits zwiefach anhängig war, versuchten es die Stände doch wiederholt, bittweise die Bestätigung ihres Hauptmanns zu erlangen, wovon die bei Franck (A. u. N. M. XII. p. 333) abgedruckte Supplication der Ritter- und Landschaft d. d. 12. Septbr. 1712 Zeugniß giebt. — Im Jahre 1714 erfolgte endlich die landesherrliche Confirmation. G. 1709. 1712. 1714.

Daß aber auch später noch wiederholt Schwierigkeiten bei der nachgesuchten Confirmation der Klosterdiener gemacht wurden, erhellt aus den Resolutiones Caesareae d. 19. Octbr. 1724, worin es sub V. heißt: „Wird von J. kaiserl. Majestät dem Herrn Herzog auferlegt: 1) — — — 2) längstens sub Termino 2 Mensium den von Petersdorff als Succedirenden, die von Osten und Gamm aber als wirkliche Hauptleute, dann die — — — als Provisores der Klöster resp. Dobbertin, Ribnitz und Malchow in gewöhnlicher Form zu confirmiren, mit der Verwarnung, daß in fernerem Weigerungsfall obermeldten Subjectis die Allerhöchste Kaiserl. Approbation und Bestätigung ertheilt werden solle." H. 1724.

Demgemäß heißt es denn auch im L. G. G. E. V. von 1755 §. 122: „der Ritter- und Landschaft bleibt auch die Wahl, Bestellung und beliebige Veränderung der Provisorum und Beamten unbenommen, und sollen sowohl die bereits erwählten und ernannten, als die künftig zu erwählenden und zu ernennenden Klosterprovisoren und Hauptleute, jetzt und künftig allemal unweigerlich und unaufhältlich gewöhnlichermaßen Landesfürstlich bestätigt werden, und wenn die gesuchte Bestätigung binnen Jahr und Tag nicht erfolgt, sollen selbige eo ipso pro confirmatis geachtet sein."

Die Ritterschaft hatte nämlich um diese Versicherung gebeten, und anfänglich der Herzog sich die Confirmation vorbehalten wollen. Der Zusatz „und wenn u. s. w." kam erst später in die Vergleichspläne hinein.

Noch im Jahre 1756 verlangten die Domina's und Conventualinnen bei den Wahlen der Klosterhauptmänner zu concurriren, natürlich ohne Erfolg, s. Wolff Repert. S. 330. J. 1756.

K. Die Provisorenbestallung lautet nach Rudloff (Versuch einer richtigen Auslegung u. s. w. Erster Theil, Beilage 19) wie folgt:

Herzoglich Mecklenburg-Schwerinsche Bestätigung eines Klosterprovisors zu Malchow, vom Datum Schwerin, den 23. November 1802.

Friedrich Franz, von G. G. Herzog zu Mecklenburg 2c.

Unsern gnädigsten Gruß zuvor! Vester L. G. Wann Uns Unsere auf dem diesjährigen allgemeinen Landtage versammelt gewesenen Landräthe, Landmarschälle, und übrige von der Ritter- und Landschaft Unserer Herzogthümer Mecklenburg geziemend angezeiget haben, wir ihr nach dem Ableben des verstorbenen Klosterprovisors zu Malchow, weil. Hauptmann von Pressentin auf Daschow, an dessen Stelle auf vier Jahre zum Provisor des Klosters zu Malchow erwählet worden, mit der angehängten submissesten Bitte, Wir geruhten zu solcher Wahl, den Reversalen dem landesgrundgesetzlichen Erbvergleiche und der Observanz gemäß, Unsere Landesfürstliche Bestätigung zu ertheilen, und Wir dann, nach Unserer ohnehin, auf die Versicherung des Wohlstandes und des Gedeihens Unserer Klöster stets gerichteten Neigung, diesem Gesuche gnädigst willfahren wollen; So verordnen Wir hiemit wissend- und wohlbedächtiglich euch zum Provisor Unsers gedachten Klosters Malchow auf vier Jahre, also und dergestalt: daß ihr, wie Wir hiemit in Gnaden begehren, neben dem andern daselbst bestellten Provisor und dem Hauptmann, desselbigen Klosters Nutzen und Vortheil, nach eurem besten Wissen und Vermögen zu befördern suchen und desselben Schaden abwenden, mithin desselben Gerechtigkeiten, Hebungen und Aufkünfte, damit nichts davon entzogen, noch auch dessen Scheiden und Grenzen von den Benachbarten geschmälert werden, sorgfältig in Acht nehmen, insonderheit darauf, daß alle Jungfern dieses Klosters, der Fürstlichen Klosterordnung vom 10. Decbr. 1610 in allen Stücken gebührend nachleben und derselben sich gemäß bezeigen, mit Fleiß sehen, auch sonst alles dasjenige, was das Amt eines rechtschaffenen Klosterprovisors erfordert und mit sich bringet, treulich beobachten und ausrichten sollet. An dem 2c. Und Wir 2c.

Gegeben 2c. Schwerin, den 23. November 1802.

---

## Beilage Nr. 17.

### Regulative für die Klosterdiener.

A. 1726. **Vergleich zwischen Provisoren und Hauptleuten vom Jahre 1726.**

(Mantzel Staatscanzlei Theil II. S. 39 ff.)

Vergleich einiger Differentien zwischen den Herren Provisoren und Herren Hauptleuten der Klöster, so auf dem Landtage zu Sternberg anno 1726 bis auf Ratification des Landes von denen dazu verordneten Herren Deputirten errichtet und zum Stande gebracht.

1) Bleibet das Jus Patronatus aller zu denen Klöstern gehörigen Kirchen Provisoribus und Kloster-Hauptleuten gemein, und geschieht die Vocir- und Bestellung der Prediger, und was sonsten davon dependiret, von beiden conjunctim.

2) Die Aufnahme der Kirchenrechnungen, wie auch die Disposition der Kirchengelder, imgleichen die Anordnung im Kloster- und Kirchen-Bau-Sachen, geschiehet gleichfalls von beiden conjunctim.

3) Wenn Criminal-Sachen vorkommen, und Inquisitiones und Verhör solcher wegen anzustellen sind, so denuntiret der Herr Klosterhauptmann solchen Fall denen Herren Provisoribus, und stehet diesen frei, entweder insgesambt, oder auch durch einen ihres Mittels, solchem gerichtlichen Actui beizuwohnen, wie denn auch die danächst erfolgte Urthel in beider Namen publiciret wird; in civilibus aber haben die Herren Klosterhauptleute außerhalb denen Klöstern die Cognition allein, es werden aber alle dahero fallenden Geldstrafen dem Kloster berechnet, dagegen aber, bleibet denen Herren Provisoribus in den Klöstern die Jurisdiction ohne Unterscheid allein; Sollte sich aber hiebei ein solcher Fall zutragen, wobei periculum in mora, und ein Angriff gefordert würde, so kehret in Abwesenheit der Herren Provisoren inzwischen der Herr Klosterhaubtmann alle dienliche Mittel vor, und lässet auch vorkommenden Umständen nach den Angriff thun, denunciret aber sofort das Passirte denen Herren Provisoribus, um selbige fernere dienliche Anstalten machen können.

4) Die Annehmung der Klosterbedienten bleibet denen Herren Klosterhaubtleuten, wie auch deren Dimittirung, außer wenn ein Küchenmeister oder Amtsschreiber gewisser Ursachen und Umstände halber zu dimittiren wäre, so haben sich alsdann Provisores und Klosterhaubtleute solcherwegen zu vergleichen, in Entstehung dessen aber die Decision wegen der Enturlaub- und Absetzung vom Lande nach geschehener Anfrage zu gewarten.

5) Die Verpensionirung der Klostergüter, Meierhöfe, Mühlen rc. rc. bleibet insoweit den Herrn Haubtleuten frei, als die Pensionen nicht verringert werden; Wenn aber der casus existiret, daß die vorige Pension nicht zu erhalten, alsdann communiciren die Herren Haubtleute mit denen Herren Provisoribus vor Schließung eines neuen contractus der zu verpensionirenden Güter, Höfe rc. halber.

6) Die Bauten in denen Klöstern, item Anlegung neuer Meierhöfe, Niederlegung alter, und Anlegung neuer Bauerstellen geschehen mit beiderseits Genehmhaltung, die übrigen Bauten aber bleiben denen Herren Haubtleuten.

7) Die Aufnahme der Klosterrechnungen soll jährlich von beiden conjunctim geschehen, und sollen die Küchenmeister und Amtschreiber dieselbe vor ihnen abzulegen gehalten, und ihrer Quittungen dahero auch gewärtig sein.

8) Die Annahme des Klosters Syndici geschieht von beiden conjunctim.

9) Wegen der der Klöster halber zu führenden Processe ist zuvor mit den Herren Provisoribus zu communiciren, und zwar um so viel mehr, als solche illorum nomine mit betrieben werden.

10) Die Wahl einer neuen Dominae gehöret denen Conventualinnen und Provisoribus allein. Sternberg den 10. April 1726.

Auszug des Landtagsprotocolls vom Jahre 1726.

S. 102, 103. Herr Marschall von Vieregge und Herr Obristl. von Barner von Bülow übergaben hiernächst den zwischen denen Herren Provisoren und Herrn Hauptleuten der Klöster getroffenen Vergleich nebst der von dem Herrn Haubtmann von Bülow zu Woserin und dem Herrn Haubtmann von Wangelien als Provisoren übergebenen Declaration wegen des Herrn Klosterhaubtmanns zu Dobbertin, zur Ratification des Landes.

Gesammte Anwesende von der Ritterschaft sind sehr vergnügt, daß die

Herren Provisores und Klosterhauptleute dem Lande Gelegenheit gegeben haben, durch ihre raisonable Vorschläge einen Vergleich zu ratificiren, welchen sie gefundenen Umständen nach allerdings genehm hielten, und wird sowohl Herren Provisoribus als Herren Klosterhaubtleuten abschriftlich alles dasjenige, was dieserwegen abgehandelt worden, zu communiciren sein.

B.
1777.

## Reglement für die Klosterdiener vom Jahre 1777.

(Mantzel Staatscanzlei Theil II. S. 216 ff.)

Reglement für die Herren Klosterprovisoren und Klosterhauptleute, in Ansehung der ihnen bei der Klosterverwaltung, theils absonderlich, theils gemeinschaftlich obliegenden Pflichten, vorgelegt auf dem Landtage 1777, und revidirt auf dem Landtage 1778.

Nachdem E. löbl. Ritter- und Landschaft zum Besten der Ihnen durch die Reversales de 1572 §. 4 zugeeigneten, und als Ihr Eigenthum abgetretenen dreien Klöstern Dobbertin, Malchow und Ribnitz, zweckdienlich erachtet, die Officia der von den Landständen den Klöstern vorgesetzten Herren Provisoren und Hauptleuten, mit zu Grundlegung gedachter Reversalen, auch der revidirten Klosterordnung de anno 1610, und anderen, sowohl alten als neuen nöthig befundenen Verfügungen und Landtagsschlüssen zu reguliren, und die ihnen dabei obliegenden Pflichten auseinander zu setzen; So ist folgendes vom gesammten Lande beliebet und verordnet worden.

I.

Haben Herren Provisores, als die ersten und Principal-Vorgesetzten der Klöster, auf die Handhabung der Klosterordnung, soweit solche auf jetzigen Zeiten noch anwendlich, und daß derselben nachgelebet werde, zu achten, auch sonstige gute Ordnungen und Verfügungen bis zur Ratification des Landes in Vorschlag zu bringen, und einzuführen, nächstdem aber mit den Herren Kloster-Hauptleuten die gemeinsame Hauptpflicht, alles, was zu guter Ordnung, zur Erhaltung der Klöster, und der daran habenden Ständischen Gerechtsamen, zur Verbesserung und Vermehrung derer Intraden, zu guter Wirthschaft und Menage nur irgends abzielen kann, gewissenhaft wahrzunehmen.

II.

Die Herren Provisores üben die Gerichtsbarkeit, quoad civilia unter dem Vorsitz der Frau Domina in dem, was zum eigentlichen Kloster gehöret, mithin was sowohl die Conventualinnen, als deren Gesinde betrifft, privative aus. In Betreff des Gesindes, wenn die Vorkommenheiten nicht von Belang sind, so entscheidet die Frau Domina allein, und dieses in Gemäßheit der Klosterordnung, wann solche Dinge vorkommen, welche zur vorgeschriebenen guten Ordnung und Zucht gehören.

Würde aber im Bezirk des Klosters jemand in pcto. debiti belanget werden, und wohl gar ein Concursus entstehen, so dirigiret mit Vorwissen und Genehmigung der Frau Domina der Syndicus die Decretur und Ordnung des Processes, und würden bei diesen Fällen Vorbescheide, entweder zur Güte oder Recht erkannt werden, so wird denen Herren Provisoribus davon die Anzeige gemacht, und Sie werden dazu eingeladen, und die Bescheide werden vorgeschriebenermaaßen abgefaßt.

Bei Vorfällen aber, da periculum in mora, und ein Angriff erfordert werden sollte, haben Herren Klosterhauptleute in Abwesenheit der Herren Provisoren inzwischen alle dienliche Mittel vorzukehren, auch vorkommenden Umständen nach den Angriff zu besorgen, sofort aber den Vorfall per Litteras durch den Küchenmeister denen Herren Provisoribus bekannt zu machen, damit diese fernerweitige Veranstaltungen treffen mögen. Dahingegen stehet denen Herren Klosterhauptleuten in den Klostergütern die Cognition in Civilibus wiederum mit Ausschließung derer Herren Provisoren alleine zu, und werden alle daher fallenden Strafgelder dem Kloster zum Besten berechnet.

III.

In Criminalsachen, bei Inquisitionen und Verhören, so an Hals und Hand gehen, concurriren beide, sowohl Herren Provisores, als Hauptleute, und lieget letzteren dabei ob, ersteren den Vorfall zu denunciiren, alsdenn Provisoribus frei stehet, entweder insgesammt, oder auch durch einen von ihnen, solchen Untersuchungen beizuwohnen. Wie dann auch die Protocolle, Urtheile und Bescheide, in solchen Fällen in der Herren Provisoren und Hauptleute Namen conjunctim geführet und publiciret werden. Ginge die Sache nur bloß auf eine poenam extraordinarium, oder Art der Bezüchtigung, so würde dies dem Kloster-Amts-Gericht zu überlassen sein, und dadurch die Diäten wegen Herbeirufung der Herren Provisorum dem Kloster ersparet werden. Soviel

IV.

das denen Ständen bei den Klöstern mit zuständige Jus Patronatus betrifft, so bleibet dessen Verwaltung beiden Theilen gemein. Und haben Herren Provisores und Hauptleute conjunctim bei eröffneten Predigerstellen tüchtige Subjecta auszusuchen, solche nach der Landes-Kirchenordnung zur Wahl zu präsentiren und zu vociren, auch alle sonst bei den Klosterkirchen stehende Bediente, als Cantores, Organisten, Küster 2c. zu setzen und zu ordnen. Gleichfalls stehet

V.

die Aufnahme der Kirchenrechnungen, die Disposition der Kirchengelder, ingleichen die Anordnung der Bauten in Klöstern und Klosterkirchen beiden, sowohl Herren Provisoribus, als Hauptleuten conjunctim zu. Da

VI.

die Justizpflege, wie vorgedacht, die Herren Provisores und Hauptleute, theils separatim, theils conjunctim, zu beobachten haben, und Streitigkeiten und Processe entstehen können, die sowohl die innere Klosterverfassung, als die denen Herren Klosterhauptleuten vorzüglich anvertrauete Oeconomia concerniren; so haben beide Theile die Wahl eines Kloster-Syndici conjunctim zu besorgen, dabei aber vorzüglich auf die Geschicklichkeit eines solchen Subjecti, und daß es ein dem Lande nicht widriger, sondern gefälliger Mann seie, zu sehen, und demnächst Hrn. Klosterhauptleute bei jeden entstehen wollenden, oder entstandenen Processen mit den Hrn. Provisoribus zu communiciren, weil solche communi nomine geführet, und Mandata und Vollmachten Namens Herren Provisorum und Beamten ausgestellet werden. Weil auch

VII.

der Küchenmeister und Amtsschreiber Bedienungen verwalten, die nicht allein die Oeconomia betreffen, sondern Sie auch auf die Jura der Klöster ein wachsames Auge mit haben, die Verzeichnisse der Einschreibebücher verfertigen, die Exspectanz-Zettel ausstellen, ingleichen auf die Klostergrenzen, daß deshalb kein Eingriff geschehe, aufmerksam sein müssen, übrigens aber die Herren Hauptleute das mehrste und öftere mit denselben zu thun haben, so hat bei entstehender Vacanz gedachter Officiorum der Herr Klosterhauptmann tüchtige und beglaubte Subjecta in Vorschlag zu bringen, die Wahl aber geschieht nach dem Landtagsschluß de 1758 von Hrn. Provisoribus und Hauptmann conjunctim. Wonächst die Herren Hauptleute die Erwählten in Eid und Pflicht zu nehmen, und von einem jeden nach Importanz seiner unter Händen habenden Verrichtungen die nöthige Caution, insonderheit von dem Küchenmeister bis auf 1000 Thaler, und von dem Amtsschreiber, weil man nicht wissen kann, ob er nicht in Ermangelung eines Küchenmeisters Geld einzunehmen hat, auf 500 Thlr. wahrzunehmen haben.

Sollten sich Herren Provisores und Hauptleute nicht vereinigen können, so entscheidet das Land, so, wie wann ein Küchenmeister, oder ein Amtsschreiber, gewisser Ursachen und Umstände halber zu dimittiren. Die Annahme aller übrigen Klosterbedienten bleibt den Herren Klosterhauptleuten privative.

VIII.

Gebühret denen Herren Provisoribus die Direction über Einschreibung eingeborner Fräuleins und Demoiselles. Kein Fräulein bekömmt eher einen Expertanz-Schein, bevor sie ihre Ahnentafel nach dem Landtagsschluß von 1762 beigebracht hat. Die Demoiselles müssen, ehe ihnen dieser Schein ertheilet wird, die Concession der Vorderstädte beibringen. Auch sollen alle Jahre die Einschreibungslisten, nebst den Ahnentafeln der neuen eingeschriebenen Fräuleins, wie auch denen Bewilligungen der Vorderstädte von einer eingeschriebenen Demoiselle, auf den Landtagstisch geleget werden. So gehöret auch

IX.

denen Herren Provisoribus, doch mit Zuziehung des Hrn. Klosterhauptmanns, zu, eine neue Domina, oder erforderlichen Falls eine Unterpriorin, zu wählen, dazu die Conventualinnen als Mitwählerinnen zu convociren, und die Wahl selbsten zu consumiren.

X.

Die jährliche Aufnahme der von den Küchenmeistern oder Amtsschreibern geführten allgemeinen Klosterrechnung geschiehet von den Herren Provisoribus und Hauptleuten conjunctim, in Gegenwart der Domina, und einer Conventualin eines jeden Klosters, welche letztere sich das Beisein umgehen lassen. Nach befundener Richtigkeit, oder nach geschehener Erledigung etwaniger Monitorum, haben Herren Provisores und Hauptleute, nachdem sie vorhero gesorget, daß die Rechnungen nach ordentlichen Rubriken gefertiget, gedachte Rechnungsführer gehörig zu quittiren. Und da nach den neueren Landtagsschlüssen die Revisiones der Klosterrechnungen durch eine verordnende Deputation in loco geschiehet, so müßten nach gehaltenen Gebrauch, die dabei vorgekommenen Beläge mit dem Klostersiegel verschlossen, und in das Archiv zurückgelegt werden. Die solchergestalt berichtigte Rechnung wäre sodann auf dem nächstkommenden Landtag, laut Landtagsschlusses de 1755, mit dem plus und minus des Ertrags der Einnahme und Ausgabe des vorigen Jahres in folle zu jedermanns Einsicht auf den Directorialtisch zu legen, und von dem Secretario provinciali dies geschehene in Protocollo zu registriren.

XI.

Sind Herren Provisores und Hauptleute nach dem Landtagsschluß de 1758 verbunden, zur Vergewisserung der im Vorrath bleibenden Gelder, die das Jahr vorher aufgenommene Rechnung mitbringen zu lassen. Da

XII.

die Bauten in- und außerhalb der Klöster in den jährlich aufgenommenen Klosterrechnungen immer einen ansehnlichen und beträchtlichen Theil der Geldausgaben ausmachen, so soll zwar den Klosterhauptleuten erlaubt sein, alle Zimmer im Kloster und Amte an Dach, Sohlen und Wänden, nebst den Befriedigungen der Klostergärten, ohne fernere Anfrage, in gleichen die auf den Dörfern und Höfen befindliche Zimmer in baulichem Stande zu erhalten, falls die Pächter und Bewohner der letztern contractsmäßig nicht dazu verbunden, auch der Aufwand auf dergleichen Reparationes, nach beigebrachten specifiquen Belägen davon, in den Rechnungen passiret werden. Wann aber in den Wohnungen der Klosterhäuser, und zum Amte gehörigen Zimmern, item auf den Klosterdörfern und Höfen, etwas neues zu bauen; so soll solches den Herren Provisoribus angezeigt werden, welche dann nach Befinden der Nothwendigkeit die schriftliche Verordnung dazu zu ertheilen haben, die beim Schluß der Rechnung allemal in Abschrift mit beigelegt, sonsten aber erwähnter Klosteraufwand in der Rechnung nicht passiret werden soll. Wann ferner im Kloster und dessen Amte, auch auf den Dörfern und Höfen ganz neue Zimmer erbauet und angeleget werden müßten, so sollen Herren Provisores dem Lande mit den Bewegursachen zu solchem neuen Bau, nicht weniger mit dem Ueberschlag der dazu erforderlich sein mögenden Kosten, Anzeige machen, damit dann nach Verordnung des Landes der Bau angefangen werden könne.

Beim Schluß der Rechnung muß aber die Abschrift einer solchen Verordnung derselben beigeleget werden.

Sollte aber periculum und damnum in mora zu besorgen sein, so könnten Herren Provisores und Klosterhauptleute conjunctim neue Bauten veranstalten, wann die Fälle zutreffen, daß man keine Genehmigung des Landes erwarten kann.

Wegen der auf den Dörfern befindlichen Kirchen- und Wedemen-Zimmern werden nach dem Landes-Erb-Vergleich, sowohl die Reparaturen der alten, als auch die neuen Bauten, mittelst der von den Eingepfarrten zu leistenden Handdienste und Fuhren, von den Kirchengeldern eines jeden Orts besorget. Im Fall aber die Zimmer größer oder kostbarer gebauet werden sollen, so sollen Herren Provisores verbunden sein, die Bewilligung des Landes darüber einzuholen, und wann vom Kloster als Patrono, Gelder dazu hergegeben werden müßten, so ist ebenmäßig des Landes Bewilligung dazu erforderlich, und die Abschrift davon der Rechnung beizulegen.

XIV.

Da denen Herren Klosterhauptleuten die Oeconomica vorzüglich anvertrauet sind, so ist derselben besondere Obliegenheit, die richtige Verfertigung derer Rechnungen, die Einhebung aller Kloster-Einnahmen derselben richtige Distribuirung, die Verbesserung und Vermehrung der Pensionen, Meliorationes an Aeckern und Wiesen ꝛc. in denen Vorwerken und Dorfschaften, die Direction über das Forstwesen, die dazu gehörige Menage der Waldungen, deren Verbesferung durch jungen Holz-Zuzug, die Conservation der Jagd, und was überhaupt zu des Klosters Verbesserung und Vermehrung desselben Revenuen, und deren richtigen und ordentlichen Genießbrauchs gerechnet werden kann, in Obacht zu nehmen, zu dirigiren, und darüber zu halten, ferner auch auf Scheiden und Grenzen der Kloster-Ländereien und Grundstücke ein genaues Augenmerk zu haben, und durch den Küchenmeister haben zu lassen, damit deren Verkürzung, oder den deshalb geschehen mögenden Eingriffen, sofort vorgebeugt, und contra quoscunque vertheidigt werden könne. Wann aber neue Grenzen gemacht, oder regulirt würden, so würde dies allemal mit Zuziehung derer Herren Provisoren geschehen müssen. Inzwischen haben doch auch hiebei

XV.

in rebus arduis sich Herren Klosterhauptleute vorerst mit denen Hrn. Provisoribus und dem Syndico zu berathen, und wenn solches nicht hinlänglich, dem Lande behufige Anzeige zu machen, damit Stände selbsten, als Principales der Klöster, das Ihre und Ihre Jura wahrnehmen, und alles dazu Erforderliche vorkehren mögen.

XVI.

Wann nützliche Permutationes, Veräußerungen und Verkaufungen von Holz und Gütern sich ereignen sollten, so sind Hrn. Hauptleute schuldig und verbunden, zuvörderst deshalb mit den Hrn. Provisoribus Ueberlegung zu pflegen, und sodann um des Landes Meinung und Ratification nachzusuchen.

XVII.

Sind Herren Klosterhauptleute verbunden, die von einem Klosterpächter verlangte Remission jedesmal dem Lande anzuzeigen und begründet fürzustellen, außer dessen Ein- und Bewilligung aber keine Remission zu verstatten. Sollte

XVIII.

denen Kloster-Conventualinnen an ihrem Gehalt oder gebührenden Deputat wider Vermuthen etwas gekürzt, oder Ihnen beides nicht zu rechter Zeit, und wie es sich gebühret, gereichet werden, und sie sich deshalb an die Hrn. Provisores beschwerend melden, so haben diese zuvörderst mit dem Herrn Klosterhauptmann solcher Beschwerden halber zu conferiren, und demnächst denenselben abzuhelfen zu suchen. Ob zwar

XIX.

denen Herrn Klosterhauptleuten die Verpachtung einzelner Häuser und Wohnungen verbleibet, so sind doch die Hrn. Provisores zu denen Verpachtungen der Klostergüter, Meierhöfe, Mühlen ꝛc. zuzuziehen, und lieget dann auch bei entstehendem Fall, daß die vorige Pension nicht zu erhalten, nach dem Landtagsschluß de 1758, beiden ob, die Güter gehörig zu licitiren, und die Bauern, welche nicht im Stande sind, denen Pächtern ihre völlige Dienste zu leisten, in ein proportionirliches Dienstgeld zu setzen.

(XIII. und XX. betreffen resp. die Anfertigung eines vollständigen Inventariums, resp. die Einrichtung eines über die gesammte Verwaltung zu führenden Diariums.)

# Beilage Nr. 18.

## Verhandlungen, betreffend die Klosterfähigkeit, aus den Jahren 1664 bis 1844.

Im Jahre 1664 hatte des Herzogs Gustav Adolph Gemahlin Magdalena Sybilla an die Provisoren des Klosters Ribnitz ein Schreiben gerichtet, in welchem die Herzogin die Provisoren, — als welchen die Aufsicht dieses Klosters mit anvertraut sei, — bittet, es ins Werk zu setzen, daß ihres Hofmeisters von Lüttichau Tochter in das Kloster recipirt würde, zumal selbige, wenngleich ausländische Jungfrauen nicht gerne aufgenommen werden wollten, nicht eigentlich für eine Ausländische zu nehmen sei, indem ihre Mutter hier im Lande gezogen und geboren, ihre Voreltern auch unstreitig einheimische gewesen und überdies ihr Vater sich durch acquirirte liegende Gründe in diesem Lande zum Indigenat capable gemacht habe. — A. 1664.

Die Provisoren zeigten dieses Schreiben auf dem Deputationstage zu Rostock im Febr. d. J. der Ritter- und Landschaft vor, und antwortete darauf die letztere der Herzogin: obwohl die Grundgesetze dieses Landes ihr gewisse Maaße und Ziel vorschrieben, wie die von der landesfürstl. Obrigkeit ihr, der Ritter- und Landschaft, abgetretenen Klöster und vacirende Stellen besetzt werden sollten, so wollte sie doch aus den angeführten Motiven sich dahin erklären, daß die Aufnahme in das Kloster, jedoch ohne einige Consequenz, erfolgen sollte.

(Spalding Landtagsverhandlungen III. S. 492. — Das Schreiben und die Antwort finden sich vollständig abgedruckt im Extra-Sendschreiben an die bürgerlichen Rittergutsbesitzer p. p. S. 73—75.)

Ein Herr von Wickede hatte sich zu Ende des 17. Jahrhunderts in Mecklenburg ansässig gemacht und wollte seine Töchter in die Klöster einschreiben lassen, die Provisoren machten ihm aber dieserhalb Schwierigkeiten. Er wendete sich deshalb an die Landesversammlung, welche sub d. 11. Januar 1702 resolvirte: es sei dem Herrn von Wickede auf sein Memorial zu antworten: da es in den Herzogthümern Mecklenburg hergebracht sei, daß bei den der Ritter- und Landschaft abgetretenen Klöstern diejenigen, welche von den Ihrigen darin zu nehmen verlangen, vors erste ihren adlichen Stand, und daß diejenigen, welche darin verlangt werden, eingeborene Mecklenburgsche adeliche Jungfrauen seien, erweisen müssen, als würde dem Herrn Sollicitanten dieses zur Nachricht ertheilt, um seine mesures danach zu nehmen. Wann dieses obstacle gehoben, könne demselben nach Landesgebrauch hierunter favorisirt werden. B. 1702.

Diesen Injunctis suchte der Herr von Wickede zu genügen, indem er erstens nachwies, daß seine Töchter adelichen Standes seien, zweitens aber, des Indigenats wegen, oder daß dieselben eingeborene Mecklenburgische Jungfrauen seien, sich darauf berief, daß er, ihr Vater, schon seit geraumer Zeit drei adeliche Güter im Lande besitze, daß er vom Lehn- und Landesherrn darüber die Lehnbriefe erhalten und dagegen Lehn- und Homagial-Eid geleistet habe, hinfolglich von dem Herzoge für einen Vasallen und Landsassen, der wegen seiner adelichen Güter Stand und Stimme in comitiis provincialibus hat, erkannt, auf- und angenommen, und daher für sich und seine Kinder aller Prärogativen, Privilegien und Emolumenten des Mecklenburgischen Adels fähig und theilhaftig gemacht worden sei, indem ihm der Herzog durch Obiges ja offenbar das Indigenat im Herzogthum Mecklenburg plenissimo jure conferirt habe. Hierauf gestützt, bittet Sollicitant, den Provisoribus der adelichen Klöster zu committiren, daß wenn er sich bei ihnen wegen seiner Töchter anmelden würde, sie sodann gegen gebührliche praestanda, die letzteren einschreiben, und darüber die gewöhnlichen Exspectanzzettel ertheilen mögten.

Auf diesen vom 17. Mai 1702 datirten Antrag erfolgte in dorso des Schreibens die Resolution d. d. Malchin 8. Novbr. 1702: Wenn der Herr von Wickede vermöge Extractus protoc. vom 17. Januar h. a. den beiden Requisitis, als daß er 1) laut Beilage seinen Adel erwiesen und dann 2) seine Töchter hier im Lande geboren seit der Zeit er im Lande possessionirt gewesen, so ist resolvirt, daß wenn er bei den Herrn Provisoren dieserwegen sich gebührend melden wird, ihm in dessen Petito gratificirt werden könne.

(Extrasendschreiben p. p. S. 75—77.)

C. 1705. Auf eine Beschwerde des Obersten von Heine wegen verzögerter Exspectanzertheilung für seine Tochter resolvirte im Jahre 1705 auf dem Landtage die Ständeversammlung, daß, wenn der Oberst seine Person, wie andere bisher unbekannte Geschlechter in dergleichen Fall thun müssen, würde legitimirt haben, die Reception seiner Tochter in's Kloster Malchow nicht difficultirt werden solle.

(L. T. Protoc. d. d. Malchin d. 22. Septbr. 1705 p. 6.)

D. 1711. Sub d. 7. Septbr. 1711 beschwerte sich ein Herr von Woppersnow bei der Landtagsversammlung darüber, daß die Provisoren der Klöster Dobbertin und Malchow ihm das für die Reception seiner beiden Töchter in jedes dieser beiden Klöster dem Obristl. von Bassewitz (Klosterhauptmann) offerirte Einkaufsgeld nach Verlauf fast eines halben Jahres haben wieder retradiren lassen wollen unter dem Vorwand, daß, weil er im Stift Bützow gesessen, und im Lande keine Güter hätte, seine Töchter nicht aufgenommen werden könnten, während er doch nicht als Fremder könne angesehen werden, da er Lehn- und Allodialgüter im Lande besitze. Daher bittet er, die Verordnung ergehen zu lassen, daß das Einkaufsgeld anzunehmen und die Reception seiner Töchter in die Klöster nicht zu verweigern sei.

Auf diese Beschwerde erfolgte sub. d. 7. Septbr. das Conclusum: Obwohl der Supplicant ein im Fürstenthum Schwerin oder Stift wohnender Edelmann ist, gleichwohl er anjetzt docirt hat, wie er aus dem Lande Mecklenburg gebürtig und sowohl seine Lehn- als Allodialgüter in den Herzogthümern Mecklenburg habe, so ist resolvirt, daß dessen beide Fräulein Töchter resp. ins Kloster Dobbertin und Malchow als Conventualen eingeschrieben und die Exspectanz-Briefe praestitis praestandis a dato ertheilt werden mögen.

(Extrasendsch. S. 79.)

E. 1714. Der im Jahre 1714 am 26. Septbr. eröffnete Landtag wurde am 16. Octbr. durch Publication eines Landtagsschlusses geendigt, der den Anwesenden von der Ritterschaft so beschwerend erschien, daß sie sich bewogen fanden, davon sogleich ad Augustissimum zu appelliren. Die Versammlung bestand nach der Registratur des Landessecretairs nur noch aus den drei Landräthen, den beiden Landmarschällen, vier adeligen Rittern und dem Rostockschen Bürgermeister, im Ganzen also zehn Personen. Nachdem nun in ihrer Gegenwart jene Appellation beschafft war, fanden sie für gut, noch einige Klostersachen abzuthun und brachten sie alsdann einen Schluß zu Protocoll, welcher so lautet:

Ferner ist man auch in Erfahrung gekommen, daß sich einige in die Klöster einschreiben lassen wollen, so nicht von einheimischen alten Adel noch davor bekannt sind. Da die Klöster aber von solchen alten einheimischen Adel durch unsere Vorfahren acquiriret, gestiftet und benificiret sind, so ist anjetzo bebeschlossen, daß wenn dergleichen vorgefallen sein sollte, welches man jedoch nicht hoffete, ein solches, als den legibus patriae allerdings entgegen, pro non concluso et non concesso gehalten sein soll, dahero ihnen denn, wenn etwa Geld auf die Expectanz ausgezahlt, solches nebst denen Zinsen a die solutionis und was sie sonst ausgezahlet, von dem Kloster wieder ausgezahlet werden solle, weil man durchaus hierin Niemand, er sei wer er wolle, gratificiren, noch casus pro Amico gelten lassen kann.

Damit nun dies zu so viel besserer Observation kommen könne, soll denen Herren Provisoribus hievon Notize gegeben werden, damit sie hierüber mit Ernst und Nachdruck halten, und wenn Jemand sich bei ihnen melden sollte, dessen Geschlecht als zu den alten Mecklenburgischen Familien gehörig nicht vollkommen bekannt, mit diesem Concluso sich entschuldigen sollen, was auch dagegen per errorem eingeschlichen sein könnte.

In dem Landtagsprotocoll d. d. 8. Octbr. 1715 (p. 53) heißt es: F. 1715.

Wenn man aus der Designation der jetzigen Heb- und Expectanten-Fräulein ersehen, daß darin zwei, nämlich Nr. 13 Catharina Sophia von Wickede von Tolzin, und Nr. 14 Friederika Maria von Heinen von Gottin enthalten, welche Geschlechter hier im Lande unbekannt, so wird den Herrn Provisoribus und Herrn Hauptmann hiemit committirt, dieselben dahin anzuweisen, daß sie erweisen, von altem einheimischen Adel zu sein, widrigenfalls und bei dessen Verbleiben denselben nach Maaßgebung des Landtagsprotocolls vom 16. Octobr. 1714 ihr ausgegebenes Capital mit Zinsen, Provisoren- und Küchenmeisters-Gebühr von den Klostergeldern wieder gethan werden soll; jedoch, daß die Heb-Fräulein an den bisherigen Hebungen nicht verkürzt werden, und würden sie sich sodann keine Klosterstellen anzumaaßen gefallen lassen, die sie nach den Gewohnheiten und Observanzen nicht bekleiden könnten.

Ueber das Fräulein von Wickede findet sich keine weitere Nachricht, das Fräulein von Heine aber soll noch laut L. T. Schl. von 1738 gestrichen werden, weil sie nicht von einer alten mecklenburgischen Familie und laut L. T. Schl. von 1723 nicht in das Kloster kommen könne; ihr Einschreibegeld soll sie mit Zinsen zurück erhalten. (Franck A. u. N. M. XVIII. p. 236.)

In dem Coventsprotocoll d. Rostock 16. November 1715 (p. 88) G. heißt es: 1715.

Ferner zeigte der Herr von der Lühe auf Schulenburg, als Provisor des Klosters Ribnitz an, daß der Herr Obriste von Lützow vom Schulenburgschen Regiment, in Dänischen Diensten, angehalten, daß seine Tochter, so ihm vor einem halben Jahre geboren, in das Kloster Ribnitz gegen Erlegung der gewöhnlichen Einkaufsgelder eingeschrieben würde.

Weil er nun hierüber sich einen Zweifel gemacht, indem dessen Vater in Mecklenburg keine Güter bewohnet, so wollte er gerne informirt sein, ob seinem petito zu deferiren wäre. Als man sich nun dieserwegen erkundigt und vernommen, daß er von altem einheimischen Adel ohne einigen Dispüt sei und noch dazu sein Großvater, zu Hülseburg wohnend, Landmarschall gewesen und dem Lande gute Dienste gethan, obschon des Herrn Obristen Vater sich in Mecklenburg nicht niedergelassen, so findet man, daß dieses dem Mecklenburgischen Adel nicht nach den Gütern, sondern der Familie zukommenden Beneficium, ihm auch nicht zu versagen sei, daher die Herren Provisores keine Difficultät machen könnten, die Einschreibung gegen Erlegung der gewöhnlichen Einkaufsgelder zu veranstalten.

H. 1723. In dem Landtagsprotocoll vom 30. Octbr. 1723 (p. 33) heißt es: Herr Hauptmann v. d. Osten:

Es wären ihm zwei Memorialien, nämlich des Herrn von Brockhusen und des Herrn von Engel, die Einschreibung deren Fräulein Töchter betreffend, um sich mündlich darüber vernehmen zu lassen, communicirt worden. Er müsse hiebei anzeigen, daß diese Sache nicht ihn, sondern die Herren Provisoren anginge, als welche die Einschreibung besorgen müßten. Weil er aber immer zugegen, so geschehen dergleichen Anfragen an ihn, und hätte er ihnen zur Antwort gegeben, daß er auf sie und ihre Familien nichts zu sagen hätte, es wäre ihm aber bekannt, daß 1715 und 1721 auf den Landtagen dieserwegen etwas abgefaßt wäre, weshalb er genöthigt würde, kein Geld eher anzunehmen.

Herr Obrist von Kayserling, nomine des Herrn von Brockhusen bittet auf das gestern übergebene Memorial des Herrn von Brockhusen der Herrn Landräthe Votum aus, versichert dabei, es würde ein jeder von den eingekommenen ausländischen oder Familien des Stargardschen Kreises, der sich legitimiren könnte, dasjenige was wegen der Recipirung das Land setzen und recht finden würde. der Billigkeit nach sich gefallen lassen, man würde aber in Consideration ziehen, daß die zu Recipirenden sich jederzeit als rechtschaffene Patrioten aufgeführt; inzwischen bittet er, nomine des Herrn von Brockhusen, daß dessen Fräulein Tochter während auszumachender Sache niemand vorgezogen werden möge.

Sämmtliche Herrn Landräthe, Landmarschälle, wie auch deputatus Rostochiensis referiren sich wegen des Herrn von Brockhusen auf die von dem Herrn Obristen von Kayserling ad Protocollum abgegebene Erklärung und wird solchem nach eine löbl. Ritterschaft nur zu determiniren haben, wie hoch etwa das Quantum, der Billigkeit nach, gesetzt werden solle.

In simili würde auch mit dem Herrn Oberforstmeister von Jürgens zu verfahren sein.

Hiernächst ist verlesen das Memorial des Herrn Hauptmanns von Winterfeldt, wie auch die von dem Herrn Klosterhauptmann von Bassewitz übergebene Species facti, betreffend die dem Herrn von Winterfeldt und der Frau Jägermeisterin von Bülow verweigerte Einschreibung deren Töchter in das Kloster Dobbertin.

Und weil der Herr Klosterhauptmann von Bassewitz von den Herrn Landräthen zu wissen verlanget:

1) ob er Recht daran gethan habe, daß er die Einschreibung bis auf diesen Tag verwiesen, und

2) ob die verlangte Einschreibung zu admittiren sei, so gehet deren Votum

ad. 1) dahin, daß er hierunter vorsichtig gehandelt und denselben kein Unrecht zugefüget habe; der von Winterfeldt also keine Ursache finde, sich über ihn zu beschweren;

ad. 2) finden dieselben die Sache von der Erheblichkeit, daß sie ihr Votum darüber nicht eher abgeben können, bis sie zuvor das Memorial selber, als auch die desfallsigen beim Lande befindlichen Nachrichten und Landtagsbeschlüsse nachgesehen, um sich von den wahren Umständen und der

Beschaffenheit der Sache völlig zu informiren. Wenn solches geschehen, würden sie nicht ermangeln, das verlangte Votum darüber abzugeben.

Ebendaselbst pag. 37.

Ferner ist verlesen das Memorial des Herrn Hauptmann von Kracwitz auf Briggaw, die verweigerte Einschreibung dessen Fräulein Tochter ins Kloster Dobbertin betreffend, daß nachdem derselbe ein Document von dem fürstlichen Secretario zur Nebden beigebracht und solches die völlige Legitimation mit sich führe sich kein Zweifel finde, daß dessen Fräulein Tochter ins Kloster eingeschrieben werden könne.

Herr Hauptmann von Bülow, als Provisor des Klosters Dobbertin:

Weil jetzt vorkäme, daß es alte Familien sein müßten, welche ihre Töchter in die Klöster schreiben lassen wollten, so hätte er, da der Herr von Strisdorf sich dieserwegen bei ihm angegeben, seine Fräulein Tochter in das Kloster Dobbertin eingeschrieben zu haben und anführte, daß Panckow sein Lehngut wäre, anfragen wollen, ob selbige admittirt werden könnte.

Hierauf ist von der anwesenden Ritterschaft resolvirt, daß da es eine alte Familie wäre, die verlangte Einschreibung nicht verweigert werden könnte.

Ebendaselbst pag. 38.

Ueber die obige Angelegenheit gaben sämmtliche Landräthe, Landmarschälle und der Rostockſche Deputirte am 31. Octbr. folgendes Votum zu Protocoll:

Es hätten dieselben nicht ermangelt, diejenigen ante acta, so von solcher Materie gehandelt nachzusehen, da sie denn aus dem Landtagsprotocoll de a. 1702 d. 11. Januar und aus dem d. d. Sternberg d. 15. Octbr. 1715 ersehen hätten, wie die beiden hiebei communicirten Extracte zeigen würden, daß der Schluß ratione dererjenigen, so von den adelichen Familien eingeschrieben werden wollen, dahin ausgefallen, daß dieselben:

1) ihren adelichen Stand,
2) daß sie eingeborne Mecklenburgsche adeliche Jungfräulein sind, erweisen sollen.

Weil nun Exempel in den Klöstern vorhanden, daß, obgleich die Mutter der eingeschriebenen nicht adelichen Standes, sondern solches nur von väterlicher Seite zu erweisen, daß sie von einem alten adelichen Geschlecht herstammen, man auch desfalls in den Landes-Conclusis keinen expressam legem finde; so ginge gesammter Hl. Landräthe, Landmarschälle und deputati Rostochiensis unvorgreifliche Meinung dahin, daß in Consideration dessen quoad praeteritum nichts geändert und also so wenig dem Herrn Hauptmann von Winterfeldt als der Frau Jägermeisterin von Bülow die Einschreibung ihrer Töchter versagt werden könne. Im Fall aber gesammte Ritter- und Landschaft der Herzogthümer Mecklenburg hierin eine Aenderung vorzunehmen sich vereinigte, so würde solches nicht anders als auf das künftige zu extendiren sein, und wolle man angerathen haben, während dieses Landtages desfalls etwas schriftliches festzusetzen und eine Constitution zu machen.

— — — — — — — — — — — — — — — — — — — — — — — —

Hierauf hat die anwesende Ritterschaft resolvirt, aufs künftige eine Verordnung zu machen, wie es mit den in die Klöster einzunehmenden Familien gehalten werden soll, und ist der einmüthige Schluß dahin ausgefallen, daß der Vater von solchen in denen Klöstern einzuschreibenden Fräuleins von altem Mecklenburgischen Adel abseiten der Mutter aber wenigstens derselben Eltern von Kayserl. Majestät geadelt sein sollen, welches denn nun solchergestalt von gesammter Ritterschaft festgestellt ist, daß von dato an solche Constitution ihre Kraft heben soll, und wird solches den Herrn Provisoribus der Klöster hiemit kund gethan, damit dieselben mit Einschreibung derjenigen, so es verlangen, sich darnach richten können.

Was aber die verlangte Einschreibung der Töchter des Herrn Hauptmann von Winterfeldt und der Frau Jägermeisterin von Bülow betrifft, inhärirt die Ritterschaft dem dieserwegen von den Herrn Landräthen und Landmarschällen und deputato Rostochiensi abgegebenen Voto, daß dieselben, weil sie sich vorher gemeldet, ehe diese neue Verfassung gemacht, recipirt werden können, unerwogen des Mißbrauchs, wodurch solches eingeschlichen, indem Niemand eingeschrieben werden kann, der nicht von uncontradicirlichem Adel entsprossen.

— — — — — — — — — — — — — — — — — — — — —

(Dieser Landtagsschluß ist nach Wolffs Repertorium S. 283 in den Jahren 1762, 1766 und 1771 erneuert worden.)

J. 1737. Nachdem im Jahre 1737 den Städten drei Stellen im Kloster Dobbertin zugestanden worden waren (S. unten Beil. N. 20 Litt. Q.). so traten am 16. Novbr. die Bürgermeister aus Parchim und Güstrow zusammen, um sich zu besprechen, mit welchen Personen die beiden neuerlangten Stellen zu besetzen und wie es in Zukunft mit den Einschreibungen und den Exspectanzen zu halten sei.

Sie vereinbarten sich hierauf ohne Neubrandenburg mit dazu zu ziehen; denn sie meinten, weil sie sich die meiste Mühe um diese Stellen gegeben, daß sie auch wohl die Nächsten dazu sein könnten; da denn der Hofrath Busse für seine Tochter Anna Elisabeth die eine Stelle, und der Hofrath Storch für seine Tochter Catharina Lucia die andere nahm. Die erste Stelle hatte noch die obgedachte Jungfer Beselin. Daneben verabredeten sie, daß zu solchen Stellen keine andere sollte befördert werden, als deren Eltern sich um die Städte wohlverdient gemacht oder noch machen könnten. Wer sein Kind wolle einschreiben lassen, der sollte sich bei den Vorderstädten melden, von denselben Vorschriften empfangen und das gewöhnliche Einschreibegeld an die Provisores bezahlen, welche darauf die gesuchte Exspectanz ertheilen würden. Es blieb also den andern Städten wenige Hoffnung zu solchen Stellen übrig; obwohl ihre Vorfahren mit zur Stiftung der Klöster geholfen und bei der Ueberlassung anno 1572 mit gesteuert hatten, auf welchen letzteren Grund sich allezeit die Vorderstädte bezogen, wenn sie von mehreren Klosterstellen gesprochen, jetzo aber solchen aus der Acht ließen.

1738. Im folgenden Jahre 1738 beklagte sich der Bürgermeister Keller von Neubrandenburg auf dem Convente zu Rostock, daß die Bürgermeister aus Parchim und Güstrow, die neuen Stellen im Kloster Dobbertin sofort mit ihren Töchtern besetzt, auch noch drei andere Conventualinnen einschreiben lassen; da doch Neubrandenburg gleichfalls eine Vorderstadt wäre. Herr Hofmeister von Glöden vermahnte sie, sich in der Güte zu vergleichen, sonst würde der Fürstliche Hof sich bald darin mischen und viele Weitläufigkeiten verursachen. Parchim und Güstrow ließen sich also gefallen, daß auch Neubrandenburgische Töchter könnten eingeschrieben werden, doch wollten sie sich das Directorium vorbehalten, und sollte bei ihnen die Anmeldung geschehen. Wie aber Keller hiemit nicht friedlich war, so ward dem Engern-Ausschuß aufgetragen, diese Streitigkeit in der Güte beizulegen.

Auf dem nächsten Convent wiederholte Keller sein Gesuch und bat den E.

A. um seine Intercession, widrigenfalls er sich an seinen Landesherrn wenden müßte. Landrath von Plüskow vertröstete ihn damit, er wollte es dem Lande hinterbringen; sollte die Güte verfehlt werden, so wollte er eine gerichtliche Entscheidung anrathen.

(Frank A. u. N. M. XVIII. p. 201 ff. 208, 213 und 225.)

Landtagsprotocoll vom 19. November 1766. K. 1766.

Herr Bürgermeister Wennmohsen, nomine der Städte:

Städte haben schon in einigen Landtagen ihre Unzufriedenheit bezeigt, daß bei Eintritt des letztüberstandenen Kriegs und während desselben in den Dobbertin- und Malchowschen Landesklöstern einige Demoiselles eingeschrieben werden, welche nicht aus ihren Mitteln, sondern aus andern ungehörigen Ortern entsprossen. Der Landesvergleich §. 124 bestimmt es ratione der vollen Hebungen auf das Herkommen, wovon bekannt, daß zu Dobbertin niemals eine andere Demoiselle, als aus den Landstädten und zwar nach vorgängiger Attestation der Vorderstädte eingeschrieben worden.

Die halben Hebungsstellen hingegen, so durch den Landesvergleich neu hinzugekommen, sind nach dem §pho. 125 privative den Landstädten zugebilligt und schließen also vollends alle übrigen aus.

Um nicht in Unannehmlichkeiten jetzo zu verfallen, wollen Städte wegen der ungehörig eingeschriebenen Personen sich nur mit dieser General-Gegensprache verwahren, fürs künftige aber, ersuchen sie ein löbl. Plenum hierüber die gemeinsame Entschließung dahin zu nehmen, daß von den Herrrn Provisoren und Klosterhauptleuten keine Einschreibung einiger Demoiselles verstattet werde, welche nicht mit solchen attestatis wie von Alters her beim Kloster Dobbertin eingeführt, von den Vorderstädten wegen ihrer Geburts-Habilität versehen sind.

Die Herrn Rittmeister von Schack auf Wendorf und Herrn von Blücher auf Gorschendorf geben ad Protocollum:

Auf den Antrag der Landschaft in Betreff der Einschreibung ihrer Töchter in den Klöstern, würde denen Herrn Provisoribus aufgetragen, auf deren Anregung pro futuro in alle Wege Attention zu nehmen.

Landtagsprotocoll vom 30. Novbr. 1771. L.

Herr Senator Kuetemeier aus Suerin, Herr Bürgermeister Wulffleff aus Malchin gaben hiernächst ad Protocollum: 1771.

Es wäre aus dem Verzeichniß der bürgerlichen Conventualinnen des Klosters Dobbertin bemerkt, daß die Tochter des Herrn Professors Trendlenburg in Bützow recipirt worden. Die Landschaft könne dies nicht zugeben, da der Vater zu den Magistratsgliedern einer Stadt nicht gehöre, ja sogar im Stift oder Fürstenthum Suerin wohne. Die Herren Provisores und Klosterhauptmann würden also belieben, den Receptionsschein wieder einzuziehen und Sie, die junge Trendlenburg aus dem Verzeichnisse auszulassen, voraus, da die Landschaft es beim Landtagsprotocoll vom Jahre 1767 genau bestimmt, wie es mit Reception bürgerlicher Conventualinnen zu halten, mit welcher Bestimmung diese Reception aber nicht bestehe.

Sie die Landschaft verspreche sich ferner, daß Herrn Provisores und Klosterhauptmann künftig in Ertheilung der Receptionsscheine an bürgerliche Conventualinnen lediglich jenes Landtags protocollum sich anempfohlen sein zu lassen, von selbst geneigen werden.

Herrn Provisores des Klosters Dobbertin gaben hiernächst ad Protocollum:

Sie hätten den Landstädten mehrere Bescheidenheit zugetraut, daß sie ihnen keinen so unzeitigen und übereilten Vorwurf würden gemacht haben, als gestern über die Einschreibung der Tochter des Herrn Professors Trendlenburg zu ihrem Mißvergnügen geschehen sei. Sie beziehen sich überhaupt ganz unrecht auf das Landtagsprotocoll von 1767 und es kommt doch nur in dem von 1766 etwas vor.

Wenn die Landstädte dies Protocoll vorher nachgelesen hätten, so würden sie mit ihrer übereilten Bemerkung zurückgeblieben sein.

Sie haben derzeit nichts weiter gewollt, als daß keine Demoiselles eingeschrieben werden sollten, welche kein Attestat der Vorderstädte vorzuweisen hätten. Ein solches Attestat hat der Herr Professor Trendlenburg uns eingeliefert, und wenn die Landstädte glauben, daß dessen Tochter nicht einschreibungsfähig sei, so könnten sie den Vorderstädten, welchen sie subordinirt sind, Vorwürfe machen, aber nicht uns, da wir an die Atteslate gewiesen sind.

Herr Hofrath von Wyck, Namens der Vorderstädte:

Es wäre Namens der Landschaft ein dictamen zu Protocoll gekommen, worin wider die Einschreibung der Demoiselle Trendlenburg zur Dobbertin'schen Klosterstelle protestirt werden wollen. Es würden aber diejenigen Herrn Deputirte von Städten, welche daran Theil nehmen, sich namhaft zu machen belieben, indem gesammte anwesende Deputirte von Städten damit keineswegs einig wären. Particuläre Beschwerden gehörten ohnedem nicht zum Landtage.

Herr Senator Kuetemeier aus Schwerin, und Herr Bürgermeister Wulffleff aus Malchin gaben ad Protocollum:

Die gestrige Antwort der Herrn Provisoren des Klosters Dobbertin auf das begründete Verlangen der Landschaft in Rücksicht der recipirt gewordenen jungen Trendlenburg sei dem Landtagsprotocoll de 1766 (das Jahr 1767 ist nur aus Versehen allegirt) sowenig beistimmig, als die darin befindlichen Ausdrücke von „Mangel der Bescheidenheit" „unzeitig und übereilt" sich mit dem Verhältniß, worin die Herrn Provisores sich gegen die Ritter- und Landschaft befinden, vereinigen lassen.

Die Landschaft wolle also die ganze Antwort vielmehr auf Rechnung des Concipienten, des Kloster-Syndici schreiben, diesen aber zur Zeit auf das vorig jährige Beispiel mit dem Ribnitz'schen Kloster-Syndico führen und das Weitere gegen ihn vorbehalten.

Von den Herrn Provisoribus aber verspricht die Landschaft sich das ganz zuverlässig, was sie in ihrem dictamen vom 2. d. desiderirt hat.

Der bloße Anweisungsschein der Vorderstädte giebt den Herrn Provisoribus noch nicht die Befugniß zu recipiren. In diesem Schein soll die Geburts-Habilität der zu Recipirenden enthalten sein, dies besagen die dürren Worte des Landtagsprotocolls de 1766 und wenn es daran mangelt, so ist selbst der Schein verwerflich und Provisores müssen die Reception verweigern.

Die Geburts-Habilität ist kurz zuvor in dem nämlichen Protocoll beschrieben. Die Demoiselle soll aus den Mitteln der Städte, das ist, in der Regel von einer Magistratsperson entsprossen sein, die Trendlenburg aber ist die Tochter eines professoris.

Zur Habilität gehört ferner, daß die Demoiselle nicht aus unbehörigen Oertern entsprossen; der Trendlenburgen Vater aber wohnt in Bützow im Stift Schwerin, welches so wenigen Antheil an den Klöstern hat, daß vielmehr dasselbe zu deren Acquisition nicht allein nichts beigetragen, sondern im Gegentheil hievon nach dem Herzoglichen Special-Revers vom 4. Juli 1572 ausdrücklich eximirt worden.

Hat es nun aber in dem Vorderstädtischen Schein an der Geburts-Habilität der Trenblenburgen ermangelt, ist nämlich darin nicht enthalten, daß sie die Tochter einer Magistratsperson aus einer Landes-Stadt sei, so besteht deren geschehene Reception mit dem mehrbesagten Protocoll nicht, und wenn die Herrn Provisores gleichwohl jenem Schein Glauben gegeben, so haben sie sich an Vorderstädte zu halten.

Bloß in dem Fall, da diese eine unrichtige Geburts-Habilität in einem Scheine angegeben, nämlich eine Demoiselle für eine Tochter einer Magistratsperson aus einer Landesstadt beschrieben, die sie nicht ist, hält die Landschaft sich an Vorderstädte und nicht an Herrn Provisores.

Letzlich haben diese sehr fehlsam der Subordination der übrigen Städte unter den Vorderstädten gedacht. So wenig es sich gedenken läßt, daß Ritter- und Landschaft ihrem collegio repraesentativo, dem Engern-Ausschuß subordinirt ist, sowenig sind auch Städte den Vorderstädten subordinirt, als welche bloß die Special-Repräsentanten des Corps der Städte außer Landtagen und Conventen sind.

In dem Vergleich zwischen den Vorderstädten Mecklenburgischen- und Wendischen-Kreises und den übrigen Städten dieser beiden Kreise d. d. Rostock 31. März 1789 (Mantzel Staatscanzlei I. S. 265 ff.) heißt es sub Nr. 1: M. 1789.

Die sich künftig in der Zwischenzeit von einem städtischen Convent zum andern oder auch auf denselben selbst zu Concessionen auf die bürgerlichen Klosterstellen in den drei Landesklöstern Dobbertin, Malchow und Ribnitz anmeldenden Competenten erhalten nach vorgängiger von der Städtischen Conventsversammlung geschehenen Prüfung ihrer Qualification und sonstiger eintretender Umstände, auch in Concurrenzfällen mehrerer Competenten zur Verhütung aller Gratifications-Vorwürfe eingeleiteten Bestimmung ihres Vorzugsrechtes durch das Loos ihre Begünstigung aus der Beschließung des in Conventu versammelten Corps der Städte und aus Auftrag desselben die der Beliebung nach nicht zu verweigernde Concession durch Vorderstädte und zwar in dem diesen Auftrag in specie ausdrückenden Formular:

> Wir Bürgermeister und Rath der Vorderstädte Parchim und Güstrow ertheilen aus Auftrag und in Vollmacht des auf dem jüngsten Convent versammelt gewesenen Corps der Städte dem Herrn N. N. für seine Tochter N. N. die Concession auf die nächste nach der zuletzt exspectivirten Stelle im Kloster N. N. zu N. N. Hebung, um Kraft derselben sofort jetzt darnach von der Behörde die Einschreibung zu erlangen, hiedurch wissentlich unter der Vorderstädte Insiegeln und der Stadtsecretarien Unterschrift.
>
> Ausgefertigt zu Parchim den — — und zu Güstrow den — —
>
> (L. S.) (L. S.)

Gleich nun in der Folge keine Competentin für gültig und beständig exspectivirt zu achten ist, mithin zur wirklichen Aufnahme und Perception zu gelangen Hoffnung haben soll, die nicht auf solche Wege und Weise zur Concession gelangt ist, also soll übrigens das, was in der vergangenen Zeit anders geschehen, nicht weiter untersucht, mithin auch den bisher ertheilten Concessionen nichts von ihrer Kraft und Gültigkeit entzogen werden.

Schon vor diesem Vergleiche richteten die Städte der beiden Kreise unterm 11. April 1788 ein Schreiben an die Vorsteher der Klöster Dobbertin und Malchow, worin sie dieselben beauftragten, keine Einschreibung in die Liste der städtischen Conventualinnen geschehen zu lassen, insoferne nicht der vorderstädtischen Concession ein Extract aus dem städtischen Conventsprotocoll zum Beweise der von den Städten dazu ertheilten Genehmigung, angelegt sein würde. Hievon machten die Klostervorsteher der Landesversammlung 1788 die Anzeige und beschloß diese darauf:

daß bis dahin, daß hierüber eine Vereinbarung getroffen würde, die Sache in statu quo bleiben müsse.

Die Städte behielten sich hiegegen alle Zugeständnisse vor.

(Wolff Repert. Erste Fortſ. S. 131.) S. hiezu ferner den Vergleich der Stargardt'schen Städte vom 5. Janr. 1791. Mantzel Staatscanzlei II. S. 331 ff. sub Nr. 7.

N. 1822. Landtagsprotocoll d. d. Malchin d. 22. Novbr. 1822 p. 113.

Herr Landrath von Oertzen auf Kotelow Namens des Engern-Ausschusses: Auftragsmäßig hat der Engere Ausschuß die vom jüngsten Landtage dahin vorgeschlagene Bestimmung:

daß die weiblichen Nachkommen der von nun an etwa in den eingebornen Mecklenb. Adel zu Recipirenden nur dann in die Klöster geschrieben werden können, wenn ihre Väter einen Grundbesitz und ein Domicilium in Mecklenburg haben, oder, im Fall wo die Väter bereits gestorben sind, bei deren Tod gehabt haben, —

zur Beschlußnahme auf gegenwärtigem Landtage intimirt und wird also über diesen Vorschlag nunmehr ein Beschluß zu fassen sein.

p. 226. (28. Novbr.)

Auf 81. E. A. Proposition geben Namens der eingebornen Ritterschaft Hr. Kammerherr von Vieregge auf Altenhagen, Hr. Baron von Maltzan auf Peccatel zum Protocoll:

Man beschlösse dasjenige zu genehmigen und als Beschluß festzustellen, was die 81. E. A. Proposition zum gegenwärtigen Landtage hinsichtlich der Folgen der Reception der zu Recipirenden für deren weibliche Nachkommen in Gemäßheit des vorigen Landtages intimiret.

O. 1843. Großherzogl. Mecklenb. Schwerin'sches Rescript an den E. A. von Ritter- und Landschaft vom 9. Octbr. 1843.

Wir haben es für einen Uebelstand erkannt, daß die Revenuen aus den Landesklöstern nach dem jetzt bestehenden Verfahren hinsichtlich des Genusses der Klosterstellen zu einem großen Theile sowohl ins Ausland versandt, als auch von solchen Conventualinnen bezogen werden können, welche eigentlich nicht mehr Mecklenburgerinnen sind. Es erscheint daher nöthig, darauf Bedacht zu nehmen, Einrichtungen zu treffen, wonach der Genuß der Klosterstellen fundationsmäßig mehr nur wirklich inländischen Jungfrauen zu Theil werden dürfe, etwa dahin, daß das Domicil der Väter in Mecklenburg zur Zeit der Einschreibung die Regel bildet und auswärts domicilirende Mitglieder des eingebornen und recipirten Adels nur dann ein Recht zur Einschreibung ihrer Töchter haben, wenn sie Descendenten 1. Grades von im Lande domicilirenden oder bei ihrem Tode domicilirt habenden Mitgliedern des eingeb. und recip. Adels sind; künftig neurecipirte, sowie die durch bloßen Zeitablauf für recipirt zu achtenden Mitglieder des eingeb. und recip. Adels haben das

Einschreibungsrecht nur dann, wenn sie zur Zeit der Einschreibung Besitzer eines Mecklenb. Landgutes waren.

Landtag von 1844, 9. December. P. 1844.

Herr Obristl. von Bassewitz auf Schimm, Hr. Cammerherr von Plessen auf Dolgen, Hr. Geh. Justizrath von Oertzen auf Leppin gaben zu Protocoll:

1) Es ist durch ältere Landtagsschlüsse in Rücksicht der Ahnen, welche von Töchtern aus Familien des eingebornen und recipirten Adels bei deren Einschreibung in die drei Landesklöster nachzuweisen sind, festgesetzt, daß schon die Großeltern der Einzuschreibenden entweder adlig geboren oder doch vom Kaiser geadelt sein müssen. Da nach Auflösung des Deutschen Reiches die Ertheilung des kaiserlichen Adels im Sinne jener älteren Landtagsbeschlüsse nicht mehr stattfinden kann, so scheint sich eine den veränderten Zeitumständen entsprechende Modification der erwähnten auf die Ahnenprobe bezüglichen Bestimmung etwa dahin zu empfehlen, daß in allen Fällen, in welchen es auf Nachweisung des Adels zum Zweck der Einschreibung von Töchtern aus Familien des eingeb. und recip. mecklenb. Adels in die drei Landesklöster ankommt, auch derjenige Adel anzuerkennen sei, welcher dem zu Zeiten des Deutschen Reichs vom Kaiser verliehenen Adel gleich zu achten, und, sollte es, um dies in Zweifelsfällen zu entscheiden, auf die ausdrückliche Anerkennung beider allerdurchl. Landesherrn und nur auf diese ankommen.

2) Ebenso dürfte es sich empfehlen, daß der Landtagsbeschluß vom 28. November 1822, wonach die weiblichen Nachkommen der künftig in den Mecklenb. eingebornen Adel zu Recipirenden nur dann in die Klöster eingeschrieben werden können, wenn ihre Väter einen Grundbesitz oder ein Domicilium in Mecklenburg haben oder zur Zeit ihres Todes gehabt haben, nicht bloß auf die Recipirten und deren weibliche Nachkommen beschränkt bleiben, sondern überhaupt für alle diejenigen Familien und deren weibliche Nachkommen zur Anwendung kommen, deren Aufnahme in den Mecklenb. eingebornen Adel, sei es durch Agnition, oder durch Reception künftig erfolgen wird.

Indem wir uns erlauben, diese Punkte zur Intimation auf dem gegenwärtigen Landtage in der Art zu empfehlen, daß darüber auf dem nächsten Landtage von dem Corps des eingeb. und recip. Adels von der Ritterschaft und von der Landschaft ein gemeinsamer Ritter- und Landschaftlicher Beschluß gefaßt werde, empfehlen wir uns der Hochansehnlichen Landtagsversammluug so angelegentlichst als gehorsamst. — Ueber diesen Antrag, obwohl intimirt, kam es auf dem Landtage von 1845 doch deshalb nicht zu einem Beschlusse, weil die Landschaft unter Protestation gegen die neu beliebte Fassung: „von dem Corps des eingeb. und recip. Adels von der Ritterschaft und von der Landschaft" den Antrag als Stand ablehnte.

(s. Zehntes Sendschreiben 2c. S. 201.)

# Beilage Nr. 19.

## Verhandlungen und Beschlüsse, betreffend den Modus der Vergebung der Klosterstellen, die Einschreibungen, Exspectanzen und das Einkaufsgeld, aus den Jahren 1666 bis 1798.

A. 1666. Auf dem Landtage zu Rostock anno 1666 zeigten am 3. Mai die Vormünder der A. E. Voth an, daß der H. Voth zum Güldenhorn 11 unmündige Kinder hinterlassen, wovon jene Curandin sie verschiedentlich ersucht, die Versehung zu thun, daß sie in eines der einländischen der Ritter- und Landschaft zugehörigen Klöster auf- und angenommen werden mögte, daher sie hierum gebeten haben wollten. Hierüber ward beschlossen, daß derselben die erste vacirende Stelle in einem der einländischen Klöster hiemit zugesagt sein sollte. (Spalding L. T. Verh. IV. S. 65.)

Auf dem Landtage zu Schwaan anno 1668 wurde am 21. Decbr. beschlossen, daß an die Provisoren des Klosters Malchow nomine der Ritter- und Landschaft geschrieben und angehalten werden sollte, Inhalts des Landtägigen Conclusi d. 3. Mai 1666 die Jungfer Vohten bei dieser Vacanz ins Kloster Malchow zu recipiren, so auch geschah. (Ebendas. S. 332.)

B. 1669. Auf dem letzteren Landtage bat am 18. Janr. 1669 der Glöde nomine der Ritterschaft Güstrowschen Theils, ad Protocollum zu bringen, daß, weil sich befünde, daß 23 Jungfern von Suerinscher Seite, dagegen aber nur 7 von Güstrowscher Seite in den dreien Klöstern aufgenommen wären, und gleichwohl ein Theil sowohl, wie der andere dazu gleichberechtigt sei, hinkünftig darunter eine durchgehende Gleichheit observirt und die Provisores dahin angewiesen werden mögten; der Landmarschall Lützow bat, diesen Punkt, weil man Suerinscher Seits jetzo gar schwach wäre, bis auf künftigen Landtag auszusetzen. (Spalding B. IV. 349.)

C. 1689. Im Jahre 1689 machte Ritter- und Landschaft die Verordnung, daß die Provisoren zur Zeit immer nur zwei Jungfern einschreiben sollten. (Frank A. und N. M. XVI. S. 34.)

D. 1694. Im Landtagsprotocoll d. d. Schwerin 20. Septbr. 1694 (p. 390) heißt es: Herr Landrath von Bassewitz zeigte zu Protocoll an: Es wäre Ritter- und Landschaft zweifelsohne bekannt, wie das anjetzo mehr als vor diesem im Lande auf die Klosterstellen gedrungen würde, und daß daher Provisores nicht allein vielfältig gar importün die Jungfrauen einzuschreiben angesprochen würden, sondern auch, wenn sie es refüsirten, allerhand unverschuldete Nachrede leiden müßten. Weilen die Ritter- und Landschaftliche Verordnung d. 22. März 1689 auf'm Landtage zu Schwaan solches causirt, als welche ausdrücklich dahin geht, daß ihnen nur erlaubt sein soll, zur Zeit nur zwo Jungfrauen einzuschreiben und, bis solche wirklich ins Kloster getreten, keine weiter anzunehmen, so hätte er zur Ritter- und Landschaftlichen Ermäßigung an Hand geben wollen, ob sie nicht bei solchen Inconvenienzen seiner unvorgreiflichen Meinung nach zum Besten fänden, daß die allegirte Verordnung aufgehoben und dagegen Provisoribus nach der Klosterordnung, als welche ihnen keinen gewissen Numerum setzte, freie Hand gelassen würde, so viele einzuschreiben, als Einheimische von Extraction im Lande es verlangen möchten, jedoch mit dieser Condition, daß das Einkaufsgeld und was Provisoribus und Küchenmeister gebühret, sofort bei Ertheilung der Exspectanz erleget, keine Zinsen davon bezahlt und im Fall die Jungfrau ihre Meinung änderte oder auch stürbe, ehe sie ins Kloster käme, solches Einkaufsgeld dem Kloster verfallen sein und bleiben mögte, weil durch dieses Expediens alle Familien im Lande (als worauf vornehmlich bei Concurrenz der Competentinen, jedoch um Observirung der Gleichheit die Güstrowschen und Schwerinschen Provisores Reflexion zu machen hätten) dieses beneficium promiscue genießen, Provisores von allem Verdachte der Partheilichkeit und Interesse liberirt und die Klöster zur besseren Unterhaltung der Jungfrauen unfehlbar ein Großes lucriren würden.

Facta deliberatione ist von Ritter- und Landschaft geschlossen: daß des Herrn Landraths von Bassewitz Vorschlag hinführo bei den Klöstern per omnia soll observirt und zu dem Ende die angezogene Verordnung v. 12. März 1689 hiemit aufgehoben und den Provisoribus dagegen freigelassen werden solle, nach der Klosterordnung ohne Reflexion auf einen gewissen Numerum so viel sie wollten und Einheimische von Extraction es verlangten, einzunehmen, jedoch mit der Moderation, daß alle Familien es genießen und die Gleichheit der Güstrowschen und Schwerinschen bei Concurrirung der Competentinnen observirt und durchgehends das Einkaufsgeld bei der Einschreibung nicht höher als 50 Thlr., jedem Provisori 4 Thlr., dem Küchenmeister 2 Thlr. und also durchgehends und insgesammt nicht mehr als 60 Thlr. erlegt werde. Das Einkaufsgeld aber soll, wenn die Jungfrauen, es sei auf was Art es wolle, nicht wirklich ins Kloster kommen, dem Kloster verfallen sein.

Im Jahre 1705 beschwerte sich der Oberst von Heine auf Gottin in einem an Ritter- und Landschaft gerichteten Memorial darüber, daß, obwohl er bereits vor längerer Zeit bei Ritter- und Landschaft das Gesuch um Ertheilung der Exspectanz ins Kloster Malchow habe thun lassen, auch das beim Kloster verordnete Einschreibegeld nebst anderer Gebühr bereits im Januar d. J. ausgezahlt worden (laut Quittung des Küchenmeisters) dennoch einige erst nach seiner Tochter Angemeldete dieser haben vorgezogen werden wollen u. s. w. Er bittet um sofortige Exspectanzertheilung und, daß das Präjudiz von ihm und seiner Tochter abgewendet werden möge. Hierauf wurde auf dem Landtage zu Malchin am 22. Septbr. 1705 resolvirt, daß, wenn der Herr Oberst seine Person, wie andere bisher unbekannte Geschlechter in dergleichen Fall thun müßten, würde legitimirt haben, die Reception seiner Tochter ins Kloster Malchow nicht difficultirt werden solle. E. 1705.

Im Jahre 1706 setzte die Ritter- und Landschaft fest: daß, damit alle Familien im Lande an diesem beneficio participiren möchten, nicht zwei Schwestern in einem Kloster zugleich zu nehmen. F. 1706.

Auf dem Landtage 1755 wurde zur Erläuterung eines wegen Einschreibung mehrerer adlichen Fräuleins aus einem Hause in ein Kloster unterm 3. Octbr. 1693 gemachten Landtagsconclusi beschlossen: daß, wenn Jemand in die drei Landesklöster seine Töchter hätte einschreiben lassen und die drei Eingeschriebenen noch im Leben wären, er aber nachhin noch mehrere einschreiben lassen wollte, derselbe sodann die Tour nach eigener Wahl, jedoch also, daß in ein Kloster nicht mehr als zwei eingeschrieben würden, nochmals machen könne, mithin diese Schwestern zu seiner Zeit zur vollen und halben Hebung gelangen könnten. 1755.

Auf dem Landtage 1767 wurde dies dahin erläutert: daß, wenn ein Recipirter von Adel schon sechs Töchter in die Klöster, mithin in jedes zwei hätte einschreiben lassen und Gott ihm noch mehrere Kinder bescherte, demselben nach 1767.

der Billigkeit allewege erlaubt sein sollte, den Turnum noch einmal zu machen. (Wolff Repert. S. 282 f.)

1780. Auf dem Landtage 1780 ward beschlossen: daß im Fall einer seine Töchter in Dobbertin oder Malchow einschreiben lassen wollte, ungeachtet ihn die Tour nach Ribnitz wiese, ihm dieses zwar freistehen, aber daß er für diese Erlaubniß 64 Thlr. an das Kloster Ribnitz außer dem erhöhten Einschreibegeld von 80 Thlr. bezahlen solle, wobei jedoch das fest bliebe, daß einer wenn er die erste Tochter in Dobbertin hätte einschreiben lassen, die zweite in Malchow einschreiben lassen müßte. (Wolff Repert. S. 289.)

1798. Auf dem Landtage 1798 ward beschlossen: daß es bei dem Beschlusse verbleibe, daß zwar ein Jeder zum Einschreiben Berechtigter in ein Kloster mehr als eine Tochter einschreiben lassen könne, jedoch nicht dergestalt hinter einander, daß er den beiden übrigen Klöstern vorbeigehe, sondern vielmehr dem Normativ zufolge, mit Einschreibungen der Reihe in allen drei Klöstern nachgehen müsse. Damit aber Herrn Klostervorsteher bei Ertheilung der Exspectanz dies ersehen und darob halten könnten, so wird hinführo unter einer jeden Ahnentafel dem Zeugnisse über die Richtigkeit derselben, auch die Versicherung, daß obstehende Reihenfolge im Einschreiben, es sei nun mit einem oder mehr Turnis, in jedem Turno beobachtet worden, beizufügen sein. (Wolff Repert. 2. Forts. S. 112.)

G.
1762. Auf dem Landtage 1762 wurde beschlossen, daß die Hebung sämmtlicher zur halben Hebung stehenden Conventualinnen in allen drei Klöstern von 60 Thlr. auf 10 Jahre zu 50 Thlr. herabgesetzt werden solle.

1773. Die den zur halben Hebung stehenden Conventualinnen seit 1762 abgezogenen 10 Thlr. wurden ihnen in dem Jahre 1773 in Gemäßheit neuerer Landtagsschlüsse wieder zugelegt. (Wolff Repert. S. 285 f.)

1775. Auf dem Landtag 1775 wurde beschlossen, und dieser Beschluß auch trotz der dagegen eingelegten Protestation der Conventualinnen von Dobbertin und Malchow,
1776. der Provisoren und einiger Eingesessenen auf dem Landtage 1776 wiederholt: daß auf 5 Jahre alle adligen halben Hebungsfräuleins nicht mehr als 40 Thlr. N. $^2/_3$ bekommen, die übrigen 20 Thlr. von jeder aber dem Kloster Ribnitz zu dessen besserer Erhaltung zufließen sollten. Auf dem Landtage
1779. 1779 wurde festgesetzt, daß bei dem Aufhören dieses Abzugs mit dem künftigen Jahre auf ewig festgesetzt sein solle, daß in Zukunft niemals wieder den halben Hebungsfräuleins zum Besten anderer Klöster Abzüge gemacht werden sollten, zumal diese ein jus quaesitum auf solche Hebung hätten, welche ihnen ohne Ungerechtigkeit nicht genommen werden könnte. (Wolff Repert. S. 287.)

1782. Als im Jahre 1782 der Vorschlag gemacht wurde, von den Hebungen der Ribnitzer Conventualinnen Abzüge zum Besten dieses Klosters eintreten zu lassen, wurde der Beschluß gefaßt, daß solche zur Zeit nicht Statt finden könnten, da nur eine absolute Unmöglichkeit sie aufzubringen, diese Entziehung rechtfertigen könne. (Wolff Repert. S. 323)

H.
1765. Auf dem Landtage 1765 wurde beschlossen, daß der Verlust des Exspectanzscheines den Verlust der Forderung selbst keineswegs nach sich ziehen solle. (Wolff Repert. S. 284.)

J.
1774.
1775. Nach zwei Landtagsschlüssen von 1774 und 1775 sollen die Conventualinnen, welche über ein halbes Jahr aus dem Kloster abwesend sind, dafür 50 Thlr. von ihrer Hebung verlieren. Diese sollen dem Kloster verfallen sein, desgleichen das Holz und Korn-Deputat, während die kleineren Naturalien während der Abwesenheit unter die übrigen Conventualinnen vertheilt werden sollen. Nach

einem späteren Beschlusse sollen die verfallenden 50 Thlr. **dem Kloster Ribnitz** zu dessen Unterstützung zugestellt werden. (Wolff Repert. S. 286.) Ferner soll das Einschreibegeld für die adeligen Conventualinnen (nicht aber für die bürgerlichen) von resp. 60 und 64 Thlr. auf 80 und 84 Thlr. erhöht, der Ueberschuß aber von 20 Thlrn. für jeden Fall **dem Kloster Ribnitz** zu dessen Unterstützung zugestellt werden. (Ebendaselbst.)

Nach einem Landtagsschluß von 1780 (1781) soll alles was den Fräuleins zur ganzen Hebung an Geld und Naturalien abginge, dem Kloster anheim fallen, nur mit Ausnahme der Fische, des Wildes und Salzes, als welches den übrigen Conventualinnen accrescirt. (Wolff Repert. S. 289.) 1780.

Die Deputate müssen an den bestimmten Terminen abgefordert werden, sonst verfallen sie an das Kloster. Landtagsschluß 1783. (Wolff Repert. S. 289.) 1783.

K. 1785

Landtagsschluß von 1785. Wenn man aus dem von den Herren Vorstehern vorgelegten Ansatz von den Einnahmen und Ausgaben des Klosters (Dobbertin) mit Vergnügen und vieler Dankverbindlichkeit gegen die Herren Vorsteher sich überzeugt hätte, daß nachdem jährlich 1000 Thlr. **zum Ausleihen ausgesetzt worden, dennoch eine Summe von 720 Thlr. übrig bliebe**, welche zum Besten der Klosterfräuleins angewendet und wovon entweder die Hebungen der eingeschriebenen Fräuleins erhöht, oder auch mehrere Fräuleins zur halben oder viertel Hebung angesetzt werden könnten, so hätte die Ritter- und Landschaft beschlossen, daß 24 **Fräuleins zur Viertelhebung** à 30 Thlr. angesetzt würden, welche denn Weihnachten 1786 die erste Hälfte dieser Hebung erhielten, die demnächst alle Zeit in halbjährigen Ratis abgetragen würde, und dauerte diese Hebung so lange, als die Casse noch immer im Stande wäre, alle Jahr 1000 Thlr. aufzulegen. (Wolff Repert. Erste Forts. S. 133 f)

Auf dem Landtage von 1789 beschloß die **Ritterschaft allein**, daß ein neu sich ergeben habender Ueberschuß beim Kloster Dobbertin abermals nicht zur Vermehrung der vollen Hebungen, sondern zur Ansetzung von noch 20 Fräuleins-Conventualinnen zur Viertelhebung verwandt werden und diese Hebungen Trinitatis 1790 ihren Anfang nehmen sollten. Die **Landschaft** stimmte hingegen für die Vermehrung der **vollen** Klosterhebungen und da die Ritterschaft trotzdem auf ihrem Beschlusse beharrte, erwirkte erstere von der Justizcanzlei zu Schwerin ein Inhibitorium (d. d. 5. Mai 1790) gegen die Auszahlung; in Folge gütlicher Unterhandlungen kam jedoch letzteres nicht zur Anwendung. (Wolff Repert. Erste Forts. S. 136.) Auf dem Landtage 1793 machte demnächst die Klosterrevisionscommitte einen neuen Vorschlag zur Verwendung des Ueberschusses, welcher die Genehmigung der **Ritterschaft, aber nicht der Landschaft** erhielt, dahin gehend: a) die zehn ältesten zur halben Hebung stehenden Fräuleins zur ganzen Hebung zu setzen mit 150 Thlr. N. ⅔ (jedoch ohne Haus und sonstige Naturalien), b) 20 Viertelhebungen in halbe Hebungen zu 60 Thlr. N. ⅔ zu verwandeln, und c) 6 neue Viertelhebungen zu 30 Thlr. anzusetzen. Wegen dieses Beschlusses gerieth die Ritterschaft mit der Landschaft in einen neuen Proceß (Wolff Repert. Zweite Forts. S. 114 f.), es wurde aber der Widerspruch der Städte demnächst „gehoben" und dann der Beschluß von 1793 wirklich in Ausführung gebracht im Jahre 1799. (Der Landtag des Jahres 1799. Schwerin 1800. S. 29 f. und S. 50 unter N. 49.) 1789. 1793.

L.

Im Jahre 1792 kam zuerst der Fall vor, daß ein adeliges weibliches Kind 1792.

(von Dewitz) noch vor der wirklichen Einschreibung, nachdem aber das Einschreibegeld bereits eingesandt worden, verstarb. Ueber diesen Fall wurde, da die Resolution weder aus der Observanz, noch aus bestimmten Vorschriften, sondern nur aus weitläufigen Rechtsanalogien ertheilt werden könnte, für dasmal die Zurückgabe des Einschreibegeldes gegen Rücklieferung des Scheines (nur mit Abzug der Gebühr des Küchenmeisters) beschlossen, pro futuro aber solle in allen Fällen der Art, sobald der Schein einmal geschrieben worden, das gesammte Einschreibegeld dem Kloster sowohl als den Klosterprovisoren und dem Küchenmeister (soweit diese davon etwas erhalten) unwiderruflich verbleiben. (Wolff Repert. Erste Forts. S. 139.)

In demselben Jahre kam auch der Fall vor, daß ein in's Kloster Malchow eingeschriebenes adeliges weibliches Kind zwar nach geschehener Einschreibung, aber vor Ausfertigung des Exspectanzscheines verstarb (von Lützow). Hinsichtlich dieses Falles wurde beschlossen, daß, weil die von den Provisoren auszustellende Exspectanz eigentlich nur die Bestätigung und förmliche Autorisirung des Rechts und der Anwartschaft wäre, deren Acquisition (sammt der damit verbundenen Priorität) aber schon bei der Ausfertigung des zusichernden Scheines vom Küchenmeister vor sich ginge, mithin gleichwie das Recht und die Anwartschaft schon von jenem Augenblicke an in das Eigenthum der Eingeschriebenen überginge, so auch das eingesandte Geld unwiderruflich in das Eigenthum des Klosters, es auch darin verbleiben müsse und die Rückgabe nicht verfügt werden könne. Selbst die Provisoren sollten in diesem Falle wegen der Analogie die Exspectanzgebühren einbehalten dürfen, unerachtet die Ausfertigung der Exspectanz nicht erfolgt sei, weil nach der Observanz sie das gleiche Recht selbst dann hätten, wenn eingeschriebene Fräuleins wegen Ahnendefectes wiederum delirt würden. (Wolff Repert. Erste Forts. S. 144.)

M. 1796. Auf dem Landtage 1796 wurde beschlossen, die Herren Provisores dahin zu instruiren, daß sie a) keine Einschreibung verfügen sollen, wenn ihnen nicht die Ahnentafel sogleich mitgeschickt würde, oder derjenige, der die Einschreibung verlangt, ihnen ox ante actis als ungezweifelt bekannt wäre. Sollten aber b) ihnen Zweifel obwalten, ob die Ahnentafel für richtig und die Einzuschreibende statutenmäßig aufzunehmen sei; so wäre das etwa eingesandte Einschreibegeld ad depositum nur anzunehmen mit dem Bedeuten, daß die desiderirten Beweise binnen sechs Monaten einzusenden wären, widrigenfalls die Löschung und Remittirung des Geldes unfehlbar zu erwarten sei. Damit aber c) der wirklich Berechtigte hiedurch nicht gekränkt würde, so wäre die Einzuschreibende in Nummer und Stelle diese sechs Monate über einstweilig zu lassen. Die Ahnentafeln sollen die Provisoren den Localcommitten vorlegen lassen, damit diese dem landtägigen Pleno mit ihrem Erachten an die Hand gehen können. (Wolff Repert. Zweite Forts. S. 111 f.)

N. 1798. 1798: Die Zurückgabe der eingesandten Einschreibegelder vor ertheilter Exspectanz soll in keinem Falle ex officio von den Klostervorstehern verfügt werden können, sondern vielmehr der nächsten Landtagsversammlung die Beurtheilung des Falles und die angemessene Beschließung immer vorbehalten bleiben. — Die Einschreibungen auf zweifelhafte Ahnentafeln, welche zur Monitur gezogen und zur Erledigung gestellt werden müssen, sollen sich bei der Priorität des Anrechtes auf die Klosterstelle nach dem Datum richten, an welchem die Legitimation solcher monirter Ahnentafel beim Kloster eingegangen ist. (Wolff Repert. Zweite Forts. S. 112, 113.)

Nach dem Staatscalender vom Jahre 1873 sind zur Zeit bei den Klöstern — nach dem sehr zutreffenden und charakteristisch landständischen Ausdruck — „angesetzt": O.

a) im Kloster Dobbertin (außer den seit 1809 eingeführten 9 Großherzoglichen Pensionistinnen)

| | | |
|---|---|---|
| Domina und Conventualinnen | zur vollen Geld- und Naturalhebung | 35 |
| desgl. | zur vollen Geldhebung . . . . . . | 60 |
| desgl. | zur halben Hebung . . . . . . . . | 82 |
| desgl. | zur Viertel-Hebung . . . . . . . . | 57 |
| | | 234 |

also die Großherzoglichen Pensionistinnen mit gerechnet, im Ganzen 243 Stellen;

b) im Kloster Malchow

| | | |
|---|---|---|
| Domina und Conventualinnen | zur vollen Hebung | 15 |
| Conventualinnen | zur vollen Geldhebung . . . | 41 |
| desgl. | zur halben Hebung . . . . . | 61 |
| desgl. | zur Viertel-Hebung . . . . | 22 |
| | zusammen | 139 |

c) im Kloster Ribnitz

| | | |
|---|---|---|
| Domina und Conventualinnen | zur ganzen Hebung | 12 |
| Conventualinnen | zur vollen Geldhebung . . . | 12 |
| desgl. | zur halben Hebung . . . . . | 21 |
| desgl. | zur viertel Hebung . . . . . | 12 |
| | zusammen | 57 |

so daß also in allen drei Klöstern zusammen 439 Stellen vorhanden sind.

Das Rostocksche Kloster hat dagegen

| | | |
|---|---|---|
| Conventualinnen | zur ganzen Hebung (incl. Domina) | 9 |
| desgl. | zur halben Geldhebung . . . . | 6 |
| desgl. | zur Viertel-Hebung . . . . . . | 10 |
| desgl. | zur Hebung von 80 Thl. u. 50 Thl. je 1 | 2 |
| | | zusammen 27 Stellen. |

Hiegegen betrug die Gesammtzahl der Stellen in den drei Landesklöstern im Jahre 1795 nur 181 (58 zur vollen, 67 zur halben und 56 zur viertel Hebung) und hatte sich diese Zahl bis zum Jahre 1863 nur erst gesteigert (nach Raabe Vaterlandskunde) bis auf 350, nämlich 199 in Dobbertin, 93 in Malchow und 58 in Ribnitz, welche Zahlen indessen vielleicht nicht genau richtig sein mögen.

# Beilage Nr. 20.

## Verhandlungen und Verträge, betreffend die Theilnahme der Städte an den landständischen Rechten über die Klöster.

A. Landtag zu Güstrow, d. 20. Janr. 1590.

1590. (22. Janr.) — — —. Weil nun in dieser Schrift unter anderem der Klöster gedacht, so hiebevor etliche von Adel und vornehmlich M. Vieregg streitig machen wollen, so zeigten die Städte sämmtlich und in deren aller Namen der Bürgermeister von Rostock J. Lembcke an: Weil die Klöster der ganzen Landschaft abgetreten wären, so könnten sie so tacite nicht geschehen lassen, daß nur allein die von der Ritterschaft dazu zu Provisoren genommen würden, wie sie denn sämmtlich sich solcher Freiheit mit nichten begeben, sondern davon zum feierlichsten protestirt und bedingt haben wollten.

Der Landrath Kruse votirte hierüber, daß, was von den Städten gesucht, alles recht wäre und er sich gefallen ließe, daß ein Bürgermeister von Rostock mit zum Kloster Ribnitz gegeben würde. Worauf der J. Lembcke erwiderte, es würde dabei nur nichts wie Beschwerung sein und die Bürgermeister von Rostock hätten sonst genug zu thun, daher man dieselben damit wohl verschonen könnte. Der W. Hahn votirte, es hätte nicht die Meinung, daß man die Städte von den Klöstern ausschließen wollte, es könnte auch wohl also gesetzet werden, daß die Nominirten im Namen der ganzen Landschaft von Ritterschaft und Städten confirmirt und alsdann auch angewiesen werden mögten. Der J. Cramon erwiderte: Weil die Städte der Landschaft Beschwerung mittrügen, so müßten sie auch billig zu dem, was gemeiner Landschaft abgetreten, gelassen werden. In dieser obgesetzten Meinung waren die sämmtlichen Landräthe, und es ward dahin geschlossen: daß die Provisores im Namen der gemeinen Landschaft von Ritterschaft und Städten die Verwaltung der Klöster hätten und haben sollten und derselbigen sämmtlich sich auch zu erfreuen und zu genießen hätten. (Spalding Landtagsverhandlungen Bd. I. S. 209.)

Es zeigten auch ferner die von Rostock hiebei an, daß, da die Städte mit unter die Landschaft gehörten und gemeine Bürde mit tragen müßten, folglich von den Klöstern nicht auszuschließen wären, so auch billig sei, daß sie ihres Mittels gleichfalls welche zu Provisoren verordneten. Wie nun Wismar diesem beigetreten, solches auch von den andern Städten approbirt war, so ward gebeten, Rostock in aller Städte Namen zu Mitprovisoren des Klosters Ribnitz zu bestätigen. (Spalding a. a. O. S. 213.)

Demgemäß bat die Landschaft in ihrer Antwort auf die Fürstl. Landtagsproposition unter anderem auch darum, daß Serenissimi den von ihr benannten Provisoren des Klosters Ribnitz einen E. Rath der Stadt Rostock im Namen allgemeiner Städte hinzuverordnen mögten. (Ebendas. S. 214.)

B. Hierauf erfolgte auf dem Landtage zu Güstrow d. 3. März 1590 ge-

1590. wierige Resolution, indem Serenissimi sich bereit erklärten, es geschehen zu lassen, daß den vorgeschlagenen Provisoren des Klosters Ribnitz E. E. Rath Ihrer Stadt Rostock adjungirt werden möge. (Ebendas. S. 216.) Auf demselben Landtage wollte W. Molzahn es sich zwar nicht gefallen lassen, daß die von Rostock beim Kloster Ribnitz zu Provisoren mit gesetzt würden, weil die von Adel ein Bedenken haben würden, mit selbigen zugleich das Provisorat zu verwalten, daher er bat, Serenissimos anzusuchen, daß solches geändert werden mögte; aber es ward hierüber die von der Landschaft auf vorigem Landtage übergebene Bitte verlesen, da es denn dabei blieb, weil mit gemeinem Schluß die von Rostock im Namen der Städte dazu ernannt worden. (Ebendas. S. 217.)

Landtag zu Sternberg d. 25. Juni 1606. C.

Gravamina der Landstädte: 8) Weil die Klöster vermöge der gegebenen Assecuration der ganzen Landschaft abgetreten worden, so würde gebeten, daß auch die von Städten für ihre Kinder, sowohl Söhne als Töchter davon nicht ausgeschlossen werden mögten (Spalding Bd. I. S. 301). 1606.

Hierüber, erklärten die Fürsten (auf dem Deputationstage zu Güstrow d. 22. April 1607), zuvörderst die von der Ritterschaft billig hören zu wollen (ebendas. S. 338), — worauf die Landstädte antworteten: Weil die Klöster der ganzen Landschaft den 4. Juli 1572 abgetreten wären, und die von der Ritterschaft solches nicht gefochten, so bäten sie nochmals, daß Serenissimus ihrem Suchen Raum geben und zu dem Behuf aus dem Mittel der Städte den Provisoren der beiden Klöster Dobbertin und Malchow etliche zuzuordnen in Gnaden verstatten mögten. (Ebendas. S. 340.) 1607.

Hierauf erfolgte am 27. April die Fürstliche Resolution: Sie erwarteten die Resolution der von der Ritterschaft und wollten nicht zweifeln, daß sich die Ritterschaft und Städte zusammen gethan, einer gewissen Maße und Meinung sich nunmehr verglichen und also allen Streit aufgehoben haben würden, im Fall aber solches über Hoffnung nicht geschehen sei, wollten Sie auf Mittel und Wege gedenken, wie den Beschwerungenen abzuhelfen sei. (Spalding Bd. I. S. 341.)

Dieser Vergleich war nun aber, noch wurde er zu Stande gebracht, vielmehr antwortete die Ritterschaft den Städten unterm 28. April — was die Beschwerde wegen der Klöster anbetrifft —: Wegen der Klöster, daß Inhalts der Fürstl. Assecuration sowohl der Bürger Söhne als Töchter sich derselben zu erfreuen haben mögten, ließe E. E. Ritterschaft die von Städten billig bei dem, was ihnen nach einer solchen Assecuration billig gebührte, weil man aber nicht wissen könnte, wie Söhne darin zu bestätigen wären, es auch nicht wohl gerathen sein würde, daß Mönche und Nonnen in einer Zelle logirten, so würden die von Städten sich auch selbst hierin eines anderen erinnern. Jedoch mögten Sermus. beherzigen, daß, wenn den Bürgerstöchtern indifferenter frei stehen sollte, in die Klöster sich zu begeben, nicht allein selbige in Eile erfüllt, sondern auch der Ritterschaft Jungfrauen gar verstoßen werden würden, welche jedoch mit schwererer Ungelegenheit als Bürgerkinder zu unterbringen wären, daher E. E. Ritterschaft bäte, sie bei ihrem wohlerlangten Rechte zu schützen, und die von den Städten zur Billigkeit zu weisen. (Spalding a. a. O. S. 344 in der Anm.)

Hierauf replicirten die Städte am 29. April: Da die von der Ritterschaft Serenissimo ihre Bedenken gegen die von Städten in Ansehung der Klöster zugesandt und vermeinten, als wenn die von Städten nicht ein Corpus bisher mit ihnen gewesen, so wollten sie die vor diesem allegirten Abschiede und Assecurationes, wodurch sie ein jus quaesitum für sich hätten, wiederholt haben, inmaßen sie auch vorlängst in possessionem gekommen und ihnen darauf die gebetene Inspection ohne Zweifel billig gefolget würde, so wie sie sich ihrer Kinder halber dessen nicht zu begeben wüßten. Das Wört „Söhne" sei aus der Ursache gebraucht, daß vor diesem auf gemeinen Landtagen öffentlich davon gehandelt sei, daß wohl besser wäre, daß der Klöster je eines zu einem andern Ende mögte angeordnet werden, als zu einem Paedagogio, darin aller Stände Knaben erzogen würden. Es bäten also die von Städten sämmtlich, den Assecorationsrevers in Acht zu nehmen, und sie gebetenermaßen sowohl ihrer Kinder, als auch der Provision halber in Gnaden zu erhören, und nicht zu gestatten, daß, was von Ihren Herrn Brüdern Fürstlich eingewilligt wäre, und nunmehr pragmatica sanctio geworden, geschwächet werde. (Spalding a. a. O. S. 346.)

D. 1609. Diese Vorstellung und Bitte der Städte blieb indessen gleichfalls ohne irgend einen Erfolg, so daß sich unter den unerledigten Beschwerden der See- und Landstädte auf dem

Landtage zu Wismar d. 1. Novbr. 1609

sub Nr. 8 wiederum die folgende findet: daß die Klöster zwar der Landschaft insgemein abgetreten wären, doch aber allein der Ritterschaft zum Besten kämen, daher sie ihr voriges Gravamen repetirten, welches dahin gemeint sei, daß eines derselben zur Erziehung junger Knaben angerichtet werden möge. (Spalding Bd. I. S. 370.)

E. 1610. Herzog Carl resolvirte hierauf wiederum ähnlich, wie bereits im Jahre 1607 geschehen war: In Ansehung dessen, was der Klöster halber gebeten worden, hielten Sie der Billigkeit zu sein, das die von der Ritterschaft darüber zu ihrer Nothdurft zuvor gehört würden und alsdann nach Befund der Beschaffenheit darauf die Gebühr ferner angeordnet würde. (Deputationstag zu Wismar d. 12. Juni 1610. Spalding a. a. O. S. 382.)

F. 1610. Hierauf wiederholten die Städte ihre Beschwerde wegen Ausschließung der Bürgerkinder aus den Klöstern nochmals auf dem Sternberger Landtage im September 1610, allein die ganze Angelegenheit wurde wiederum aufgeschoben. (Franck A. u. N. M. XII. S. 145 ff.) Nach Spalding's Landtagsverhandlungen Bd. I. S. 433 scheinen die Fürstlichen Räthe die Städte mit ihrer betreffenden Beschwerde zum ordentlichen Proceß gegen die Ritterschaft verwiesen zu haben. Vergebens beriefen sich dagegen die Städte auf die Klarheit ihres Rechtes und daß sie dieserhalb unmittelbar den landesfürstlichen Schutz ohne langwierigen Proceß in Anspruch nehmen dürften.

G. 1661. Die Städte erlahmten bei dieser Behandlung der Sache, wie es scheint, auf längere Zeit, indessen kam der fragliche Punkt doch keineswegs ganz aus dem Gedächtnisse, denn bereits im Jahre 1661 müssen dieserwegen erneuerte Verhandlungen Statt gefunden haben. Solches ergiebt sich daraus, daß der
1669. Bürgermeister Giese auf dem Landtage zu Schwaan im Jahre 1669 nomine der Städte bat, der bürgerlichen Jungfrauen wegen Inhalts der Landtags-Resolutionen de annis 1661, 1666 und 1668 einige Gewißheit zu machen, wobei von Seiten der Ritterschaft freilich wiederum erinnert ward, daß es bei dem bisherigen Herkommen beruhen müßte. (Spalding Bd. IV. S. 349.)

H. 1674. 1677. 1680. Demnächst scheint dieser Punkt in den Jahren 1674 und 1677 zu wiederholter Anregung gekommen zu sein, und endlich anno 1680 zu erneuten ernstlichen Contestationen geführt zu haben. In letzterem Jahre nämlich beschwerten sich die Städte, wie schon 1674 und 1677 vergeblich geschehen, abermals über den Adel, daß keine Bürgertöchter an den Klöstern Theil nehmen sollten; sie hielten es daher für das rathsamste, daß die Einkünfte von den

Klöstern Dobbertin und Malchow an die studierende Jugend verwandt würden. — Diese Beschwerdeschrift wollte der Landsyndicus gar nicht einmal übergeben, besonders deshalb, weil die Ritterschaft den Punkt wegen der Klöster sehr übel nehmen würde, weil sie auch von undenklichen Jahren her in Possession sei. Er könne, setzte er hinzu, diese Beschwerden auf keinen Fall extendiren, um sich nicht verdächtig zu machen, denn schon anno 1674 hätten die Landmarschälle diese Beschwerden gar nicht an die Fürstlichen Minister überbringen wollen, weil die Ritterschaft öffentlich widersprochen. Höchstens könne und wolle er die Schrift den Landräthen überreichen. So geschah denn dieses Letztere. Die Landräthe aber erklärten den Städten durch den Landsyndicus, daß sie ihre Schrift nicht an die Fürstlichen Räthe übergeben könnten, weil darin einige Dinge, worüber die Ritterschaft mit ihnen in lite befangen wäre; wollten indessen die Städte noch etwas mit der Uebergebung verziehen, so wollten sie sich weiter zusammenthun und sehen, was für ein Mittel darin zu treffen. Hiebei versicherte der Landsyndicus noch, daß der Ritterschaft Absicht aufrichtig sei, und gab den Städten ihre Schrift wieder zurück.

So kam also wieder nichts nach diesem Gravamen. Im Jahre 1682 wurde 1682.
dasselbe wiederholt, unter besonderer Hervorhebung des Umstandes, daß die Städte bei der Abtretung der Klöster zu den 400,000 fl. sogar noch mehr contribuirt hätten, als die Ritterschaft, — allein die Verhandlung darüber wurde immer wieder hinausgeschoben, die Städte wurden immer mehr inne, daß es der Ritterschaft mit dem Vergleich nicht ernst sei, sie fanden auch bei den Landesherren keine Unterstützung und Hülfe und so erlahmten sie zum zweiten Male. (Franck A. u. N. M. XV. p. 7, 9, 10, 58 und 59.)

Indessen hatte Rostock längst seine privilegirte Sonderstellung einzunehmen J.
begonnen, es trennte sich von den übrigen Städten, hielt es oftmals mit der Ritterschaft gegen dieselben, und suchte für diesen Verrath und Abfall seine Belohnung, indem es sich von der verbündeten Ritterschaft privative Concessionen zu verschaffen wußte. Hiezu bot ihm gerade die seit 1590 (oben Litt. A.) beim Kloster Ribnitz erlangte Stellung eine besonders günstige Gelegenheit dar.

Im Jahre 1702 hatten die dortigen Provisoren einen Streit wegen Auf- 1702.
nehmung einer Jungfer aus Rostock, worüber beschlossen ward, daß derselbe so lange unerörtert bleiben sollte, bis man sich deswegen mit Rostock verglichen haben würde. (Franck A. u. N. M. XVI. p. 167.) Vielleicht gab dieser Vorfall die Veranlassung zu folgendem

Vertrag der Meckl. Ritterschaft mit der Stadt Rostock 1705.
wegen des Klosters Ribnitz vom 7. April 1705.
(Mantzel Staatscanzlei Thl. I. S. 34 ff.)

Zu wissen sei hiemit: Nachdem zwischen E. E. Mecklenb. Ritter- und Landschaft an einem, und andern Theils E. E. Rath der Stadt Rostock dieser Tagen occasione des Ranges, welchen die Jungfern, so im Kloster Ribnitz leben, unter sich zu observiren, ein kleiner Zwist entstanden, so auch gar zum gerichtlichen Proceß gediehen, daß derselbe heutiges Tages, um so viel mehr gutes Vertrauen zwischen der löbl. Ritterschaft und der Stadt Rostock, nach wie vor, beibehalten werden möge, folgender maßen, transigendo unter ihnen gütlich abgethan.

1) Streitet fürder E. E. Mecklenburg'sche Ritterschaft keineswegs der Stadt Rostock, daß sie nebst der Ritterschaft an dem Kloster Ribnitz ferner, wie sie bis dato in possessione gewesen, ihr Antheil habe, sondern stehet kraft dieses

8*

zu, daß, gleich die Ritterschaft aus ihrem Mittel zwei Provisores dieses Klosters erwählet, also auch der Rath zu Rostock wie bishero, einen ihres Mittels zum Provisorem selbigen Klosters zu bestellen befuget sei.

Und wie die Ritterschaft jetzo zehen Jungfrl. Stellen in selbigem Kloster, also auch dagegen die Stadt Rostock zwo Jungfrl. Stellen in demselbigen habe, welche die Stadt mit ihren Bürgerlichen Jungfrl. zu besetzen bemächtiget.

Und soll dieses hinfüro zu ewigen Zeiten, ohne jenige fürdere Dispüten also bleiben und gehalten werden, und hat der Provisor, so von der Stadt Rostock ist, mit denen so von der Ritterschaft sind, paria Jura zu genießen, und eben das bei dem Kloster zu sagen, was einer von den adlichen Provisoribus, dahero dann auch von diesen ohne jenem, und von jenem ohne diesen, also einer ohne des andern Zuziehen und Vorwissen, bei dem Kloster nichts vorgenommen werden soll.

2) So haben auch die Rostocker Bürgerl. Jungfrl. so in dieses Kloster kommen, mit denen darin seienden Adlichen, überall gleiches Recht, sich zu erfreuen, dagegen aber auch jene zum Einkauf das, was diese geben müssen, und wird es mit den Einkaufsgeldern, durchgehends mit den Adlichen und Bürgerlichen gleich, nach Maßgebung der Schwaan'schen Landtagsbeliebung de Anno 1694 den 20. September gehalten.

3) So ist es bis Dato also observiret, und soll auch hinfüro weiter dergestalt gehalten werden, daß wenn eine Adliche Jungfrl. im Kloster stirbet, oder sonsten abgehet aus dem Kloster, an derselben Stelle eine Adliche, und wann eine Bürgerliche stirbet, oder sonsten abgehet aus dem Kloster, an diese Stelle eine Rostock'sche Bürgerliche hinwieder da hineingenommen werde, damit die Stadt Rostock sowohl jederzeit ihre beiden, als die Ritterschaft ihre zehen Stellen darinnen besetzet haben möge, und einer des andern Stelle nicht ringere oder absumire, besondern einer neben dem andern seine Anzahl Stellen behalte, dem zufolge, bei vorfallender Eröffnung oder vacance, die Adliche denen Adlichen, wie sie in ihrer Ordnung eingeschrieben, und die Exspectancen gekriegt, die Rostock'sche Bürgerl. den Bürgerlichen wie dieselbe nach einander in ihrer Classe eingeschrieben sein, oder die Exspectanz-Briefe erhalten, succediren soll. Gestalt denn bei dem Fall eine adliche Stelle im Kloster durch ein oder andern Weg blos wird, eine Adliche Jungfrl. folget, wie sie in ihrer Classe eingeschrieben, ob sie gleich nach der Rostocker Bürgerlichen Jungfrl. eingezeichnet worden, wie dann auch in Casu, da eine Rostocker Bürgerliche Stelle im Kloster vaciret, eine Rostocker Bürgerliche Jungfrl. succediret, wie sie in ihrer Classe eingeschrieben worden, ob sie gleich nach der Adlichen die Exspectanz erhalten, oder eingezeichnet.

Was nun danächst

4) den Rang anbetrifft, so ist, um so viel mehr Liebe zu stiften, und aus andern bewegenden Ursachen, kraft dieses beständig verglichen, daß die Jgfrl. Eggerdes der Jgfrl. Bothen weichen und den Vortritt geben, auch noch drei andre Adliche (weil schon zwei, nämlich die Jungfrl. von Plüschauen und die Jungfrl. von Bothen vor sie getreten) so in der Adlichen Classe ehe denn in der Bürgerlichen die Jungfrl. Eggerdes eingeschrieben worden, wann durch Eröffnung Adel. Stellen, sie zum Kloster würklich gelangen werden, im Range der Jungfrl. Eggerdes vorgehen sollen; vor der darauf folgenden vierten Adel. Jgfrl. aber, und welche an Adlichen weiter zum Kloster kommen werden, die Jungfrl. Eggerdes den Vortritt haben und behalten soll; wobei dann weiter verabredet, daß danächst hinkünftig es mit dem Rang also gehalten werden solle, daß nach

fünf Adligen ins Kloster kommenden Jungfrl. die ins künftig weiter darin kommende Rostocker Bürgerliche Jungfrl. den Rang haben solle, also, daß ob diese gleich denen jetzt gedachten fünf Adlichen, oder so viel von denselben leben, oder im Kloster bleiben mögten, im Rang weichen, dennoch denen andern, nach diesen jetzo gedachten Fünf Adel. Jgfrl. weiter folgenden, und ins Kloster kommenden Adelichen beständig vortreten, und solche ihr, der Rostocker Bürgerl. Jgfrl., weichen sollen, ungeachtet die Rostocker Bürgerl. oder die Adliche zum ersten ins Kloster würklich gelanget sein mögten. Als zum Exempel: Es kommen wirklich zum Kloster hinkünftig drei Adliche Jungfrl., darauf trifft es sich, daß, durch Eröffnung einer Bürgerlichen Stelle, auch eine Rostocker Bürgerliche Jgfrl. ins Kloster kommt, solchenfalls muß diese nicht allein denen vor sie ins Kloster gekommenen Dreien, sondern auch noch Zwo andern nach sie zum Kloster gelangenden Adlichen Jgfrl. wann die ins Kloster kommen, im Rang weichen, hernach aber tritt die Rostocker Bürgerliche auch im Vorgehen auf, und hat über alle andern, nach sie ins Kloster kommende Adliche Jungfrl. den Rang, obgleich die vor sie den Rang gehabte Adliche durch Tod oder sonsten abgegangen sein möchte, maßen in solcher ausgegangenen Stelle keine von den Adelichen denen Bürgerlichen in dem Rang weiter präferirt werden mag. Dahingegen dann auch, wenn etwa der Fall sich begebe: daß ehe eine Rostocker Bürgerl. Stelle vacant würde, sechs Adliche Jgfrl. oder mehr derselben ins Kloster gelangen möchten und darauf eine Bürgerliche Stelle eröffnet werden sollte, so tritt die darauf ins Kloster kommende Rostocker Bürgerl. Jgfrl. hinwieder der einen, oder mehr Adelichen im Rang vor, welche nach denen ersten Fünf Adelichen ins Kloster vor der Bürgerlichen gekommen sein möchten, ohngeachtet entweder sowohl vorher als hernach ein oder andere von den Fünf Adelichen abgegangen sein dürften, welche wann sie etwa gelebt oder im Kloster sonsten geblieben, der Rostocker Bürgerlichen vorgetreten wäre.

Es soll aber

5) Dieser wegen des Ranges jetzo gemachte Vergleich so wenig denen Rostocker Bürgerlichen als Adelichen Jungfrauen nicht das geringste an Perception ihrer Hebung oder dem, was sie sonsten gehabt, hindern noch schaden, sondern es haben nichts minder gleich die Adelichen, also auch die Rostocker Bürgerlichen Jungfrauen, sobald sie zum Kloster wirklich gelangen, ihre völlige Hebung und was ihnen sonsten gebühret allerdings zu genießen, nicht weniger wie bis dato, nach der Ordnung sie ins Kloster gekommen und nicht nach dem jetzo beliebten Rang, die Wahl an den Klosterhäusern.

Dessen allen zur Urkunde und fester Haltung ist dieser in quadruplo ausgefertigte Transact von beider Theile dazu bevollmächtigten Herrn Deputirten eigenhändig unterschrieben und besiegelt; auch von Seiten der Ritterschaft mit des Landes Insiegel und von Seiten der Stadt Rostock mit Dero Secreto bedruckt.

So geschehen in Rostock den 7. April anno 1705.

In dem städtischen Vorschlag zu einem mit dem Herzoge zu errichtenden Vergleich de anno 1706 heißt es sub Nr. 40: Daß die den Städten vermöge der Reversalen zustehenden Gerechtsame an die gemeinen Klöster nunmehr auf festen Fuß gesetzt werden mögten. Der ritterschaftliche Vergleichsentwurf überging diesen Punkt mit Stillschweigen. (Franck A. u. N. M. XVI. p. 247.) Auch im Jahre 1707 drangen die Städte wiederholt darauf, die Ritterschaft solle sich endlich über die Klosterstellen erklären, sie wären nicht länger ge-

K. 1706.

1707.

meint, sich mit vergeblichen Hoffnungen abspeisen zu lassen (Conventsprotocoll d. d. Rostock 31. August p. 126), aber die Landräthe verwiesen wieder auf die nächste Zusammenkunft und verhießen alsdann die Resolution (Landtagsprotocoll d. d. Malchin 30. September p. 18.)
1708. So kam die Sache auf den Landtag des Jahres 1708. Diesmal wählten die Städte zu der erledigten Provisorenstelle in Dobbertin mit und bewirkten, daß ihr Candidat, ein von Restorff auf Moederitz, die meisten Stimmen erhielt. Im Uebrigen erinnerten sie abermals, daß sie bisher auf Landtägen und andern Conventen bei der Ritterschaft um Einräumung mehrerer Klosterstellen zu Dobbertin und Malchow inständigst angesucht hätten, es wäre aber solches von einer Zeit zur andern aufgeschoben worden. Jetzt erwarteten sie eine zulängliche Entschließung. — Sie gründeten sich hiebei, wie gewöhnlich, auf die Reversalen von 1572, darin die Klöster der Landschaft, worin die Städte mitbegriffen, abgetreten wären. Die Ritterschaft sei selbst der Meinung, daß die Städte damals so viel als die Ritterschaft zu den Contributionen beigetragen habe, aus welchem Grunde sie wohl die Hälfte der Stellen prätendiren könnten, doch wollten sie sich der Billigkeit nach erklären, wenn sich die Ritterschaft nur gleichfalls finden würde. — Diesmal nahm die Ritterschaft den Vortrag der Städte ad referendum in die Aemter an. (Landtagsprotocoll d. d. Rostock 2. November 1708, p. 118. Franck A. u. N. M. XVI. p. 274.)

L. Auf dem Landtage zu Rostock (Prot. v. 25. April p. 14) anno 1709
1709. wurde zu einer Klosterhauptmannswahl für Dobbertin geschritten, die, wie es hieß, um so viel mehr zu maturiren sei, als Ihro Durchl. dieserwegen schon ein Mandatum an Ritter- und Landschaft habe ergehen lassen. „Wie nun die beschehene Wahl den Herrn Landräthen sowohl als den Herrn von Städten kundgegeben und diese nomine der Ritterschaft ersucht worden, zu ihnen zu kommen und ihr votum ratione electionis mit abzugeben," so refüsirten die Städte dies vor der Hand und gaben zu Protocoll, sie wollten erst der Ritterschaft vorbehaltene Erklärung über die mehreren ihnen einzuräumenden Stellen gewärtigen, bevor sie sich ratione electionis erklärten. Hierauf erforderte die Ritterschaft zuvörderst, daß die Städte ihre praetensa, und worauf solche gegründet, ad. protocollum bringen mögten, worauf sie die Sache weiter ad referendum in die Aemter nehmen wolle, da aber die Wahl hiemit keine Connexität habe, so mögten die Städte ihre desfallsige Erklärung danach nicht aufhalten. Die Städte beharrten jedoch auf ihrer Erklärung und bewirkten dadurch wenigstens so viel, daß die Ritterschaft nun versprach, bei ihren Aemtern eine endliche und billige Resolution wegen der Städte Prätensionen bewirken zu wollen und solche innerhalb vier Wochen dem Engern Ausschusse einzuschicken, um nach solcher mit den Städten zu tractiren und wo möglich die Sache abzuthun. Da endlich erklärten sich die Städte im Vertrauen darauf, daß die Ritterschaft ihr Versprechen halten würde, und aus Liebe zur Einigkeit, bereit ihr Votum über die Wahl abzugeben. Am folgenden Tage verlangten Consules Parchimenses, weil sie durch eine und andere particulaire Remonstration sich behindert sähen, ohne Rücksprache mit ihren Committenten in diesem Wahlnegotio weiter zu verfahren, annoch eine Frist von acht Tagen. Diese wurde bewilligt unter Verwahrung gegen Consequenzen aus dieser Fristertheilung pro futuro, und erfolgte demnächst das Votum in verabredeter Art, vermittelst versiegelter Einreichung an den Landrath von Bassewitz. — Wie die

Ritterschaft ihrerseits Wort hielt und das Vertrauen der Städe belohnte, wird man gleich erfahren.

Im Jahre 1710 fanden bekanntlich die Tractaten zu Rhena Statt, die jedoch nicht zu einem gütlichen Vergleich führten. Von dort schreibt der Archivarius Burmeister sub d. 26. Novbr. an den Bürgermeister Reus in Gadebusch, es sähe mit den Tractaten noch schlecht aus, wenn man aber weiter avanciren sollte, so hätten die Fürstlichen Minister versichert, daß sie sich der Städte wegen ihres Gesuchs um die mehreren Klosterstellen möglichst annehmen wollten. M. 1710.

(Frank A. u. N. M. XVI, p. 304.)

Hiernächst giebt über den Gang dieser Angelegenheit weiteren Aufschluß das Landtagsprotocoll v. 9. Septbr. 1712 p. 23 ff. (s. auch Frank A. u. N. M. XVI. S. 328), woselbst es heißt: N. 1712.

Anwesende Städte können nicht ohne Befremdung vernehmen, daß von den Herrn von der Ritterschaft einseitig resp. zu einer Hauptmanns- oder Provisors-Wahl beim Kloster Malchow geschritten werden wollen, da ihnen bekannt, daß Städte sowohl als die Ritterschaft vermöge der Reversalen Theil an den Klöstern hätten und daher sowohl zu den Provisoren- als Hauptmannswahlen zugezogen werden, wie solches novissime testantibus protocollis bei Erwählung des Herrn Hauptmanns von Bassewitz, Herrn Koß, als Provisoris zu Dobbertin und Herrn Zülow noch also gehalten worden, daher Städte wider solches der Herren von der Ritterschaft Verfahren hiemit sollennissime zu protestiren und quaevis competentia ihnen zu reserviren gemüßigt würden; könnten hac accasione denenselben auch nicht unerinnert lassen, daß wie Städte zu verschiedenen Malen wegen Vermehrung einiger Klosterstellen Vorstellung gethan und dieselbe von den Ritterschaftlichen Deputirten aus den Aemtern förderſamst eingebracht und die Vereinigung mit den Städten darauf vorgenommen werden solle, da von Zeit zu Zeit es bis dahin unterblieben, solche nunmehr bei gegenwärtigem Landtage und mit hin die gewünschte Endschaft in dieser Sache endlich erwarten wollen.

Der Landräthe Votum.

Was der Städte desiderium ratione concurrentiae in der Hauptmanns- und Pro-visors-Wahl zu Malchow und deren vorgezeigte Protestation betrifft, hat Ritterschaft weil sie keine Participation an solchen Klöstern denen von Städten gestehen, ihnen in solcher Wahl auch keine Concurrenz concediren können, gleich wie sie auch überhaupt von gesammten Klöstern ihnen nichts weiter, als in quantum de jure und soweit sie in possessione sind, einige Participation zugestehen könnten, sind jedoch nicht gemeint, denen von Städten präjudiciren, sondern, wenn sich im Nachsehen des Landtagsprotocolli, so jetzt nicht bei der Hand, ergeben sollte, daß auch zu Malchow sie in der Wahl ihre Zustimmung mit geben müßten, solches annoch von ihnen erforderlich werden soll. — Ratione der prätendirten Besetzung einiger Kosterstellen ex ordine civium wollen die von der Ritterschaft nicht ermangeln, der Städte desiderium in gehörige Deliberation zu ziehen, können auch nicht glauben, daß die von Städten übel deuten könnten, daß die von der Ritterschaft bisher ihre Resolution noch nicht darauf abgegeben, maaßen die von Städten so viele Jahre verzogen, der Ritterschaft copiam des mit Ihro Durchl. errichteten particulären Vergleichs zu ertheilen und wird demnach in statu quo nunc es so lange verbleiben müssen, bis die versprochene Communication gedachten

Vergleichs erfolgt, bevorab, da auch der Stargardsche Kreis, so an dieser Resolution participirt, jetzo nicht zugezogen und dessen Votum dazu erfordert werden muß.

Sämmtliche Anwesende von der Ritterschaft confirmiren sich diesem Voto der Herren Landräthe.

Städte: Das Städte bei Besetzung der Hauptmanns- und Provisorstellen bei allen Klöstern ohne Unterschied concurriren müßten, auch dazu ihre Vota von Alters her requiriret und abgegeben worden, solches ist in den Landesreversalen, als worin der neuerfundene Unterschied nicht befindlich, sondern bei Erwähnung der Klöster Ritter- und Landschaft jederzeit in separatim gedacht wird, ingleichen aus den beim Lande desfalls vorhandenen protocollis und Nachrichten klar und offenbar, wie in specie den Herrn Landräthen und Deputirten unverborgen ist, daher man städtischer Seits nicht vermuthet habe, daß Herrn Landräthe dergestalt, wie geschehen votiret, noch daß die Ritterschaft der Städte Concurrenz und Participation an den gesammten Klöstern auf einigerlei Weise in Zweifel gezogen und ohne diesen Punkt in contrariam klar zu machen, sofort resp. einen neuen Hauptmann und Provisoren beim Kloster Malchow einseitig gewählt haben würden, weshalb Städte genöthigt sind, ihre vorhin angebrachte Protestation cum reservatione quorumvis competentium in optima juris forma anhero zu wiederholen. — Inmittelst wollen Städte dem Herrn von Restorff, als auf welchen man diesseits schon vorhin Reflexion und demselben zur Employe beim Kloster Malchow Hoffnung gemacht, ihr Votum zur Hauptmannsstelle dem Herkommen nach gegeben haben. — Wenn auch Herrn von der Ritterschaft in ihrem gestrigen Voto erwähnt, daß sie der Städte Desiderium wegen Besetzung mehrerer Klosterstellen ex ordine civitatensium nun erst in Deliberation ziehen, ihre Resolution aber darnach aussetzen wollen, bis der cum Sermo. getroffene Vergleich ihnen verlangtermaaßen extradirt worden, solches haben Städte nicht ohne Verwunderung vernehmen können, nachdemalen solche reciproque Anstellungen gar keine Connexion und Verwandtschaft haben, auch bekannt ist, daß der Städte Desiderium wegen mehrerer Klosterstellen schon vor vielen Jahren urgiret und darauf bei verschiedenen Conventen, da Herrn Stargardienses mit gegenwärtig gewesen, nach einander beschlossen worden, daß Herrn von der Ritterschaft ihre letzte Erklärung desfalls bei der nächsten Diät abgeben wollen, wie unter andern ex litteris des Engern Ausschusses an die gesammte Ritterschaft sub d. Rostock 6. März 1709 klärlich erhellet, dagegen aber die von ihnen verlangte Communication gedachten Vergleiches in den nächst abgewichenen wenigen Jahren erst ad motum gekommen. Städte hoffen demnach, es werden die von der Ritterschaft annoch durantibus hisce comitiis sich näher, billiger und zulänglicher erklären, damit man nicht veranlaßt werden möge, desfalls andere nothwendige mesures zu nehmen.

Die Ritterschaft inhärirt dero einmal ad protoc. ratione der Provisoris- und Hauptmannswahl abgegebenen Resolution, addendo, daß, weil man aus der darauf abgegebenen Antwort wahrgenommen, daß sie die vermeinte Participation von allen Klöstern sich arrogiren und in den Reversalen fundiren wollen, man diesem hiedurch expresse contradicirt, auch sie nicht weiter, als in quantum sie bei dem Dobbertin- und Ribnitz'schen Kloster in Possession seien, admittiren könne und wolle, maaßen was die Ritterschaft wegen Nachsehung der Protocollen in ihrer Erklärung gedacht, sie von den alten, nicht aber den neuesten und letzten protocollis verstehen, und wenn schon per errorem in diese etwas eingeschlichen, so jenen entgegen, es der Ritterschaft nullo modo zu präjudiciren, noch den Städten ein jus quaesitum machen könne. — Was wegen der Landräthe die von Städten für Beschwerde zu führen vermeint, hätten dieselbigen sich erkundigen sollen, ob nicht vielmehr von der Ritterschaft den Herrn Landräthen committirt worden, ihren bereits gemachten Schluß solchermaaßen wie geschehen ad protocollum zu bringen und per errorem nur gesetzt worden „Ritterschaft confirmiret sich den Votis der Herrn Landräthe." Und kann die Ritterschaft um so weniger denen von Städten zugestehen, gleichwie auch die Landräthe solches beisprechen, daß die von Städten denen Landräthen solches reprochiren wollen, bevorab da in der ritterschaftlichen Erklärung nichts anderes enthalten, als was raisonabel ist, und man sich solcher Antwort als dieser wieder darauf abgegebenen im geringsten nicht versehen hätte. Würden sich demnach die von Städten eines Bessern zu bescheiden wissen. — Die zeitliche Handlung wegen einer Klosterstelle zu Dobbertin könnte mit dem fordersamsten reassumirt werden und sollte denen von Städten, was ihnen von Gott und Rechts Wegen gebührt, sodann nullo modo abgeschnitten werden, sie würden auch ein mehreres nicht verlangen, sondern die einige Jahre her verlangte Extradition endlich und vorher beschaffen, nachdemalen Ritterschaft in den Gedanken bestehen müßte, als wenn auch ratione dieses Punkts etwas ihnen nachtheiliges darin enthalten wäre.

Städte inhäriren ihrem vorigen Recesse, contradiciren allem widrigen und verhoffen, weil stante hac diaeta die von ihnen gesuchte Erklärung nicht erfolget, bei der allgemeinen Zusammenkunft eine zulängliche Resolution werde abgegeben werden. Ritterschaft repetirt priora.

Am 12. Septbr. wurde auf demselben Landtage die Suplication ad Sermum. wegen Confirmation des gewählten Hauptmanns für Dobbertin von Ritter- und Landschaft gemeinsam abgelassen.

Auf dem Landtage des Jahres 1714 wählten die Städte zwar den Provisor des Klosters Dobbertin mit, im Uebrigen aber wurden sie in den Klostersachen (betreffend die Abschaffung des Küchenmeisters zu Malchow und die Verbesserung des Salars des dortigen Hauptmanns) gar nicht mit zugezogen, weshalb denn die Güstrowschen ad protocollum protestiren wollten. Letzteres unterblieb nur wegen des Widerspruches des Parchimschen Deputirten. (Franck A. u. N. M. XVII. pagina 23 und 28.) O. 1714.

Hiernächst ist in dieser Angelegenheit von Interesse das Landtagsprotocoll vom 4. Octbr. 1715, wo es (p. 36 ff.) heißt: P. 1715.

Herr Hauptmann von der Lühe und Herr Rittmeister von der Osten, Provisores des Klosters Dobbertin, zeigten hierauf ad Protocollum an:

Welchergestalt domini civitatenses des Stargardschen Kreises ihnen per litteras kund gemacht, daß durch gesammter Städte Consens und Votum, des Herrn Assessors Beselin jüngste Tochter, die anjetzt in dem Kloster Dobbertin vacante bürgerliche Stelle hinwiederum conferiret, welchem aber sämmtliche Städte des Stargardschen Kreises sub dato Neubrandenburg 18. März durch ein Schreiben an gedachte Provisores contradicirt und widersprochen, indem sie zu der Wahl den Rechten und Gewohnheiten nach, nicht concurriret, als wollten diesemnach die Herren Provisores von Ritter- und Landschaft vernehmen und Instruction erbeten haben, wie sie sich weiter dabei zu betragen.

Deputirte von den Städten, vernommen was die Herren Provisores des Klosters Dobbertin wegen der städtischen Klosterstellen ad Protocollum gebracht, daß nämlich die Städte Stargardschen Kreises wider die Wahl protestiren und Herren Provisores ersuchen wollen, mit der Einschreibung vor der Hand nicht zu verfahren: Nun könnten Deputirte von den Städten nicht bergen, daß die Stargardschen Städte auch in simili ein Schreiben an die gesammten Städte beider Herzogthümer Schwerin und Güstrow ergehen lassen, worauf ihnen aber derzeit geantwortet worden, daß Stargardsche Städte bei gegenwärtigem Zustande des Landes zu der vorgewesenen Wahl nicht mitgezogen werden können und daß inmittelst die Städte beider Herzogthümer ihren habenden Juribus zu präjudiciren nicht gemeint gewesen, vielmehr solche ihnen selbst beigesprochen haben wollten, worauf denn auch Stargardienses acquiescirt, woraus man nicht anders schließen können, als daß, da die Stargardschen Städte sich nicht weiter gemeldet, selbige mit solcher Declaration zufrieden gewesen, wie sie denn auch überdem, wenn sie ihrer vorigen Contradiction ohne Raison weiter inhäriren wollten, sie dennoch per majora vota würden überstimmt sein, daher denn deputati von den Städten, sämmtliche Herren Landräthe, Landmarschälle und übrige Anwesende von Ritter- und Landschaft dienstlich ersuchen wollen, an die Herren Provisores wegen Reception der neuen Conventualin behörige Verfügung ergehen zu lassen.

Herr Kammerjunker von Petersdorf und Herr Major von der Lühe auf Mechelstorf zeigten hierauf nomine der Ritterschaft an:

Es wäre eine löbl. Ritterschaft nicht der Meinung, denen von Städten in ihren etwa habenden Gerechtsamen den geringsten Eingriff zu thun, welches man auch von ihnen hinwiederum nicht vermuthe. Da sich aber im Landtagsprotocoll d. d. Malchin den 14. Octbr. 1682 befände, daß die Ritterschaft zur Wahl einer bürgerlichen Stelle beim Kloster Dobbertin gehörte, also würden die von den Städten auch nicht verlangen, daß die Ritterschaft von der jetzigen Wahl excludiret werden solle. Wenn abseiten der Städte dem jetzt hier habenden Extract dieses protocolli kein Glauben zugestellt werden wolle, so könnten sie solches zu Rostock in dem Landesarchiv nachzuschlagen belieben, während der Zeit würden sie sich auch zu bemühen haben, daß der eingekommene dissensus und Contradiction der Städte des Stargardschen Kreises gehoben, anbei sich auch angelegen sein lassen, bei Ihro Durchlaucht mit der Ritterschaft unterthänigst anzuhalten, daß die zu Dobbertin versiegelten Klosterschriften entsiegelt werden mögten, als worin man sodann ein vollkommenes eclaircissement dieser Sachen wegen finden würde.

Deputati von den Städten wissen und halten nicht anders dafür, als daß ihnen die Besetz- und Conferirung der städtischen Klosterstellen allein zustehen, indessen lassen Städte geschehen, daß, utriusque partis jure, tam in possessorio quam petitorio salvo, das von einer löbl. Ritterschaft allegirte Protocollum conjunctim nachgesehen und die dabei vorkommenden Umstände nebst andern beim Lande sich diesfalls findenden Nachrichten examinirt und überlegt werden, mit der Declaration, daß im Fall daraus hervorgehen sollte, daß einer löbl. Ritterschaft einige Concurrenz wegen Zustimmung auf die von den Städten beliebte neue Conventualin competire, der jetzige actus ihrem Juri nicht präjudiren solle, dagegen lebten deputati von den Städten der zuversichtlichen Hoffnung, es werde hac causa auf obige ihre sowohl der Ritterschaft als der Städte Stargardischen Kreises ad Protocollum gegebene Declaration, zu der Einschreibung und Reception der städtischen neuen Conventualin, keine weitere Hinderung veranlaßt, sondern zur Effectuirung dessen bei gegenwärtigem Landtage, unverlängt Verfügung gestellt werden.

Die Ritterschaft wollte der Demoiselle Beselin, als auf deren Person sie gar nichts zu sagen, sondern vielmehr alles rühmliche von derselben gehört hätten, ihren assensum für diesmal geben, jedoch ihren Gerechtsamen und Befugnissen unabbrüchig, und wollte vorbehältlich des Stargardschen Kreises Städte Zustimmung, und daß dieser actus keinem Theil zum Präjudiz gereichen, noch zur Consequenz gezogen werden müßte, an ihrem Antheil die Reception ferner nicht hindern, wenn gedachter Städte des Stargardischen Kreises Zustimmung darüber eingelaufen sein wird; auf welchen Fall sodann solche Zustimmung den Herren Provisoribus vorgezeigt werden, dieselben sofort und ohne weiteren Anstand die Reception gewöhnlichermaaßen zu beschaffen, ein für allemal bevollmächtiget sein sollten. S. hiezu auch noch Franck A. u. N. M. XVII. S. 51.

Auch im Jahre 1723 drangen die Städte von neuem auf die Abtretung mehrerer Stellen in den Klöstern (Franck A. u. N. M. XVII. pagina 264), aber erst im Jahre 1737 erlangten sie endlich, wiewohl in sehr bescheidenem Maaße das Ziel ihrer Wünsche, wie sich aus folgendem Extract aus dem Landtagsprotocoll d. d. Güstrow den 29. October 1737 ergiebt: Q. 1723. 1737.

(S. 128). Bei den Deliberationen über das Kloster Dobbertin. 3) ist der mehrsten Meinung, daß zehn Fräulein, welche die nächste Anwartung haben, mit dem Fordersamsten eingekleidet werden und daß solche eines vor alles alljährlich Sechszig Rthlr. und zwar quartaliter funfzehn Rthlr. zu erheben haben und wird der Terminus a quo von Trinit. 1738 gesetzet, und müssen diese neu eingekleidete von der Fräulein Domina so lange Permission suchen, bei den ihrigen zu bleiben, bis ihre Häuser erbauet werden können, da denn diejenige, welche solche würklich beziehen, zur völligen Hebung kommen.

Auf gleiche Weise werden auch noch denen Städten zwei Stellen ebenso, wie die übrigen zehn abgetreten.

— — — — — — — — — — — — — — — — — — — — — —

— — — — — — — — — — — — — — — — — — — — — —

(S. 142 f.). Nachdem nun diese Resolution gefasset, gaben die Herren Deputirte von Städten ad protocollum: Deputirte von den Städten erinnern bei dem dritten Punct, daß ja der zur Untersuchung der Klöster angeordneten Committe vom Lande unter andern auch mit aufgegeben worden, Vorschläge zu thun, wie die Städte wegen der mehreren Klosterstellen zu vergnügen.

Wenn man nun befunden, daß in dem Kloster Dobbertin noch zehn, und in dem Kloster Malchow auch noch einige Stellen besetzt werden können, so wolle man verbitten, daß die Anweisung solcher Stellen nicht allein auf die Adlichen, sondern auch auf die städtischen mitgerichtet werden mögte. Aus den Landesacten wäre zu erweisen, daß bei der anno 1572 geschehenen Abtretung der Klöster solche nicht allein der Ritterschaft, sondern auch den Städten überwiesen, wie denn auch die Städte zu denen resp. 4mal 100/m. und 10mal 100/m. Gulden, weshalb insonderheit die Klöster dem Lande abgetreten, ein gar Ansehnliches beigetragen; wollte man also hoffen, eine löbl. Ritterschaft würde sich hierin nicht difficil erweisen, sondern vielmehr selbst befördern, daß die Sache anjetzt zur völligen Richtigkeit gebracht werde.

Was hiernächst die bei den Klöstern übliche Gastfreiheit betreffe, so bebungen sich Städte propter jura communia ein denen Herrn von Adel conformes beneficium.

Wenn nun hierauf die städtische Erinnerung, welche sie in Ansehung ihrer Concurrenz bei der zu Dobbertin vorzunehmenden Augmentation der Conventualinnen gemacht, von der Ritterschaft in Deliberation gezogen worden, so gaben der Herr Hauptmann von Moltke auf Waldendorf und der Herr von Sperling zu Wessin Namens der Ritterschaft ad protocollum:

Es hätte anwesende Ritterschaft den Herrn Hauptmann von Wangelin und den Herrn Hauptmann von Hoben auf Berenshagen erwählt, mit den Herren Deputirten von Städten, nämlich dem Herrn Hofrath Busse und dem Herrn Assessor Bick zusammen zu treten, und wurde der Herr Landrath von Plüskow von sämmtlichen Anwesenden der Ritter- und Landschaft ersucht, dieser Conferenz als mediateur beizuwohnen und diese Sache debattiren zu helfen.

Worauf denn vorbesagte Herren Deputirte in reditu referirten, welchermaaßen nach Beleuchtung städtischer Prätensionen und zur Beibehaltung eines guten Vernehmens, auch zur Beförderung der ritterschaftlichen Intention, zur Vermehrung der Conventualinnen im Kloster Dobbertin die von Städten prätendirten fünf Stellen nicht, wohl aber die zuletzt in Vorschlag gebrachten zwei Stellen außer der in dem Kloster Dobbertin befindlichen einen Stelle bei gegenwärtiger Vermehrung einzuräumen wären, jedoch mit dem expressen Bedinge, daß was zur Vermehr- und Verminderung von Klosterstellen von der Ritterschaft auch in Zukunft gemacht und beliebt werden könnte, Städte nimmermehr weder in Dobbertin noch in Malchow aus ihren Mitteln mehrere Conventualinnen darin zu haben begehren, jedoch die übrigen gemeinsamen Jura sich ungekränkt vorbehalten wollen, und werden Vorderstädte diejenigen Personen, so eingeschrieben werden sollen, denen Herren Provisoribus und dem Kloster präsentiren, die gewöhnlichen Einschreibegelder bezahlen und ihre Exspectanzen auf die drei Stellen ebenso nehmen, wie bei der Ritterschaft gebräuchlich, wie sie denn ebenfalls nach der Anciennität solcher Einschreibung sich einander succediren sollen, und wird E. löbl. Ritterschaft und Landschaft ihre Entschließung hierauf zu Protocoll zu eröffnen belieben.

Hierauf gaben sowohl von der Ritterschaft als von den Städten (nun folgen sechs Namen von der Ritterschaft und drei von den Städten) ad protocollum: Daß die zusammen getreten gewesene Committe zu ihrer aller Approbation sich solchergestalt verglichen, daß bei gegenwärtiger und künftiger Vermehrung der Klosterstellen gesammte Städte nichts weiter als die ihnen in der heutigen Conferenz accordirten zwei, und also in allem drei Stellen in dem Kloster Dobbertin, hingegen in dem Kloster Malchow keine jemals von der Ritterschaft prätendiren und nur diejenigen Jura, so ihnen ex capite unionis gebühren, sich reserviren wollen, wogegen man ihnen von Seiten der Ritterschaft sogleich diese zwei Stellen bei der Vermehrung des Klosters einräumt und ihnen den Genuß ebenalso wie bei den ritterschaftlichen Stellen zufließen läßt, wie denn gleichmäßig bei Erbauung der Häuser das sechste Haus einer Conventualin von den Städten eingeräumt und in solcher Ordnung die Besetzung dieser zwölf neuen Stellen beschafft werden soll.

(Ueber die weiteren nächsten Folgen dieses Beschlusses s. Beilage Nr. 18. Litt. I.)

Im Jahre 1738 protestirte der Rostocksche Bürgermeister Petersen dagegen, daß zur Visitation des Klosters Ribnitz der Parchinsche Bürgermeister Hofrath Busse mitgenommen war, weil dort ein Glied des Rostockschen Rathes das Provisorat mitverwalte, folglich der Stadt Rostock an dergleichen Visitation sonderlich gelegen wäre, nur für dasmal wolle er es als einen Irrthum ansehen. (Franck A. u. N. M. XVIII. pag. 235.) R. 1738.

Auf dem Güstrower Landtage des Jahres 1740 kam wieder die Beschwerde der Städte zur Sprache wegen Ausschließung von der Wahl der Klosterprovisoren und Hauptleute beim Kloster Malchow. (Franck A. u. N. M. XVIII. p. 277.) 1740.

Aus dem Landtagsprotocoll d. 28. October 1746. S. 1746.

Die Bürgermeister Dethloff und Keller gaben zu Protocoll:

Wenn sowohl bei gestern vorgewesenen Hauptmanns-, als heutiger Provisoren-Wahl des Klosters Dobbertin den Vorderstädten nur ein einziges Votum zugestanden werden wollen, so hätte man zwar bei jetziger Ermangelung völliger Instruction, wie es in den vorigen Zeiten damit gehalten worden, sich solches müssen gefallen lassen, da man aber hoffte, es würde bei Nachsicht der Acten sich klar ergeben, daß sämmtliche Vorderstädte dabei singulatim concurrirt hätten, so wollte man sich dadurch keineswegs pro nunc präjudicirt, sondern vielmehr den Vorderstädten die ihnen hierunter zustehenden Jura bestens beigesprochen und zu solchem Ende annoch stantibus hisce comitiis inspectionem der Wahlprotocolle von vorigen Zeiten ergebenst ausgebeten haben.

Hierauf gaben sämmtliche Anwesende von der Ritterschaft zur Antwort: Es ließen dieselbigen gerne geschehen, daß man städtischerseits die Wahlprotocolle inspicirte, desbehufs dem Landessecretario Decker solche ihnen vorzuzeigen hiemit aufgegeben wird.

Die weiteren Bestimmungen des L. G. G. E. V. von 1755 über die Rechte der Städte an den Klöstern (§. 124 und 125) s. in der Beil. Nr. 22. Am 9. April 1755 war es, als die Ritterschaft den Städten noch sechs halbe Hebungsstellen zugestand. Nachdem dies geschehen, verlangte Rostock am 17. April gleichfalls noch zwei Stellen in Ribnitz, welches aber die Ritterschaft am 19. April abschlug. Hiegegen behielt sich wiederum Rostock competentia vor und unterschrieb auch den Landesvergleich nur sub hac protestatione. T. 1755.

Ursprünglich (21. August 1751 und 20. Mai 1754) hatten die Städte verlangt, bei jedem Kloster einen Provisoren und einen Küchenmeister bürgerlichen Standes (aus ihrer Wahl) und die verhältnißmäßige Gleichheit in der Anzahl der Conventualinnen zu haben, auch bei den vorfallenden Wahlen civitim zu votiren.

## Auszug aus dem unter'm 29. November 1781 zu Sternberg über verschiedene Streitpunkte abgeschlossenen und sub d. 26. Jan. 1782 landesherrlich bestätigten Vergleiche. U. 1781.

(Abgedr. in Mantzel Staatscanzlei Thl. I. S. 149 ff.)

Wann sich zwischen der Mecklenburgischen Ritterschaft und der Landschaft oder den Städten verschiedene Irrungen nachgerade hervorgegeben, welche bis zu förmlichen Rechts=Gängen erwachsen; so ist zur Zufriedenheit beyder Theile und zur Herstellung des wechselseitigen Ständischen Vertrauens nachstehende Vereinbarung nach mühsam gepflogener Unterhandlung getroffen.

So viel demnach

1.

die von Städten behauptete Stimmführung einzelner Städte bey eintretenden Wahlen betrifft, so bleibt in Ansehung dieses Punktes dermahlen alles in statu quo, und den Städten die Fortsetzung desselben binnen Jahres=Frist im Wege Rechtens überlassen. Wogegen Städte den Punct der Theilnahme der Herren Landräthe an Ständischen Differentien auf sich beruhen lassen zu wollen sich erklären, und dagegen hoffen, daß die Herren Land=Räthe an ihrer beschwornen Anhänglichkeit an das ganze Corps der vereinigten Stände in unvermutheten künftigen Veruneinigungs=Fällen die Städte niemahl einen Mangel spüren zu lassen, von selbst sich zum Vergnügen machen werden.

2.

Sämmtliche Mecklenburgische Stände, nemlich die Ritterschaft und Städte stehen in unverrücklicher Union, Gemeinschaft und Theilnehmung an allen ihnen zustehenden Gerechtsamen und Befugnissen, solchergestalt, daß die Ritterschaft und Städte an ihrer Concurrentz zu den Landtägen, zum Hofgericht und Engern Ausschuß, zu den Clöstern, und überhaupt zu allen Ritter= und Landschaftlichen gemeinsamen Rechten und Pflichten nach wie vor, dem Herkommen gemäß, sich nirgend beeinträchtigen, zurücksetzen, oder ausschließen wollen.

3.

Der Engere Ausschuß und der Land=Kasten sind beyden Ständen gemeinsam, und Städte können, so lange die Mecklenburgische Grund=Verfassung und Union bestehet, auf keinerley Art und unter keinem Vorwande von der Theilnahme und Verwaltung ausgeschlossen werden, es wäre denn, daß Städte in Corpore oder ihre Deputirte sich in producirtem Auftrag und Vollwort von ihnen, derselben willkührlich entzögen, oder die aufgeforderten Städte sich nicht erklärten.

In diesem willkührlichen Fall jedoch, so wie auch, wenn durch höhere Macht ohne erweisliche Schuld der Ritterschaft die Absonderung abgedrungen würde, tragen sie zur Erhaltung des Etats das Ihrige bey; daferne aber die Ritterschaft solches erweislich veranlasset oder mitbetrieben hätte, höret ihr Beytrag so lange auf, bis das Band der Einigkeit wieder hergestellet worden, oder bis der Richter rechtskräftig entschieden, ob solche Exclusion mit Bestande Rechtens von ihr veranlasset oder erwürket werden können.

4.

Bleibt es die Regul, daß, wenn Stand mit Stand handelt, alsdann jedesmal die itio in partes Statt habe. Vermeinte aber ein Theil, daß in vorkommenden Fällen die itio in partes nicht anginge, mithin der andere zur Zustimmung verbunden wäre, stehet ihm frey, solches güt= oder gerichtlich auszumachen, bis dahin heißt das inmittelst Vorgenommene eine einseitige Handlung für den Bejahenden.

Was in specie den Engern Ausschuß betrifft, so behält derselbe nach dem §. 178 des Erb=Vergleichs seine Collegialische Verfassung. Wenn aber das be=

sondere Interesse eines Standes die itionem in partes nothwendig macht, so bleibt entweder die Sache beliegen, oder dem einen Theil stehet auch frey, das vorhabende für sich allein als sein Domesticum auszuführen, allenfalls an jenen, rechtlicher Art nach, den Regress zu suchen.

Fordert der Landesherr das Erachten des Engern Ausschusses, so wird im Fall eines Dissensus jeden Standes besondere Meynung vollständig vorgetragen.

## Landesherrliche Rescripte betr. die Avocation der Proceßsache wegen Restitution der Städte gegen den §. 125 des Landesvergleichs, d. d. 20. Febr. 1796. V. 1796.

A. Rescript an Bürgermeister und Rath der Vorderstädte Parchim und Güstrow.

Fr. Fr. pp. Unsern p. Wir haben mit Erstaunen und höchstem Unwillen davon Kenntniß erhalten, daß ihr euch nicht gescheut habt, gegen den L. Vergleich und dessen §. 125 eine ordentliche Klage anzustellen, und die Verbindlichkeit dieses Landesgrundgesetzlichen von Kaiserl. allerhöchsten Majest. unter scharfer Strafe bestätigten Transacts öffentlich anzufechten, auch zu solchem strafbaren Schritte die gesammten Städte Unsers Landes zu vereinigen, oder doch in ihrem Namen mit gegen den Bestand dieses Grundgesetz-Buches aufzutreten. So ungegründet nun euer ganzes Begehren an sich selbst ist, indem ihr doch leicht einsehen könnet, daß es ebenso wenig thunlich sey, aus einem einzelnen Puncte eines allgemeinen Vergleichs, ohne Rücksicht auf allen übrigen Inhalt desselben und auf das Ganze, eine Läsion herausfinden, und aus allen sonstigen Puncten das nützliche beibehalten zu wollen als es überhaupt zur Restituirung gegen einen solchen cognita causa gerichtlich bestätigten Transact über Zweifel und Irrungen Mittel in den Rechten gebe, am wenigsten, wenn solcher Transact zwischen Landesfürsten und Ständen grundgesetzlich errichtet worden, mithin, wie sich bei solchen Landesverträgen immer versteht, nie anders als auf eben dem Wege wie er zu Stande gekommen, das ist durch neuen Vergleich cum mutuo omnium consensu, wieder abgeändert werden könne, dessen nicht einmal zu gedenken, daß sogar der §. 125 nur eine transactliche Erläuterung und Erweiterung eines darin anerkannten und bestätigten schon vorherigen Vergleichs in sich fasse; — so hättet ihr doch wenigstens dieses nicht verkennen sollen, daß eines Theils es mit dem Begriff und den Rechten eines Corps von Landständen was als solches mit Fürsten und Mit-Ständen tractiren und Landes-Grund-Verträge schließen will, auch dazu fähig anerkannt wird, sehr übel reime, solche Landes-Verträge ihrer Seits nacher wieder anfechten und nicht halten zu wollen, und Fürsten und Mitstände solchermaaßen fast außer Stand zu setzen, mit ihnen als geständlich dazu unfähigen standhaft etwas zu verhandeln, — andern Theils aber die Anfechtung eines Punkts der Landes-Verfassung und aus dem Landes-Grund-Gesetzbuche nie Privat-Sache und vor die Landesgerichte gehörig seyn könne, vielmehr kein gerichtlicher Ausspruch wider die fortdauernde Kraft eines einzigen §phi aus dem L. Vergleich von Bestand, ja nur unstrafbar seyn könne, ohne, daß zuvor das Kaiserliche allerhöchste Verbot in dem Confirmations-Acte entkräftet oder modificiret wäre, welches doch unfehlbar lediglich in den Händen des allerhöchsten Reichs-Oberhauptes steht.

Städte mögen nun hieraus ihre gänzliche Unbefugtheit zu Angreifung des Landesgrundgesetzlichen Erbvertrags einsehen, oder wenigstens richtigere Wege damit einschlagen wollen oder nicht: So werden doch auch Wir eine einseitig verlangte Aufhebung oder Abänderung eines Passus aus dem L. Vergleich nimmer zugeben; Noch vielweniger können und werden Wir in Unsern Landen irgend jemanden gestatten, etwas zu thun, oder fürzunehmen, was den geruhigen Genuß eines jeden aus dem einmal klar Verglichenen behindert, und auf Anfechtung der Verbindlichkeit des Landesgrundgesetzlichen Vergleichs oder Widerrufung des darin beschriebenen abzwecket. So wie nun derwegen der sträflicher Weise wider das Gesetz begonnene Proceß durchaus vernichtiget und abgethan, auch desfalls das nöthige an Unsere Justiz-Canzlei nach geschehener Abnehmung der Acten angefüget ist; So wollen Wir auch zwar den unternommenen Schritt für diesmal noch für bloße Verirrung und Uebereilung ansehen, befehlen euch aber bei schärffster Strafe, daß ihr euch nicht unterstehen sollet, je wiederum gegen die Verbindlichkeit des L. Vergleichs oder irgend eine Stelle daraus, etwas zu schreiben, und öffentlich bekannt zu machen, oder gar dawider gerichtliche Klagen vor einem Landes-Gerichte anzustellen, und dadurch den Kaiserl. bestätigten Transact anzufechten, widrigenfalls Wir gegen euch und einem jeden an dem Verbrechen Theilnehmenden Fiscalen excitiren und euch insgesammt aufs nachdrücklichste bestrafen lassen werden. Wornach pp. Schwerin den 20. Februar 1796.

B. Rescr. an die Justiz-Canzlei zu Schwerin.

Fr. Fr. pp. Unsern pp. Wir haben sehr misfällig den Schritt erfahren, welchen ihr bei der Sache zwischen Unsern Vorderstädten und Unserer Ritterschaft wegen mehrerer Theilnahme an den Genüßen der Landes-Klöster gewaget habet, eine, euerm eigenen Berichte nach, gegen den klaren Buchstab des Landes-Vergleichs angehende Klage anzunehmen, und an der unmittelbaren Anfechtung der Verbindlichkeit dieses Landes-Grund-Gesetzes durch Ertheilung proceßualischer Mandate selbst Theil zu nehmen. Es ist Uns dieses von einem Landes-Gericht um so viel unerwarteter, da ihr wisset, daß euch der Landes-Vergleich als ein Gesetz-Buch zugestellet ist, um nach demselben zu richten, woraus von selbst folget, daß ihr auf keine Weise ermächtiget seyn könnet, über denselben und über die Gültigkeit und Kraft jeder einzelnen klaren Disposition darin, zu judiciren, und da ihr aus der von Kaiserl. Majestät ergangenen Confirmation des unter allerhöchster Einleitung und Cognition geschlossenen und zum allerverbindlichsten Gesetz gemachten Transactes sehet, wir allen Reichs-Unterthanen, namentlich auch allen Richtern und Räthen, bei schwerer Strafe verboten ist, Uns und Unsere Ritter- und Landschaft an solchem Vergleich und dem geruhigen Genusse desselben auf irgend eine Weise zu hindern, oder etwas dawider fürzunehmen. Es ist einleuchtend genug, daß durch Einleitung eines Proceßes über den fortwährenden Bestand des §. 125 im Vergleich, durch die Klage der Städte, und durch die Mandate darauf zu antworten, die Ritterschaft in dem ruhigen Genuße der Dispositionen deßelben gestöhret, ja sogar der Weg gebahnet werde, den Stand vor dem Transacte wieder herzustellen; welches alles durch den von euch angeregten Unterschied unter via facti und juris nicht wegfällt; nicht zu gedenken, daß ihr dabei immer eure Competenz voraussetzet, darüber zu judiciren, welches doch hier auf alle Fälle, wenn auch gegründete Behauptung einer Läsion in einem einzelnen, — aus so vielen ungebührlich herausgerissenen, Puncte, und Restitution gegen einen solchen Landes-Grundgesetzlichen Transact rechtlich gedenkbar wäre, nie anders, als von Kaiserl. Majestät geschehen kann.

Da Wir nun Uns Selbst gegen das allerhöchste Reichs-Oberhaupt verantwortlich machen würden, wenn Wir irgend jemanden in Unsern Landen gestatteten, die Verbindlichkeit des bestätigten Landes-Vergleichs anzufechten, es sei auf welchem Wege es wolle, und solchermaaßen den unter Kaiserl. allerhöchster Obwaltung mit so vieler Mühe und Schwürigkeit hervorgebrachten Ruhestand des Landes zu stöhren, und die einmal feststehende Verfassung wieder zu untergraben; So können Wir keinen Umgang nehmen, aus Landesherrlicher Macht und Verbindlichkeit, und zu Befolgung der desfallsigen Kaiserl. allerhöchsten Vorschriften, den zwischen Unsern Städten und Unsrer Ritterschaft, nicht über den Sinn, sondern über den fortdauernden Bestand des §. 125 des Landesgrundgesetzlichen Erbvergleichs, sträflicher Weise geführten Proceß gänzlich aufzuheben und zu vernichten; gleich er denn hiemit in allen seinen Würkungen und Folgen abgethan wird, und die darüber verhandelten Acten bey Unsrer Regierung aufbewahret bleiben sollen, euch aber ernstlichst anbefohlen wird, euch nie wiederum eines Angriffes auf den bestätigten Landes-Vergleich durch Ertheilung gerichtlicher dahin abzielenden Decrete mitschuldig zu machen, sondern vielmehr jederzeit genau nach dem Gesetze, nie über dasselbe zu erkennen, oder nur Proceß zu gestatten; und falls es jemand wiederum wagen sollte zu Abänderung oder Umstoßung irgend einer Stelle daraus Anträge zu machen, sodann solches sogleich zu Unsrer Regierung einzuberichten, damit die Verbrecher zur gebührenden Strafe gezogen werden können. Wornach ꝛc. und Wir ꝛc. Schwerin den 20. Febr. 1796.

---

Das Decret des Reichskammergerichts auf die gegen die vorstehende landesherrliche Avocation eingewendete Appellation lautete:

Tenor Decreti ad Supplicas Doctoris Hert:

Abgeschlagen und wird den appellantischen Städten alles fernere Suppliciren in dieser Sache untersagt. Zugleich gegen den Verfasser des Beschwerden Libells Doctorn Hartwig — umwillen derselbe sich mehrerer unanständiger, auch in den Ton der Verfassungsfeinde stimmenden Ausdrücke, wie zum Beispiel der hier gar nicht anwendbaren Worte: unveräußerlicher Menschenrechte ꝛc. bedienet hat, die Strafe einer Mark Silber in den Armensäckel, Zeit vier Wochen sub poena dupli et realis Executionis zu entrichten, vorbehalten.

In Concilio 15. Novembris 1796.

## Vergleich zwischen der Ritter- und Landschaft aller dreier Kreise über das Stimmrecht der Städte bei gemeinschaftlichen Wahlen, vom 4. Mai 1804. W. 1804.

(Abgedruckt in Ditmar's Samml. neuerer Gesetze und Urkunden, Bd. II S. 77 ff.)

Zu wissen:

Es haben zwischen dem Corps der Ritterschaft der Herzogthümer Mecklenburg aller drey Kreise, und der Landschaft ebenfalls aller drey Kreise über die

Berechtigung der einzelnen Städte: daß auf Landtägen und sonstigen gemeinschaftlichen Zusammenkünften jede Landtagsfähige Stadt, welche den Landtag oder die allgemeine Zusammenkunft durch einen Deputirten oder mehrere Deputirte beziehen lässet, berechtigt sey, bey gemeinsamen von der Ritter- und Landschaft vorgenommenen Wahlen, für jede Stadt eine Stimme abgeben zu können, gerichtliche Differenzen obgewaltet.

Während des ganzen Processes haben beide Partheyen, überzeugt, daß Einigkeit das stärkste Band ist, welches unirte Landstände hält, nie sich von der Absicht entfernt, dieser Differenz durch ständische Uebereinkunft eine Hinlegung zu geben und deren endliche Bestimmung dem oberstrichterlichen sonst verehrlichen Ausspruch nicht zu überlassen.

Von solchen wahren Landständischen Gesinnungen geleitet, hat man seit der Reichscammergerichtlichen Urtel nicht allein Vergleichs-Unterhandlungen angefangen, sondern auch, zum Beweis eines solchen Zwecks während drey Jahre Versuchsweise eine einstweilige Art zu wählen eintreten lassen. Nachdem dann während dieses 3jährigen Interimistici die Erfahrung gelehrt hat, daß eine feste Norm solchem Interimistico vorzuziehen sey; so ist, nachdem diese Angelegenheit von einer absonderlichen Committe, in Gemäsheit des landtäglichen Beschlusses von 1802 zu landtäglicher Berathschlagung und zum Beschluß vorbereitet, und dieser Gegenstand von dem löblichen Engern Ausschuß 1803 auf dem vorlandtäglichen Landes-Convent intimiret worden, auf dem vorigjährigen Land-Tage zwischen beyden Theilen folgende Uebereinkunft getroffen, und beliebt mehrerer Gewisheit halber, diese Vergleichs-Urkunde vollziehen zu lassen.

Es ist nehmlich auf dem vorigjährigen Land-Tage zwischen beyden bisher Proceß geführt habenden Theilen, verglichen und festgesetzt: daß

I.

künftig jede Mecklenburgsche landtagsfähige Stadt, wann von selbiger der Land- oder Convocations-Tag, Ladungsmässig beschickt wird, berechtigt sey, bey den dort von Ritter- und Landschaft anzustellenden gemeinsamen Wahlen zu der Folge durch ihren dort und bey dem Wahl-Actu gegenwärtigen Deputirten eine Stimme abzugeben, daß bei Aufzählung der Stimmen, die für eine Stadt abgegebene, als eine, und gleich einer Stimme eines Mitglieds der eingesessenen Ritterschaft berechnet werde: jedoch sind mehrere landtägliche Deputirte einer und derselbigen Stadt, für selbige nicht mehr als zu einer einzigen Viril-Stimme berechtiget.

II.

Dabey aber ist, correspectiv, von der Ritterschaft beybedungen und von der Landschaft hiedurch zugestanden, daß ohngeachtet dieser unter Nr. I enthaltenen Stipulation,

in Ansehung der Wahlfähigkeit einzelner Subjecte zu denjenigen gemeinsamen Landes-Stellen, welche aus der Ritterschaft besetzt werden müssen und bisher besetzt sind, es unter dem ausdrücklich verwillkührten Präjudiz der Stimmen-Nichtigkeit, bey dem unter der Ritterschaft behaupteten und von beyden Ständen bisher befolgten Herkommen, auch dem Besitz der besonders nach dem Herkommen qualificirten Mitglieder der Ritterschaft verbleiben solle, es wäre denn, daß zwischen der Ritterschaft selbst, gegen das jetzige, nur Eingebohrne und Recipirte von Adel zulassende Herkommen, wegen der subjectivischen Wahlfähigkeit einzelner ritterschaftlicher Mitglieder, auf dem Wege der Güte oder des Rechts, ein anderes verglichen oder rechtskräftig entschieden würde.

III.

Beyde im Proceß bisher verwickelt gewesene, nunmehr verglichene Theile werden und wollen, vor dem Allerhöchsten Judicio ad quod, unter allgemeiner Anzeige von dem vollzogenen Vergleich, binnen zwey Monaten, dem Proceß und der dazu gehabten Berechtigung, gemeinschaftlich entsagen, die Ritterschaft aber wird noch insbesondere dem von derselben gegen die Reichs-Cammergerichtliche Urtel vom 28. Febr. 1793 eingewandten Rechts-Mittel der Restitution, ebenfalls binnen 2 Monaten zu den Acten renunciiren.

IV.

Das Corps der Städte entsagt dem Ersatz derjenigen Kosten, worauf die ergangenen Erkenntnisse demselben eventualiter ein Anrecht geben.

V.

Obgleich die Stadt Rostock an diesem Proceß keinen Antheil genommen hat; so wird dennoch hier bemerkt, daß dieser Verein das Verhältniß der Stadt Rostock nicht verändern solle oder könne, sondern selbige, zum Herzogthum Güstrow herkömmlich gerechnet, eine Stimme führe.

Beide sich jetzt vergleichende Theile versprechen für jetzt und auf immer sich die genaueste Erfüllung dieses Vereins, unter Entsagung aller Einreden, als der nicht überlegten Sache des veränderten Zustandes der Dinge, auch allen Rechts-Mitteln, mithin auch der Appellation an die Reichsgerichte zu jeder Wirkung; Städte leisten insbesondere Verzicht auf die Wieder-zurücksetzung in den vorigen Stand.

Urkundlich ist diese Vergleichs-Urkunde in zwey gleichlautende Exemplarien gebracht, mit dem gemeinsamen Landes-Siegel bedruckt, und nach dem Auftrag der vorigjährigen Land-Tags-Versammlung auf dem gegenwärtigen Landes-Convent, von dem Directorium und dem Engern Ausschuß zur Verbindlichkeit der ganzen Ritter- und Landschaft aller drey Kreise, unterschrieben und besiegelt zu Rostock den 4. May Eintausend Achthundert und Vier.

---

## Beilage Nr. 21.

### Nachrichten, Urkunden und Verhandlungen betreffend das ritterschaftliche oder adelige Indigenat.

Ritterschaftliches Attestatum, was 1) in Mecklenburg der Ritterliche Stand sei; 2) ob die Knuthsche Familie sich mit darunter befinde, und 3) ob auch Fremde in das Ritterschaftliche Corpus aufgenommen werden und Güter acquiriren können. A. 1706.

Wir Landräthe, Landmarschälle und gesammte Ritterschaft beider Herzogthümer Mecklenburg Schwerin und Güstrow, urkunden und bezeugen hiemit:

Demnach heute doto um ein glaubwürdig Attestatum angehalten worden, was es mit unserm Ritterlichen Stand für eine eigentliche Bewandniß habe, und ob unter unsere auch die Knuthsche Familie sich mit befinde, imgleichen ob auch Fremde, die einen gleichmäßigen Stand mit uns haben, in unser Corpus aufgenommen werden, und dabei ihnen erlaubt sei, adeliche Güter an sich zu bringen?

So bezeugen wir hiemit zur Steuer der Wahrheit:

Daß unser ritterschaftlicher Stand von vielen Seculis her ein uralter freier Stand, der mit vielen stattlichen Privilegiis, Freiheiten und Gerechtigkeiten, laut der mit der Landesherrschaft aufgerichteten Reversalen und Recessen, so von Kaisern zu Kaisern confirmirt und bestätigt, begnadigt und in- und außerhalb des heil. Römischen Reiches allem Adel bei allen Vorfallenheiten gleich ästimirt und gehalten wird, wie denn verschiedene aus unsern Mitteln sowohl in vorigen als diesen Zeiten bei Kaisern, Königen, Chur- und Fürsten in großen vornehmen Civil- und Militair-Bedieungen gestanden und noch wirklich stehen.

Unter diesen unseren Familien hat sich nun von je her als ein altes Geschlecht das Knuthsche mitbefunden, von welchem auch viele vornehme Subjecta in nächsten Jahren am Königl. Dänischen Hofe in großen Chargen gestanden.

Und gleich denn uns aller Orten das Recht und die Prärogative der Edelleute zugestanden wird, also sind wir auch geneigt, wie bis dato auch observiret worden, alle honette Leute, die sich durch Bezeugung ihres Adels bei uns niedergelassen, und adliche Güter an sich gebracht, in unser Corpus mit auf- und anzunehmen, der denn auch aller Wohlthaten und Freiheiten, die wir haben, mit uns zu genießen hat.

Urkundlich haben wir dieses Attestatum mit unserem Landesinsiegel bedrucken und durch unseren Secretarium unterschreiben lassen. So geschehen Rostock, bei, unserem gemeinen Landes-Convent den 26. Novbr. 1706.

(Ungnaden Amoenit. p. 1391 ff.)

B. Aus dem Landtagsprotoll d. d. 9. Octbr. 1721 (p. 11).

1721. Landrath von Lehsten: Weilen auch Einige sich befänden, die von altem ausheimischem Adel sind, theils auch durch vornehme Kriegs-Chargen ihren Adel erworben und von J. Kaiserl. Maj denselben erlangt haben und bisher ansehnliche Güter im Lande besessen und noch besitzen, so wird von selbigen zum Theil sich Angebenden vernommen, ob E. löbl. Ritterschaft resolviren wolle, auf ihr dienstliches Ansuchen sie für Einheimische von Adel zu recipiren und aller deren Gerechtsame, Freiheiten und Dignitäten in Stiftern, Klöstern und Aemtern den Einheimischen von Adel gleich sammt ihrer Posterität genießen zu lassen.

Anwesende von der Ritterschaft haben sich hierüber erklärt: daß wenn die Herrn Landräthe und Landmarschälle zuvor ihre Vota über diejenigen abgegeben, denen sie dieserwegen ihre Approbation geben wollen, sodann die Sache von ihnen überlegt und nach Bewandniß darauf resolvirt werden könnte.

Aus eben demselben Jahre (1721) liegt ein Schreiben des Engern Ausschusses an den Geh. Kammerrath von Laffert auf Lehsen vom 27. December vor, in welchem ersterer ein an ihn gerichtetes Gesuch des p. p. Laffert vom 13. Decbr. um Einverleibung in das Corpus der Mecklenburgischen Ritterschaft als eine einheimische Familie, und ein darüber auszustellendes Document, um deswillen vorläufig noch nicht befriedigen zu können erklärt, weil nach dem Dieserwegen auf jüngstem Malchinschen Landtage von der gesammten gemeinen Ritterschaft gefaßten Beschlüsse hiezu erfordert werde: 1) daß die 16 Ahnen als 8 von väterlicher und 8 von mütterlicher Seite in forma probante beigebracht, und 2) an die hiesigen Landesklöster zu deren mehrerer Aufnahme 2000 Thlr. bezahlt werden müßten. Als Vortheile, die durch Erlegung dieser

Summe dem Supplicanten und seiner Posterität zu Theil würden, werden als dann bezeichnet: daß er mit seinen Descendenten, wenn sie hier im Lande mit adelichen Gütern possessionirt sind, in den Klöstern recipirt würde und sonst im Lande zu den von selbigem dependirenden Dignitäten und Chargen die Fähigkeit gleich dem alten einheimischen Adel erlange. (Glöden. Die Wählbarkeit zu einem Deputirten der Ritterschaft u. s. w. S. 118 ff.)

In einem auf dem Landtage zu Sternberg anno 1723 am 31. Octbr. abgegebenen Votum Directorii heißt es: C. 1723.

Ratione des ausländischen teutschen, jedoch guten Adels wären sie der unmaaßgeblichen Meinung, daß selbige nach dem Landtagsschluß de anno 1721 zwar das daselbst determinirte Quantum der 2000 Thlr. pro receptione — praevia legitimatione — erlegen müßten, jedoch gebe man dem Lande anheim, ob es nicht zuträglicher sei, daraus einen Fonds zu machen, dessen sich das Land in vorfallenden Nöthen bedienen könnte, als daß man solches den Klöstern wolle attribuiren, welche ohnedem durch die treufleißige Vorsorge der ihnen Vorgesetzten in solchem guten Stande gesetzt worden und zum Theil schon gebracht sind, daß die darin Begebenen ihr reichliches Auskommen haben können.

Hierauf hat die anwesende Ritterschaft resolvirt, aufs künftige eine Verordnung zu machen 2c. Was aber die Reception der Ausländischen vom Adel anlanget, so wird den Herren, die solche verlangen, zu antworten sein, es würden ihnen die auf dem Malchinschen Landtage im Jahre 1721 gesetzten Conditiones ohne Zweifel bekannt sein. Wenn nun dieselben die erforderlichen Ahnen beibringen und sich daneben des verlangten Geldquantums halber erklären würden, sollte die Ritterschaftliche Resolution erfolgen, man gewärtige aber hiebei, daß die Meldung zur Reception innerhalb drei Monaten geschehen müsse.

Aus dem Landtagsprotocoll vom 6. März 1727 (p. 144 ff.). D. 1727.

Hiernächst ist verlesen das Memorial der Hrn. Gebrüder von Meerheimb pcto. receptionis und gab der Herr Landrath von Plüskow seine unvorgreiflichen Gedanken dieserwegen folgendergestalt ad Protocollum:

Weil die difficultirte Reception zu hiesigem Landesadel ein Ressentiment in der Nachbarschaft verspüren läßt, wovon die Ritterschaft über kurz oder lang nicht gar gute Wirkungen zu gewärtigen haben dürfte, zu geschweigen, daß auch im Lande seßhaft gewordene und von gutem Adel abstammende Edelleute, bei gänzlicher Verweigerung der von ihnen verschiedentlich vergeblich versuchten Reception zum Besten des Vaterlandes nicht stark obligirt werden können, so halte nicht ungerathen zu sein, darauf zu denken, wie man durch eine auf raisonnable und dem Vaterlande ersprießliche conditiones gegründete Reception die dem Publico nicht avantageuse evenements, so aus oben erwähnten Empfindlichkeiten einst unvermuthet entstehen mögten, evitiren könne. Außer diesem würde der dadurch zu befestigende Indigenat nicht ohne heilsamen Effect bleiben und setze ich auf Verlangen einer löblichen Ritterschaft zu derselben weiteren Einsicht und beliebiger Veränderung einige Punkte bei, worauf man vor der Hand, bei einer zu verfolgenden Reception reflectiren könnte:

1) würde das Geschlecht und Herkommen des Recipiendi zu examiniren und die Beschaffenheit der Ahnen auf etwas gewisses zu setzen sein;

2) müßte derselbe den Privilegiis und Freiheiten der Mecklenburgischen

Ritterschaft nie entgegen gehandelt, weniger noch sich gegen solche haben gebrauchen lassen.

3) Müßte keiner durch Versprechen der Freunde oder gar durch gewaltige und sonst dem Corps der Ritterschaft unangenehme Wege recipirt zu werden suchen, als welches letztere insonderheit ipso facto der Reception ihn verlustig machen sollte, maaßen ein freier guter Wille gesammter Ritterschaft auf öffentlichen Landtagen dazu erfordert wird, und sonsten nur allein die Ehre, Geschicklichkeit und Meriten die er bereits in anderen Ländern erworben und welche man demselben, auch allhier zum Besten und Dienste des Vaterlandes und in specie der Ritterschaft zuverlässig zu vermuthen hätte, den Zutritt und die Reception öffnen und erwerben müßten.

4) Wenn ein die Reception Suchender nicht schon im Lande der Requisitorum halber von vielen Jahren bekannt ist, wird um nöthige Erkundigung einzuziehen, die Reception bis zu dem folgenden Landtage verschoben, alsdann aber bei ungefundenen Hindernissen und praestitis praestandis accordiret.

5) Müßte wenigstens seine Mutter schon adelicher Geburt sein, wenn er wie andere Emolumente auch der Klöster für seine von ihm abstammende Kinder wollte theilhaftig werden. Er könnte aber

6) an den Klöstern, die mit des einheimischen Adels sehr großen Kosten gestiftet sind, nicht participiren, es wäre denn, daß er den drei Klöstern — — Rthlr. gebe, jedoch müßte die Theilnehmung an den Klöstern nicht weiter als auf ihn und seine Descendenten, keineswegs aber auf seine Brüder und Agnaten extendirt werden können. Wie nun hieraus erhellet, daß die Art der Reception zweierlei sei als

1) bei der Mecklenburgischen Ritterschaft, um blos als ein adeliches Mitglied aufgenommen zu werden;

2) außer der Reception unter dem Mecklenburgischen Adel auch der Stifter und Klöster theilhaftig zu werden, —

so könnte zu dem ersten unmaaßgeblich einer durch Erfüllung der vier ersten Puncte, zu dem andern aber lediglich durch alle sechs Puncte und insonderheit nur durch die beiden letzten Conditiones gelangen.

(Hierauf wird speciell das Receptionsgesuch der Gebr. v. Meerheimb besprochen und anempfohlen, weil diese Familie schon seit 60 und mehr Jahren ins Land gekommen sei, und sich stets als gut patriotisch gesinnt erwiesen habe, in specie auch in Bezug auf den Schutz und die Erhaltung der Mecklenburgischen Klöster, sowie in Bezug auf die Conservation der ritterschaftlichen Privilegien. Wegen der besondern Verdienste um die Klöster wird sogar auch außerdem noch eine Herabsetzung der Receptionssumme für diesen Fall befürwortet.)

Hierauf gaben der Herr v. Regendanck auf Zierow und der Herr Hauptmann v. d. Kettenburg zu Schwetzin, nomine gesammter Anwesendeu von der Ritterschaft ad Protocollum:

Anwesende Ritterschaft ist auf des Herrn von Plüskow unvorgreifliche Gedanken über den Punct der Reception der Meinung, daß, was

1) die generelle Reception eines mit Lehen und Gütern angesessenen Ausländers zum adelichen Mitstande betrifft, man mit des Herrn Landraths voto und zwar resp. den vier ersten Nummern einig sei. Was aber hiernächst

2) außer der vorigen generellen Reception die Ein- und Zulassung der ausländischen Familien in die Stifter und Klöster betrifft, so ist die Ritter-

schaft zwar der beständigen Meinung, daß diese Stifter und Klöster nur Inhalts der Fürstlichen Reversalen, zur Erziehung der inländischen Jungfrauen überlassen und geordnet worden, und diese specielle Reception gar etwas personelles und den inländischen Familien, sie mögen im Lande possessionirt sein oder nicht, gleichsam anklebendes sei. Im übrigen aber wird demnach hiemit den sechs Herren Provisoribus aufgetragen, auf künftigem neuen Landtage zu Sternberg ihre räthlichen Gedanken und votum über diesen speciellen Punkt einzubringen, welcher Punkt indessen und alle dahin lautende Memorialia, so auf diesem Landtag etwa eingekommen sind, gänzlich bis zu sothanem Landtag ausgesetzt bleiben.

So viel aber das petitum der Hrn. v. Meerheimb wegen Zulassung ihrer in die Klöster und das von dem Herrn Landrath von Plüskow herbeigeführte betrifft, so wird insonderheit auf diese Personen reflectirt, weil ihr sel. Herr Vater, der Hr. General Meerheimb das Kloster Dobbertin durch gar besondere Protection erhalten, und sowohl das ganze Land, dieses Kloster, als die inländischen Geschlechter gar ungemein obligirt hat. Diesemnach ist dieser casus als ein extraordinarius und sonst nicht applicabilis diesmal angesehen worden und wird dieser besonderen Umstände halber diesen mit Lehen versehenen Hrn. v. Meerheimb für sich und ihre Descendenten ihr petitum endlich zugestanden, jedoch mit dem Bedinge, daß sie die selbst offerirten 1000 Thlr. erlegen.

Landtagsprotocoll vom Jahre 1733 d. d. 10. Novbr. (pag. 33). E. 1733.

Herr Major von Bülow, nomine sämmtlicher Herren Provisoren:

Nachdem auf letzterem Landtage sämmtlichen Provisoribus aller hiesigen Klöster committirt worden, sich zusammen zu thun, und ein rechtliches Gutachten über die bisherigen Unordnungen in den Klöstern zu projectiren, so haben wir uns bereits anno 1728 zusammen gethan und das hiebei zu übergebende einmüthige votum formiret, welches ich denn committirtermaaßen hiemit, wie es mir derzeit versiegelt zugestellt worden, gesammten Lande übergeben wollen.

(Das Gutachten selbst liegt nicht vor. s. unten d. 21. November a. E.)

d. d. 11. Novbr. (pag. 53).

Herr Landrath von Plüskow proponirte:

Es hätte dem Herrn Grafen von Bothmer die Mitvotirung bei Erwählung der Landräthe zweifelhaft gemacht werden wollen, weil er noch nicht dem Malchinschen Landtagsschlusse gemäß, bei der Ritterschaft recipirt worden. Da nun gedachter Herr Graf sich gegen das Land dahin erkläret: alles dasjenige zu erfüllen, was pcto. receptionis beim Lande Herkommens wäre, als ist ein solches von der gesammten Ritterschaft angenommen und dem Secretario committirt worden, das Landtagsprotocoll vom Sternbergschen und Malchinschen Landtage nachzusehen und mit auf's Rathhaus zu bringen, damit sowohl der Herr Graf, dessen sel. Herrn Vater man im beständigen venerablen Andenken behielte, vergnüget werden, als auch andere solchem Protocolle gemäß, zur Reception sich fähig machen könnten.

d. d. 12. Novbr. (pag. 69).

Ferner gab Herr Hauptmann von Hobe zu Behrenshagen ad Protocollum:

Da die sämmtliche Ritterschaft beider Herzogthümer dem Herrn von Negendanck auf Zierow, den Herrn Hauptmann von Gamm auf Göhren, den Herrn von Holstein auf Klinck und ihn committiren wollen, den punctum receptionis der im Lande begüterten Auswärtigen vom Adel zu untersuchen und nach Maaßgebung der in den Landes-protocollis befindlichen Schlüsse, ihr Gutachten desfalls zu übergeben, so haben gedachte Herren solches hiemit bewerkstelligen wollen.

Es lautet aber dasselbe wie folgt:

Nachdem aus dem Mittel der Ritterschaft wir Cavaliere ausgewählt worden, um aus den vorigen Landtags-Actis dasjenige, was in der Materia receptionis der verschiedenen Herren Ausländer, so hier im Lande begütert, auf Landtagen vorgekommen sei, nachzusehen, zu erwägen und daraus ihr patriotisches Votum dahin zu entwerfen, auf welche Art es mit der Reception solcher Herren Ausländer mögte gehalten werden können, damit ein vor allemal hierunter ein Schluß zu machen, als auch der bisher eine Zeit lang, sonderlich im Votiren bemerkten Irregularität Einhalt zu thun. So geht nach geschehener Einsicht der Acten, sonderlich auch nach Anleitung des vormaligen Malchinschen Voti vom Herrn Landrath von Plüskow solcher Cavaliere patriotisches Votum dahin:

1) daß diejenigen von den im Lande begüterten Herren Ausländer, so Edelleute sind, und den Gerechtsamen und Freiheiten der Mecklenburgischen Ritterschaft nie entgegen gehandelt, noch sich gegen solche gebrauchen lassen, vielmehr sich zur Landes-Union treulich gehalten haben, insoweit und in dem Maaße zu recipiren sind, daß, wenn ein oder anderer darum beim Lande und auf Landtägen ordentlich Anführung thun mögte, solche zum Deliberiren und Votiren nach Wohlgefallen des Landes zu admittiren sind;

2) daß diejenigen von den begüterten Herrn Ausländern so bereits vorhin durch einen Landtagsbeschluß zum Deliberiren und Votiren obgedachtermaßen recipirt worden, im übrigen aber und ohnedies stiftsmäßige und durch Zeit und kundbare merita des Landes Zutrauen und Affection erworben, auch den Gerechtsamen und Freiheiten der Mecklenburgischen Ritterschaft und Landschaft nie entgegengehandelt, noch sich gegen sie gebrauchen lassen, sondern sich vielmehr zur Landes-Union treulich gehalten haben, in das Corpus der Ritterschaft, wenn ein oder anderer unter ihnen es ordentlich und mit Glimpf am Lande suchen sollte, solchergestalt zu recipiren seien, daß sie nicht allein zum Deliberiren und Votiren, wie die übrigen vom angesessenen Landesadel zu admittiren, sondern auch fähig sein können, ad honores, das ist zu des Landes Ehrenämtern und Chargen, nach des Landes jedesmaligem Wohlgefallen und durch einen Landtagsschluß eligirt und admittirt zu werden;

3) daß diejenigen von den im Lande begüterten adlichen Herrn Ausländern, so gedachtermaßen laut vorstehender Nr. 2 ad honores, das ist zu des Landes Ehrenämtern und Chargen einmal durch einen Landtagsschluß recipiret worden sind, auch demnächst eventualiter zu den beneficiis der sonst nur allein für die inländischen Jungfrauen geordneten Mecklenburgischen Stifter und Klöster, jedoch nur für ihre eigene Descendenz und nach Wohlgefallen des Landes zu recipiren und zu admittiren sind, wenn jeder, der die erwähnten requisita hat, darum das Land bei öffentlicher Landtagsversammlung ordentlich ersuchen und für solche durch einen Landtagsschluß erhaltene besondere Reception in die Klöster dem Lande die Summe von 2000 Thaler zu bezahlen sich nicht entgegen sein lassen wird.

So viel den in Anregung gebrachten speciellen casum mit dem Herrn Grafen Hans Casper Gottfried v. B. auf Arpshagen betrifft, weil derselbe bereits in der Person seines Vaters-Bruders und Lehnlassers, des nunmehr sel. Geh. Raths Hans Casper Gr. v. B., als des Landes großen Gönners nicht allein durch die nach der beiden sel. Geh. Räthe v. Plessen und v. Bernstorf

Ableben ihm conferirte Landesvollmacht genugsam und ad honores wirklich recipirt, sondern auch dem defuncto die eventuellen beneficia bei den Klöstern für vorgenannten seinen von ihm schon bei dessen Lebzeiten hier im Lande etablirten Herrn Neveu, längstens und sonderlich von gedachten Hrn. Geh. Rath von Bernstorf gratis offerirt worden, wie dieses alles kundbare Sachen sind, so gehet der vier Herren Votum dahin, daß dieser casus nicht erst dürfte ausgemacht werden, sondern daß der gegenwärtige Herr Graf, als des Verstorbenen Erb- und Lehnsfolger, in derjenigen Reception, so mit ihm in der Person seines Herrn Onkels und Lehnslassers bereits vielfältig geschehen ist, sowohl ad honores als zu den eventuellen Kloster-benefiis, jedoch nur für seine Descendenz und gratis zu bestätigen sei in dem guten Vertrauen, daß er, der Hr. Graf mit seinen Nachkommen des Landes Confidence und Affection mehr zu erwerben, sich werden angelegen sein lassen.

de 21. Novbr. (pag. 156).

Herr Graf von Bassewitz und Herr Oberst von Zülow auf Stieten zeigten ad Protocollum an:

Beide Fürstenthümer Schwerin und Güstrow hätten auf schriftliches Ansuchen des Herrn Grafen von Bothmer resolvirt, daß derselbe völlig unter die Ritterschaft recipirt, und ihm und seinen Leibeserben alle ritterlichen beneficia und Immunitäten, als worunter die Klöster mitbegriffen wären, in Ansicht auf die Meriten seiner Vorfahren und seiner selbst concediret sein sollten.

Was aber die übrigen Punkte so die Committe der Reception wegen ausgearbeitet, anbeträfe, so approbirte Ritterschaft und Landschaft solche Ausarbeitung nicht völlig und sollte diese Sache nach den vorigen Landtagsbeschlüssen vor der Hand sein Verbleiben haben. Das von den Herrn Provisoribus der Klöster versiegelt eingereichte Convolut, die Reception in die Klöster betreffend, sollte so lange versiegelt bei den Acten bleiben, bis der Punkt der Reception seine Richtigkeit erhalten haben würde.

Unterm 1. Novbr. 1738 berichtete eine zur Untersuchung der Klöster erwählte Committe auf dem Landtage (Relation §. 8): „es sei vor einiger Zeit eine Contradiction der Klöster wegen entstanden, weil die alten inländischen Familien selbige als ein persönliches die neueren aber als ein dingliches Recht, so dem Gute anklebe, angesprochen.“ F. 1738.

(S. die Schrift: An die nichtadeligen Mitglieder der Mecklenb. Ritterschaft. 1795, S. 6.)

Auf eben demselben Landtage wurde auch ernsthaft die Frage aufgeworfen: „ob derjenige, welcher unter den Landesadel noch nicht recipirt sei, zur Stimme bei der Wahl eines Deputirten zum Engern Ausschusse könne zugelassen werden“ (Franck A. u. N. M. XVIII. p. 233) und überhaupt ging die Tendenz damals dahin, die nicht zum sog. Landesadel gehörigen Gutsbesitzer gänzlich von den Landtagen und allen ständischen Rechten auszuschließen.

Auf dem Landtage zu Güstrow anno 1740 recipirte die Ritterschaft den von Dorne gegen 2000 Thlr., welche an den Engern Ausschuß bezahlt und zur Ausbesserung der Ribnitz'schen Klosterkirche angewandt werden sollten. Sobald die Bezahlung geschehen, sollte das Versprochene unter dem Landessiegel versichert werden, nämlich daß er 1740.

sofort wie alle übrige von der Ritterschaft alle Prärogativen sowohl in Landeschargen als auch in den ablichen Klöstern für sich und seine Descendenten genießen solle.

1743. Anno 1743 beschloß die Ritterschaft, weil mit der Zeit ihren Töchtern die Gelangung zu Klosterstellen immer schwerer würde gemacht werden, wenn viele neue Familien aufgenommen würden, hinführo keine mehr unter 4000 Thlr. zu recipiren. Die aufkommenden Gelder sollten an alle drei Klöster zu gleichen Theilen gegeben werden. (Franck A. u. N. M. XVIII. p. 277 und p. 324.)

G. 1744. Conventsprotocoll vom 24. Septbr. 1744.

Hiernächst zeigten Ihro Excellenz, der Herr Graf von Bassewitz, als Deputirter des Amtes Gnoyen ad Protocollum an:

Da bekanntlich in kurzer Zeit verschiedene Receptiones von der Ritterschaft geschehen, meine Herren aber der Meinung sind, daß das wenige Geld, so dafür gegeben wird, in Ansehung anderen Verlustes um so weniger eine Proportion hat, als Gottlob unsere adeliche Klöster sich in solchem Stande befinden, daß es ihnen an den nöthigen Revenuen nicht fehlet, so habe ich Commission, meinen Hochzuverehrenden Herrn vorzustellen, ob es nicht zuträglicher wäre, alle receptiones wenigstens in 30 Jahren einzustellen und wenn das landräthliche Collegium, nebst übrigen Herrn Deputirten derselben Meinung sind, ob dieselben ihre guten Freunde nicht auch dahin vermögen wollten, daß auf bevorstehendem Landtage dieserhalb ein fester Schluß genommen werde.

Sämmtliche anwesende Herrn Deputirte von Ritter- und Landschaft haben hierauf resolvirt, daß dieser von Ihro Excellenz, dem Herrn Grafen von Bassewitz gethane Antrag wegen der Receptionen ad Protocollum genommen und wie diese Materie zum Landtage gehörte, also auch dahin zum Schluß verwiesen werden solle.

Landtagsprotocoll d. d. 21. Octbr. 1744.

Die Reception des Mecklenburgischen Adels concernirend, ist beliebet worden, daß innerhalb zehn Jahren keine Reception Platz finden sollte

H. 1762. Landtagsprotocoll vom 24. Novbr. 1762.

Schließlich wurde den Herrn Provisoribus und Hauptleuten sämmtlicher Klöster für ihre rühmliche Bemühung verbindlicher Dank abgestattet, und zweifelt man nicht, daß sie fernerhin zu der größten Danknehmigkeit des Landes das Beste und Aufnehmen der Klöster sich eifrigst würden angelegen sein lassen. Und da die Ritterschaft kein besseres Kleinod hat, als eben diese Klöster, wodurch noch manche arme Familien, die leider wegen Unglücksfälle das Ihrige verlassen müssen, soutenirt würden, so hätte man zur Conservation des alten eingebornen und recipirten Adels, nach dem Exempel anderer Länder hiemit auf das bündigste festsetzen wollen, daß in zehn Jahren keine auswärtige Familie, wenn sie gleich im Lande wohnen, unter was Vorwand es sei, sollte recipirt werden, es sei denn, daß einer sich besonders ums Land meritirt gemacht habe.

J. 1763. Landtagsprotocoll d. 22. Novbr. 1763.

Herr Hauptmann von Koppelow auf Möllenbeck, und Herr Major von Lehsten auf Wardow:

Auf den von dem Herrn von Bredow und den Herrn von Rahden geschehenen Antrag und allenfallsige Reservation, weil selbige bei Erwählung eines Provisors bei dem Kloster Malchow nicht haben admittirt werden wollen, gehet die Resolution der Ritterschaft dahin, daß sie den habenden Beweis, wie sie von denjenigen, so vorhin in Mecklenburg gewohnt, abstammten, bei dem löbl. Engern Ausschuß anzubringen hätten, welcher dann selbigen gehörig zu prüfen, und demnächst cum voto auf nächstem Landtage zu referiren ersuchet würde.

Im Fall sie nun das Gehörige erweisen würden, so sollte dieser Vorfall ihnen niemals zum Nachtheil angezogen werden.

Dem löbl. Engern Ausschuß würde hiemit übertragen, ein alphabetisches Verzeichniß:

a. von alten unstreitig Eingebornen vom Adel;

b. von denjenigen so in diesem Saeculo recipirt;

c. von denjenigen, so durch sattsame Documente beweisen zu können glauben, daß sie in ihren Voreltern das Indigenat gehabt,

verfertigen zu lassen, und solches gleichfalls auf nächstem Landtage vorzulegen.

Nach einem Landtagsschlusse vom 5. Novbr. 1764 soll der zu Recipi- K.
rende um die Reception bitten und der Beschluß auf das Receptionsgesuch erst 1764.
auf dem folgenden Landtage erfolgen, damit ein jeder Eingeborner von der seine Familie interessirenden Sache informirt sein könne. (Wolff Repertor. S. 618.)

Aus dem Landtagsprotocoll vom 8. Novbr. 1764.

Auf vorstehenden Antrag gaben der Herr Hauptmann von Stralendorf auf Gamehl und der Herr Kammerherr von Bassewitz auf Duckwitz ad Protocollum:

Man hätte zwar bemerkt, daß der Herr von Bredow verschiedene nicht unzulängliche Gründe angeführet. Da es aber bei dem so weit avancirten Landtage schwer fiele, selbige noch weiter zu prüfen, und zu untersuchen, so würde dem Engern Ausschusse aufgetragen, desfalls mit dem Herrn von Bredow sich zu besprechen, die angeführten Beweise documentirt zu verlangen und würde der annus directorius auf 1572 festgesetzt, weil damals die Klöster dem Lande überwiesen worden. Wer also durch sattsame Documente bewiesen, daß seine Familie derzeit im Lande Güter besessen und er einen Namen, Helm und Schild mit derselben führe, den müßte man billig als einen alten recipirten Mecklenburgischen von Adel ansehen. Nach diesen Principiis würde der Engere Ausschuß das Verlangen des Herrn von Bredow examiniren und auf künftigem Landtage davon cum voto referiren, auch das aufgegebene Verzeichniß darnach anfertigen lassen.

(Anm. Schon früher kommen Agnitionen des Indigenats auf beigebrachte Beweise vor, z. B. anno 1757, s. Wolff Repert. S. 184, — es ist aber nicht ersichtlich, was man damals bewiesen zu sehen verlangte.)

Landtagsprotocoll vom 4. Decbr. 1771. L.

Herr Landrath von Bassewitz: Bei Gelegenheit der Erklärung, welche die 1771.
löbliche Ritterschaft über den vom Herrn Major von Knesebeck geführten Beweis vom Indigenat seiner Familie geführt, bitte er sich die Erlaubniß aus, zur Erhaltung der alten eingebornen Geschlechter vorstellig zu machen, daß es gefällig sein möge festzusetzen, daß die mit dem kommenden 1772. Jahre zu Ende gehende Zeit, wo die Reception nicht geschehen solle, bis 1780 erstreckt, und wenn nach dem Verlauf dieser Jahre Jemand sich zur Erhaltung des Indigenats meldete, festgesetzt werde, daß der, so seine 16 Ahnen bewiese, nicht unter Erlegung von 4000 Thlr. zum Besten der Klöster, und der, der

diese Probe zu machen nicht vermöge, nicht unter Erlegung von 8000 Thlr. zum Besten der Klöster recipirt werden solle.

Herr Obristl. v. Bassewitz auf Schönhof und Herr Major v. Oertzen auf Leppin: Der vorstehende Vorschlag des Herrn Landraths von Bassewitz wurde mit vieler Danknehmung genehmigt, jedennoch daß, wenn mit Ablauf von 1780 sich Jemand meldete, die einem Jeden ex Jure singulorum zustehenden Rechte des Widerspruchs conservirt, mithin nach dem alten Herkommen und der Natur der Sache die Contradiction eines Einzigen die intendirte Reception rückgängig machte.

M. 1789. 1791. Auf dem Landtage von 1789 wurde beschlossen — und dieser Beschluß im Jahre 1791 bestätigt —, daß alle Receptionsgelder dem Kloster Ribnitz allein anheim fallen sollten.

(Wolff Repertor. Erste Forts. S. 147.)

N. 1789. Rescript an den Engern Ausschuß vom 7. März 1789.

Friedrich Franz ꝛc. ꝛc.

Uns ist vorgekommen, daß ihr und ein gewisser Theil derjenigen, welche unter dem ersten Unserer Landstände, unter der Ritterschaft, begriffen werden, gegen die übrigen darunter Begriffenen behaupten sollet:

1) In Unsern Landen sei ein Indigenat-Recht, vermöge dessen nicht unter diesem Stande Begriffene, sondern nur die von Adel, also nicht die Landbegüterten bürgerlichen Standes, den Landtag beziehen dürften; Auch 2) daß auf Landtägen, zu den Wahlen der Landräthe, der Hofgerichts-Assessoren aus der Ritterschaft, der Klosterhauptleute und der Provisoren, auch zu Deputirten im Engern Ausschuß, nicht einmal die von Adel sämmtlich, ohnerachtet sie, nach Ankaufung eines Landguts, durch Zulassung zum Lehn- oder Homagial-Eide, von Uns unter Unsere Ritterschaft recipirt worden, votiren und dazu gewählt werden dürften; Sondern 3) daß nur diejenigen von Adel Stimm- und Wahlfähigkeit dabei hätten, so wie auch ihre Töchter in Unsere drei Landesklöster einschreiben lassen könnten, deren Vorfahren schon zur Zeit der Reversalen von anno 1572 mit Landgütern in Unsern Landen angesessen gewesen seien, oder welche nachher von diesen und den semel receptis pro indigenis erkläret und angenommen worden; daß aber 4) diejenigen unter Unserer Ritterschaft, denen das Indigenatrecht zustände, die Bedingungen der Reception in selbiges nach Willkühr bestimmen könnten; Und 5) daß vermöge dieses Grundsatzes, ihr und sie sogar gewisse Jahre festgesetzet hättet, binnen welchen keiner weiter recipirt werden solle; So wie auch 6) folgende Regeln a. daß derjenige, welcher den Gerechtsamen und Freiheiten der Mecklenburgischen Ritterschaft jemals entgegen gehandelt, oder sich gegen solche gebrauchen lassen, die Receptionsfähigkeit überall nicht haben solle, b. wer aber dieses nie gethan habe, derselbe gleichwol 16 Ahnen beweisen, und sodann 4000 Thlr. zum Besten der Klöster, wer hingegen c. diese Ahnenprobe nicht machen könne, 8000 Thlr. zum Besten der Klöster für die Reception erlegen solle; Daß folglich 7) um in die Rechte des ersten Unserer Landstände zu treten, nicht dies zureiche, daß derselbe, nachdem er sich mit einem Landgute in Unseren Landen ansässig gemacht, durch Zulassung zum Lehn- oder Homagial-Eide, von Uns in Unsere Ritterschaft recipirt sei; Sowie, um zum Landrath erwählet werden zu können, nicht dieses, daß er überdas im Lande geboren sei: Sondern daß nur derjenige

ein Mitglied des ersten Unserer Landstände sei, und die Rechte desselben habe und erlange, den ihr für einen Indigenam erkennet, oder als einen solchen aufnehmet.

Je sichtbarer hieraus die Folge ist: Daß nicht Wir es seien, Welcher die unverrückliche Gleichheit an Rechten, Privilegien und Gerechtigkeiten, die in dem §. 140 des L. Vergleichs verheißene Theilhabung an einerlei Gesetzen, Landesordnungen und Verträgen, die Gemeinschaft am Hofgericht und Consistorio, so auch an den Landtägen und gesammten Contributionali, nicht weniger an den Landesklöstern, nach Inhalt des Hamburgischen Vergleichs vom 8. März 1701 §. 8, 9 und 10, folglich an allen andern Rechten, Vorzügen und Freiheiten, in dem ersten Unserer Landstände verleihet; Sondern daß ihr es wäret, welche die auf der Landstandschaft in Unsern Landen haftenden Vorzüge, Rechte und Gerechtigkeiten in dem ersten Unserer Landstände, nämlich der Ritterschaft ertheilen; Und daß hingegen Unsere Reception in selbigen, durch Zulassung zum Lehn- oder Homagial-Eide, bloß Mitträger der gemeinschaftlichen Lasten hervorbringe; Destomehr haben Wir Uns bewogen gefunden, eine genaue Untersuchung darüber anstellen zu lassen, ob etwa irgendwo ein Grund jener eurer Behauptungen zu finden sein mögte. Von Unsern hiemit beauftragten Räthen sind Wir berichtet worden, daß in Unserm Hauptarchive sowenig, als irgendwo in der Registratur Unserer Regierungs- und Lehns-Canzlei, die geringste Spur zu finden sei, daß jemals Unsere Durchl. Vorfahren an der Regierung ein Indigenatrecht in Unsern Landen, entweder überhaupt, oder unter dem ersten ihrer Landstände, unter der Ritterschaft insbesondere, statuiret, vielweniger eine solche Befugniß darüber euch und denjenigen, die mit euch das Indigenatrecht behaupten, zugestanden hätten; Noch auch, daß solches in einem alten zu Recht bestehenden Herkommen beruhe; Und daß ebensowenig irgend ein Testament, Vertrag, Landes-Theilungs-Receß, oder wie das Namen haben mag, so von Unsern Durchl. Vorfahren an der Regierung in älteren und neueren Zeiten, errichtet worden, noch auch irgend ein zwischen Dieser und Unserer Ritter- und Landschaft, oder Unserer Ritterschaft in specie, geschlossener Vergleich, ihnen gegebener Revers, oder ertheilte Resolution vorhanden sei, so das allermindeste davon enthalte: Vielmehr zeige der zwischen Unserem Durchl. Hause und dem Herzogl. Strelitzischen noch zu Anfang dieses Jahrhunderts am 8. März 1701 geschlossene Successions-Vergleich in den Worten,

> und dieweil Achtens die in solchen — nämlich Stargardischen — District befindliche, mit dem ganzen corpore der Mecklenb. Ritter- und Landschaft in einer alten unzertrennlichen Union stehen, ihre Stimmen auf allgemeinen Landtägen, und der Vorrechte zu Landräthen, Hofgerichts-Assessoren und Administratoren einiger Klöster erwählt zu werden, mit zu genießen haben, solche Jura, wie auch alle andere derselben Privilegia, sammt und sonders denenselben, Kraft dieses, billig conserviret bleiben müssen,

ganz offenbar, daß bis dahin den Regenten in Mecklenburg von einem Indigenatrechte vermöge dessen jemand aus der Ritterschaft, von Landtägen und Landständischen Rechten ausgeschlossen werden könne, nichts bekannt gewesen sei; So wie denn auch die dem Landes-Vergleich von anno 1755 vorhergegangenen Unterhandlungen nicht das mindeste davon enthielten; Was man aber bei einigen neuern Schriftstellern (Klüvers Beschreibung des Herzogthums Mecklenburg Part. I. p. 145 et 46 §. 17, — Struvens Discours von Landständen in Teutschland, insonderheit in Mecklenburg pag. 92) davon finde, das zeige bloß eine Anmaaßung auf der einen Seite, mit Widerspruch des andern Theils, ohne daß solches jemals zum Vortrag bei Unsern Durchl. Vorfahren gebracht worden, vielweniger von Selbigen eine Bestimmung oder Genehmigung darüber ergangen sei; Folglich nichts zu Recht bestehendes.

Aus dem §. 167 des Landes-Vergleiches ein Indigenatrecht in Unsern Landen, wenigstens unter Unserer Ritterschaft, und mit den zu Anfang besagten Bestimmungen, behaupten zu wollen; Wie Wir vernehmen daß ihr thun sollt; Das setzet voraus: Nicht bloß, daß Unsern Durchl. Vorfahren diese eure Anmaaßung, und diese unter euch habende Streitigkeit, bekannt gewesen sei; Sondern auch, daß sie solche in ihren Bestimmungen gekannt, und solchergestalt genehmiget hätten. Nicht dieß, wol aber das ganze Gegentheil, werdet ihr, bei richtigem Lesen und Schließen, in dem §. 167 des Landes-Vergleichs finden.

Nicht einmal das Wort:

Indigenat, oder Indigenatrecht,

steht darin. Was hätte doch Sie bewegen können, statt dieser so bekannten, so üblichen Worte, ganz anderer in dem §. 167 des Landes-Vergleichs Sich zu bedienen, wenn Sie dadurch Ihre Einwilligung und Bestätigung zu einem Indigenatrechte hätten ertheilen wollen? Und würden eure Vorfahren sich wol, in diesem Falle, bei Schließung des Landes-Vergleichs, mit ganz andern, das bei weitem nicht sagenden, Worten begnüget haben? Ja würde es wol ohne alle Bewegung, ohne den mindesten Gegenvortrag dawider, geblieben sein, wenn jenes die Absicht gewesen wäre? Aber auch nicht einmal hievon findet sich die geringste Spur in den Verhandlungen und Tractaten über den Landesvergleich. Das Nichtdasein einer Kenntniß von euren Indigenat-Streitigkeiten bei Unsern Durchl. Vorfahren; Das Nichtdasein des Gebrauchs der Worte, Indigenat oder Indigenatrecht, von euren Vorfahren, bei Abfassung des §. 167 des Landesvergleichs, der doch ganz nach dem Vorschlage Unserer Ritter- und Landschaft geblieben ist; Und das Nichtdasein der allermindesten Bewegung dagegen, von Seiten derjenigen, welche eure Vorfahren der Zeit nicht pro indigenis erkannten; Sind also drei gleich starke Zeugen wider euch, daß niemand bei den Worten des §. 167 des Landes-Vergleichs sich ein Indigenat oder ein Indigenatrecht und dessen Bestätigung gedacht hat. Oder wollt ihr etwa behaupten, daß eure Vorfahren sich solches dennoch, versteckt unter ganz andern Worten, der Zeit gedacht haben? So werdet ihr doch eines Theils, wenn dadurch ihr sie einer solchen Erschleichungs-Absicht, in einer für den Staat so wichtigen Sache, fähig achten wollet, wenigstens entfernt sein, Unsere Durchl. Vorfahren dabei für Mitschuldige zu erklären; Und andern Theils werdet ihr es einsehen, daß, so lange ihr dies nicht thut, euch auch jenes, wieder Uns, und eure Gegner bei der Indigenat-Streitigkeit, nicht zu statten kommt.

Von dem Vorschlag zu erledigten Landrathsstellen, welchen Uns ihr thun möget, redet der §. 167 des Landes-Vergleiches; Und er setzet die Eigenschaften der Personen fest, welche diejenigen haben sollen, die diesen Platz bekleiden können. Die Bestimmungen nun, welche er hierüber machet, sind folgende:

a) Den Vorschlag vergönnt er euch; Also nicht Wir und Unsere Nachkommen können zu Landräthen bestellen, wen Wir wollen;

b) Der Vorschlag soll von Ritter- und Landschaft geschehen; Also nicht von der Ritterschaft alleine, sondern von allen einmüthiglich, oder doch per plurima vota;

c) Dasjenige Herzogthum, in welchem sich die Vacanz ereignet, soll den Vorschlag thun;

Also nicht die gesammte Ritter- und Landschaft, sondern nur die aus dem Herzogthum, worin die Vacanz ist, concurriret zur Wahl;

d) Uns sollen drei Personen in Vorschlag gebracht werden, woraus wir einen ernennen mögen;

Also Unsere Ritter- und Landschaft hat nur das jus präsentandi, Wir das jus eligendi und denominandi unter den Präsentirten;

e) Unsere Ernennung aus den dreien soll sofort geschehen;

Also Wir wollen, bei Wiederbesetzung der erledigten Landrathsstellen, und bei Ernennung eines von den drei Vorgeschlagenen, keinen Verzug machen. Die Eigenschaften aber, welche diejenigen haben müssen, so den Landrathsplatz bekleiden können, sind also festgesetzt:

f) Die Personen müssen von Adel sein;

Also nicht bürgerlichen Standes; Und dies erfolgte, man siehet es leicht, aus dem hohen Rang, welchen der §. 175 des Landes-Vergleichs auf einmal der von Uns zum Landrath ernannten Person beilegt, sie sei vorher gewesen, was sie wolle.

g) Sie soll eine im Lande angesessene Person von Adel sein;

Also ist es nicht genug, daß es ein im Lande wohnhafter von Adel, oder ein Sohn eines darin Angesessenen sei, der aber selbst noch nicht darin angesessen ist;

h) Sie soll von dem eingebornen oder recipirten Adel sein.

Diese letzten Worte sind es ohne Zweifel, welche ihr ergreifen wollt. Wir enthalten Uns, euch in die Streitigkeiten zurückzuführen, welche vor Schließung des Landes-Vergleichs, zwischen Unsern Durchl. Vorfahren an der Regierung und ihrer Ritter- und Landschaft, über die Landrathsstellen, ihre Zahl, Besetzungsart, und die Eigenschaft der dazu zu ernennenden Personen, entstanden waren. Ihr kennet sie. Aber beweiset, oder zeiget wenigstens, daß jemals gegen Unsere Durchl. Ahnherrn eurer Vorfahren Behauptung soweit gegangen sei:

Daß Sie zum Landrath Niemand ernennen könnten, welchen ihr das Indigenatrecht nicht ertheilet hättet;

Alsdann schließet aus diesen Worten, auf ein Unseren Ahnherrn bekannt gewesenes Indigenatrecht unter euch. So lange hingegen ihr weiter nichts darthun könnet, als nur, daß durch den §. 167 des Landes-Vergleichs, in Hinsicht auf die Streitigkeiten wegen der Landrathsstellen, dasjenige seine Bestimmung erhalten habe, was zwischen Unseren Durchl. Ahnherren und euren Vorfahren streitig war; so lange werden auch die sub h. bemerkten Worte des §. 167 des Landes-Vergleichs nur denjenigen Sinn haben, und behalten, welcher den Worten selbstgemäß ist, ohne ihnen einen ganz anderen Begriff unterzuschieben. Und so verstehet sich denn, wer von dem eingebornen Adel sei, und wer von dem recipirten Adel sei, beides aus dem natürlichen Sinn der Worte, ganz von selbst. Der natürliche Sinn dieser Worte aber ist zweifach; Jenachdem man das Wort eingeboren im engen und weiten Verstande nimmt. Im engen Verstande ist von dem eingebornen Adel derjenige, der zu den von Alters her, soweit die Geschichte reichet, in Unsern Landen befindlich gewesenen adeligen Familien, so daß sich von ihrer ersten Reception keine Spur findet, gehörig ist; Von dem recipirten Adel hingegen derjenige, womit es sich anders verhält, nämlich: wovon man die Zeit weiß, da seine Vorfahren oder er, unter den ersten Unserer Landstände, die Ritterschaft, von den Landesfürsten, durch Ableistung des Lehn- oder Homagial-Eides, recipirt worden, oder auch, insoferne sie ganz neue von Adel, gleichwohl mit Landgütern in Unsern Landen angesessen sind, da sie sich, durch Producirung ihres Adelsbriefs, bei Uns und Unserm Regierungscollegio, wegen ihres adeligen Standes, legitimiret haben. Im weiten Verstande des Wortes eingeboren aber ist derjenige ein eingeborner von Adel, dessen Vater schon, ehe er geboren ward, durch Ableistung des Lehn- oder Homagial-Eides von Unsern Durchl. Ahnherren oder Uns unter Unsere Ritterschaft recipiret ward; Ein Recipirter hingegegen derjenige, der erst selbst, oder sein Vater, da er schon geboren war, durch Ableistung des Lehn- oder Homagial-Eides unter Unserer Ritterschaft aufgenommen ward. Jeder anderer Begriff, den man zwischen diese beide, das Wort eingeboren im engen oder weiten Verstande genommen, stellet oder stellen kann, und jedes andere Requisitum, so man außer diesem natürlichen, von dem Landesherrn unter seine Ritterschaft aufgenommen sein, in den Begriff von recipirt, hineinlegen kann, macht in dem Lande, wo so etwas ist, Indigenat und Indigenatrecht aus; Wovon Wir in Unsern Landen nichts wissen, und Unsere Durchl. Vorfahren an der Regierung, so viel Wir finden können, nie etwas statuiret haben. Und so ist denn der Sinn der sub h erwähnten Worte des §. 167 des Landes-Vergleichs dergestalt der ganz entgegene, von dem was ihr daraus zu behaupten suchet, daß vielmehr eure Gegner, mit besserem Fug, und richtigem Beibehalt der Auslegungs-Regeln, daraus behaupten können:

> daß eben durch diese Worte es festgestellet sei, daß sowohl derjenige von Adel, welche erst von Unsern Vorfahren oder Uns in neueren Zeiten unter den ersten Unserer Landstände recipirt worden, als diejenigen so von Alters her, ohne Dasein einer Spur ihrer Reception, darinnen gewesen sind, die Wahl- und Präsentations-Fähigkeit zu Landräthen haben sollen.

So auch, und nicht anders, ist es den landesherrlichen Gerechtsamen gemäß, in Hinsicht auf welche ihr nimmermehr beweisen werdet, daß Unsers Durchl. Herrn Großvaters, Oncles, und Vaters Gnaden hievon, bei Genehmigung des §. 167 des Landes-Vergleiches, abgegangen seien.

Selbst alsdann, wenn ihr auch zu beweisen vermöchtet, daß Unsers Großvaters, Oncles und Vaters Gnaden, bei Schließung des Landes-Vergleichs, eine historische Kenntniß, von der Streitigkeit gehabt hätten, welche zwischen Ihrer Ritterschaft über,

> den eingebornen und recipirten Adel,

obwalte, und von den Prärogativen,

> welche jene sich vor diesen beizulegen bemüht seien:

So bleibt doch obiges alles so lange völlig richtig, als ihr nicht dabei zugleich darzuthun vermöchtet, daß Ihnen auch dieses — wovon doch selbst kein Auctor (Klüver und Strube) der dieser Streitigkeit erwähnet, das mindeste gedenket — dabei bekannt gewesen sei:

> daß die sogenannten Originarii — Eingebornen — sich auch das Recht anmaßen, die Reception zu ertheilen, oder abzuschlagen.

Denn so lange bleibet, aus den Worten des §. 167 des Landes-Vergleichs, nichts anderes und nichts weiteres ersichtlich, als:

> daß Unsers Herrn Großvaters, Oncles und Vaters Gnaden, nicht anders

gewußt und geglaubt, auch keine andere Absicht gehabt haben, als daß, in Hinsicht auf die Wahlfähigkeit zu Landrathsstellen, und zwar um zu wählen kein Unterscheid, wenn nur der Wählende zu der Ritter- und Landschaft desjenigen Herzogthums gehöret, in welchem die Vacanz ist, um aber gewählt zu werden, kein Unterscheid sein solle, wenn nur die Person zu dem eingebornen oder dem recipirten Adel in Unsern Landen gehöret.

Zweierlei können Wir nicht umhin, euch hiebei annoch bemerklich zu machen, worauf ihr nicht scheinet gedacht zu haben. Das Erste ist dieses:

Wenn ihr auch die völligste historische Kenntniß, von den zwischen Unserer Ritterschaft wegen des Indigenats obwaltenden Streitigkeiten, bei Unsers Herrn Großvaters, Oncles und Vaters Gnaden, zur Zeit der Schließung des L. Vergleichs, und daneben dies zu beweisen vermöchtet, daß Dieselben, in dem §. 167 des L. Vergleichs, unter dem recipirten Adel diejenigen verstanden hätten, welchen nicht Sie sondern eure Vorfahren die Reception ertheilet hätten: So bleibet doch, in Hinsicht auf alles übrige, was ihr behauptet, eben dieser §. 167 des L. Vergleiches der klare Beweis gegen euch. Denn nur in dem Specialpunkt, wegen Wiederbesetzung der erledigten Landrathsstellen hätten sodann gedachte Unsere Durchl. Ahnherren consentiret.

Das Zweite aber besteht in Folgendem:

Wenn ihr auch, wie doch nimmermehr, zu beweisen vermöchtet, daß Unsers Durchl. Großvaters, Oncles und Vaters Gnaden, bei dem §. 167 des L. Vergleiches, die Absicht gehabt hätten, nicht nur ein Jus indigenatus unter dem von Ihnen zur Ableistung des Lehn- oder Homagial-Eides, und dadurch in die Landschaft zugelassenen Adel in Ihren Landen zu statuiren, sondern solches auch in der Maße zu statuiren, wie eure Vorfahren solches dermalen vorhatten; So würdet ihr doch eure Schlüsse aus dem §. 167 des L. Vergleiches viel zu weit treiben, wenn daraus ihr nunmehro solche, bloß von eurer Willkür abhängende Veränderungen und Bestimmungen euch zuschreiben wollet, als Wir zu Anfang dieses Unsers Mandats angeführet haben.

Nicht besser könnt ihr dieses einsehen, als wenn ihr euch, unter dem §. 167 des L. Vergleichs, eine völlige Bestätigungsurkunde des Indigenatsrechts, soweit eure Vorfahren der Zeit darüber unter sich übereingekommen waren, vorstellet. Alsdann würde ein Indigenatrecht unter Unserer Ritterschaft doch nur in der Maße bestehen, wie es dermalen eingerichtet war. Eine Veränderung und besonders Erschwerung darin aber würde erfordern, daß auch solche nächstdem von Unsers Herrn Großvaters oder Oncles Gnaden, oder auch von Uns bestätiget wäre. So lange ist dies wenigstens gewiß, als ihr nicht in die Bestätigungsurkunde, in den §. 167 des L. Vergleichs, auch die Bewilligung einer willkürlichen Veränderung und Erschwerung, für eure Vorfahren und euch, hineinzusetzen vermöchtet; Wovon denn doch aber der §. 167 des L. Vergleichs gewiß kein Jota enthält.

Allein Wir sind zuverlässig benachrichtiget, daß anno 1755 eure Vorfahren selbst, über das Indigenatrecht womit sie umgingen, sowohl ratione temporis a quo, als der Bedingungen, der Ahnenzahl, und der Geldsumme, noch nicht einmal unter sich einig gewesen sind. Desto minder läßt sich dann eine von Unfern Durchl. Ahnherrn in dem §. 167 des L. Vergleichs, geschehene Bestätigung eines von ihnen unter sich beliebten Indigenatsrechts gedenken.

Ihr werdet es sehr leicht von selbst einsehen können, daß ein Indigenatrecht, es sei überhaupt, oder unter der Ritterschaft insbesondere, viel zu tief in das Wohl des Staates einschlägt, als daß der Fürst und Seine Landesherrlichen Gerechtsamen bei nachstehenden Fragen unintereſſirt sein könnten;

Imo. Ob ein Indigenatrecht in Seinem Lande, auf eine zu Recht bestehende Art, eingeführet sei?

IIto. Wenn dies nicht ist; 1) Ob es eingeführt werden solle? 2) In welcher Maaße es eingeführet werden solle?

IIIto. Wenn es aber wäre; Ob es dem Staate nützlich sei, es beizubehalten, oder abzuschaffen?

IVto. Wenn es beizubehalten; 1) Ob die Regeln desselben bereits mit landesherrlicher Zustimmung und Auctorität festgesetzet worden? Oder wenn dieses nicht ist, 2) ob jemand im Lande sei, der es zu Recht bestehend hergebracht habe, diese Regeln nach Willkühre, und ohne landesherrliche Zustimmung und Auctorität, zu bestimmen? 3) Ob nicht wenigstens, wenn auch jenes wäre, hier wie überhaupt, dem Landesherrn die suprema inspectio, damit das Indigenat nicht zum Nachtheil des Staats eingerichtet werde, gebühre, mithin auch die Correctio der etwa dem Staate schädlich gemachten Regeln? Endlich

Vto. Wenn auch ein Indigenatrecht, und festgesetzte Regeln dazu, beide mit Landesherrlicher Zustimmung und Bestätigung, oder auch durch jemands rechtmäßig hergebrachte Bestimmung, da wären; Und wenn auch diese also beschaffen wären, daß sie noch heute ohne Nachtheil des Staats bestehen könnten; Ob nicht gleichwohl alsdann dem Landesherrn das Recht bleibe, jemanden, propter benemerita vel ex gratia, und extra ordinem das Indigenatrecht zu ertheilen? Oder ob auch dieses Recht gegen ihn praescribiret sei?

Wir befehlen euch demnach hiemit gnädigst, daß ihr binnen drei Wochen die unter euch gemachten Regeln des Indigenatsrechts, womit ihr umgehet, submissest vollständig Uns vorlegen, und zu Unserer Regierung einsenden, zugleich mittelst standhaften und gehörig bestätigten Berichts unterthänigst anzeigen sollet, worauf ihr eure Behauptung eines Indigenatrechts in Unseren Landen oder unter Unserer Ritterschaft, und eure Anmaßungen dieserhalb, gründet. Wir werden sodann, nach Befinden, weitere Resolution nehmen. Und Wir verbleiben euch mit Gnaden gewogen. Datum auf Unserer Vestung Schwerin, d. 7. März 1789.

Friedrich Franz, H. z. M.

v. Dewitz.

Dieses Rescript wurde von dem Landtage 1789 beantwortet durch einen von dem Herrn von Flotow erstatteten und von der Versammlung genehmigten Vortrag (besonders abgedruckt in demselben Jahre, auch in Wehnerts Mecklenb. Gemein. Blättern Band I und II).

O. 1793. Demnächst erfolgte jedoch von Seiten des Landesherrn folgendes:

Rescript an den Engern Ausschuß vom 18. Novbr. 1793.

Friedrich Franz p. p.

Wir hätten wohl erwarten mögen; daß ihr Unser wegen des sogenannten Indigenats an euch erlassenes Rescript genauer befolgt und, statt der weitschweifigen Umhüllung eurer Vorträge, durch pünktliche Befolgung dessen, was

Wir von euch Landesherrlich gefordert haben, Uns in den Stand gesetzt hättet, die angeblich im Lande bestehen sollende Societät, für welche ihr euch zu sprechen anmaßet, von Grund aus zu kennen. Wir vermissen in euren Exhibitis, und in der Abhandlung, welche ihr überreichet und mit ausdrücklichen Worten euch ganz zu eigen gemacht habet, gänzlich die Vorlegung der euch gemachten Regeln der Gesellschaft, selbst die Benennung ihrer Mitglieder, und ebenso einen gehörig bestätigten Bericht über die Gründe ihres Bestands und der damit verbundenen Anmaaßungen.

Es gereichet Uns dahingegen zu gnädigstem Wohlgefallen, aus eurer Eingabe zu sehen, daß ihr mit allen übrigen bisher sogenannten Indigenis von den Behauptungen eines ordentlichen Indigenats, dessen anscheinende allmählige Einschleichung in Unsern Landen Uns so befremdend war, insbesondere eines so sonderbaren Indigenats, welches nicht zwischen Ein- und Ausländern, sondern unter Unsern eignen würklichen Landsassen einen differenten Statum machen sollte, jetzt gänzlich zurückgetreten seid. Ihr habet euch also dessen gebührend beschieden: daß dergleichen eigenmächtige Einführung, selbst unter ausdrücklicher oder stillschweigender Zustimmung aller sogenannten Non Indigenarum im Lande ohne landesherrliche Auctorität ganz ungedenkbar ist, und daß alles, was zu dessen allmählicher Einschleichung, ohne Unser Vorwissen und Bewilligung bei jedem Punkte, in jüngeren Zeiten etwa vergegangen sein mag, schlechterdings nichtig sein muß, und nie zur Consequenz gezogen werden kann, weder gegen Uns, noch gegen diejenigen, welche dadurch haben herabgewürdigt werden sollen, und gegen die künftigen Güter-Besitzer in Unsern Landen.

Es versteht sich von selbst: daß Uns ihr in derjenigen Abhandlung, welche ihr euch zu eigen gemacht habet, nicht mit bloßen Wortspielen und Sophistereien werdet haben unter Augen treten wollen. Wir sind gar und ganz entfernt, solches nur zu argwöhnen; Und also nehmen Wir aus derselben die deutlichen oft wiederholten Erklärungen:

„daß in Mecklenburg kein Jus Indigenatus statutum sei, noch von euch behauptet werde; daß kein Mensch befugt sei, irgend einen der von Uns berufenen Landstände von den Landtagen auszuschließen; daß ihr nur gewisse einzelne Rechte, jedes für sich hergebracht und erhalten, für eine gewisse Gesellschaft prätendiret,

daß dies keine andere und mehrere Rechte wären, als:

a) es müßten die Landräthe, Deputirte zum Engern Ausschuß, Kloster-Provisoren und Klosterhauptleute von Unserer Ritterschaft lediglich allein aus dem Numero der Mitglieder solcher Gesellschaft gewählet und genommen werden;

b) Es hätte diese Gesellschaft allein ein Recht auf den Genuß der Klosterstellen für die ihrigen; und

c) sie sei befugt, sich durch neue Mitglieder zu vermehren;

daß die Worte Indigenat und Eingeborne nicht das bedeuten sollen, was man sonst im statistischen und natürlichen Sinne darunter versteht, sondern daß sie nur in jüngeren Zeiten, der Kürze im Ausdruck wegen, von euch gebraucht würden, um den Besitz vorgedachter einzelner Rechte einer Gesellschaft, und die Mitglieder derselben, zu bezeichnen;

daß die Reception neuer Mitglieder nicht Indigenats-Verleihung und Anmaaßung eines Fürsten-Rechts, sondern bloße Aufnahme in die Gemeinschaft an genannten Rechten sei, sowie jede Societät recipire.“

Hiermit in Gnaden an, und es soll dabei sein unabänderliches Verbleiben haben und behalten.

Es bestehet also überall in Unsern Landen kein Indigenat; Und, wie die Sache ein Unding ist, so wollen Wir auch hinfüro von dem Gebrauch des Worts für etwas anders, so geständlich kein Indigenat ist, nicht weiter wissen, sondern es soll dieser Name hiemit gänzlich und auf immer abgethan sein. Dazu müssen Wir Uns, wie ihr von selbst einsehen werdet, darum ganz nothwendig Landesherrlich entschließen, weil sonst den landverderblichen Mißbräuchen, wozu die Anwendung dieses Worts Gelegenheit giebt, und wodurch, wie Wir nun gewahr werden, schon bis jetzt so manches zu Einschleichung eines solchen Dings zu Veränderung der grundgesetzlichen Verfassung und zu Unterdrückung des größeren Theils Unserer Landstände aus der Ritterschaft unregelmäßiger Weise unternommen war, nicht kräftig genug vorgenommen werden kann.

. Wie Wir also nun hiedurch ein für allemal alles dasjenige, was etwa seit Anfang dieses Seculi, zu Einführung eines sonst unerhörten Indigenatrechtes unter den Landständen selbst, also zu einer Zerstörung der landesgrundgesetzlichen Gleichheit derselben an Rechten, Vorzügen und Freiheiten, abzielendes, hinter Unser und Unserer Vorfahren Wissen und Genehmigung, behauptet, beschlossen oder ausgeführet sein mag, als gesetz- und verfassungswidrig Landeshoheitsverächtlich und sträflich, hiedurch gänzlich und auf immer vernichtigen, aufheben und cassiren. So gebieten und befehlen Wir auch aus landesherrlicher Macht und Pflicht hiedurch ernstlich und bei Vermeidung Unserer höchsten Ungnade und des nachdrücklichsten Einsehens: daß weder ihr, als Engerer Ausschuß Unserer Ritterschaft, noch die angebliche Societät, in deren Namen ihr euch zu reden anmaaßet, sich unterstehen solle, ein Mecklenburgisches Indigenat je wieder zu behaupten, oder dieses Wort in den schriftlichen Verhandlungen an Uns oder auf Landtägen und in andern landständischen Zusammenkünften, vorzüglich aber auch unter euch in den Conferenzen der prätensiven Societät, bei sogenannten Receptionen und Ausfertigungen der Aufnahme-Zeugnisse und Quittungen für die dafür genommenen Gelder oder sonst auf irgend eine bedeutende Weise, zu gebrauchen, um die vorgeblichen einzelnen Rechte der vermeinten Societät, oder sonst etwas, damit zu bezeichnen. Ihr könnet und sollet, wenn und insofern sich eure Societät und deren Rechte demnächst rechtfertigen, und insoweit ein Bestand derselben noch denkbar bleiben möchte, worüber Wir nachher reden werden, zu Benennung der Mitglieder und der Rechte derselben, andere sprachrichtigere und unschädlichere Benennungen wählen und gebrauchen, nicht aber die vom Indigenat, Indigenis, Indiginats-Rechten und Verleihungen.

Alles das nämliche gilt von dem Ausdruck: Eingeborne, insoferne derselbe etwas anders als im Lande geborne, kunstmäßig hat bedeuten, und die Mitglieder einer gewissen Societät die einige eigne Rechte habe, zum Unterschied von allen übrigen Landständen hat bezeichnen sollen, welche nicht dazu gehören, wenn sie gleich sonst wirklich im Lande geboren sind. Hiernach hat sich also ein jeder zu richten, und werden Wir auf die genaue Beobachtung davon gehörig vigiliren lassen.

Wenn nun eine Anzahl von Personen, bestehend aus den Abkömmligen der ersten adelichen Familien in Unsern Landen, und denen welche sie für Geld unter sich aufgenommen haben, behauptet, in einer gewissen gesellschaftlichen Verbindung und Uebung von etlichen erworbenen Juribus, zu stehen; So kann euch im Ganzen unmöglich unbekannt sein, daß in keinem Staate sich, ohne

Vorwissen und Genehmigung der Landesherrschaft, irgend eine Societät aufwerfen und, auf einmal oder nach und nach, formiren kann, welche in Complexu Handlungen ausübe, die sich ins Publicum exseriren, viel minder solche, die in den statum publicum des Landes wichtigen Einfluß haben und in der ganzen bis dahin gewesenen grundgesetzlichen Landes-Verfassung Aenderung machen. Und ihr möget von den prätendirten Rechten sagen was ihr wollet, um zu behaupten, daß sie der Landeshoheit nicht im Wege wären; So könnet ihr doch nimmermehr dieses verleugnen; daß es nicht einerlei Verfassung ist, ob so, wie das Gesetz sagt, alle Landstände, oder so wie ihr es wollt nur etwa die Hälfte davon fähig ist, zu öffentlichen Landesämtern, zu Repräsentanten des ganzen Corps der Landstände gewählt zu werden? und daß es dem Landesfürsten, welcher die Klöster für alle einländische Jungfrauen, bis auf das, was von bürgerlichen Klosterplätzen specialiter anderswohin verglichen ist bestimmt und hingegeben hat, nicht gleichgültig und duldbar bleiben könne, wenn ein Theil der Landstände und das nicht einmal, sondern wenn gewisse adeliche Familien, sich dieselbe allein zueignen, ja sogar das Recht anmaaßen wollen, die Fähigkeit dazu, die die Landschaft doch selbst nur aus den Händen des Fürsten hat, ohne dessen Vorwissen andern für sich und ihre Erben weiter zu verkaufen. Und gleichermaaßen müsset ihr einsehen, wenn ihr nur wollet: daß weder bei Unserer Lande kundbarer Verfassung, noch bei dem klaren Buchstab des Landesvergleichs, sich ein sogenannter Landesgebrauch denken lasse, welcher einige Familien ermächtigte, den Uns mit Huldigungs- und Lehenspflichten zugethanen Landbegüterten die Befugnisse ihrer Landstandschaft und ihres Gutsbesitzes, ohne Landesfürstliches Vorwissen und Bewilligung irgend wohin erklären, erweitern oder beschränken zu dürfen; daß vielmehr alles was hierunter, der Verfassungs- und Erbvergleichsmäßigen Gleichheit und Gemeinschaft der Landbegüterten entgegen, ohne Unsere Wissenschaft und Gestattung, mit oder ohne ausdrückliche oder stillschweigende Einwilligung der übrigen, etwa unternommen sein mag, niemals als rechtsgültig oder verbindlich angesehen werden können.

Doch dieses mit seinen Folgen bei Seite; bis dahin daß Wir über das eigentliche Wesen der angeblichen Societät noch völliger unterrichtet sind.

Da nun nicht mehr von einem Indigenat einiger Landstände vor andern die Rede ist, sondern von einer besondern Gesellschaft, die Rechte erworben und zu üben haben will; So muß euch einleuchten: daß Landstandschaft und diese Societät, gar nichts mit einander zu thun haben, sondern unabhängig von einander sind; daß mithin, wenn ein oder anderer von Unserer Ritterschaft zugleich ein Mitglied solcher Societät ist, er duplicem personam an sich habe, und daß es äußerster und ganz unduldbarer Mißbrauch sei, diese doppelte Person zu vermischen, und in der einen Qualität das zu thun, was er allenfalls in der andern thun könnte.

Nur der gesammten Anzahl der Landbegüterten, welcher Geburt sie auch sein mögen, oder der ganzen Ritterschaft, nicht aber der vorgeblichen, von Unsern Vorfahren und Uns nicht gekannten Societät, sind gemeinsame Landtäge, Convente, Repräsentanten und ein Engerer Ausschuß gegeben. Zu dem allen also gehören augenscheinlich diejenigen Leute, welche gewisse nicht landständische Rechte erworben haben und üben wollen, als solche nicht hin, und haben keinen Theil daran. Und was dem entgegen bisweilen höchstmißbräuchlich geschehen sein mag, darf nie wieder geschehen. Alle und jede Unserer Landstände haben an den Landtägen und dem was darauf verhandelt wird, und an dem Engern Ausschuß und seinen Verrichtungen, gleichen Antheil. Mithin wollen Wir, nachdem nun an Indigenats-Behauptungen nicht weiter zu denken ist, auch ihr in eurer und der für eigen angenommenen Schrift den prätendirten einzelnen Rechten die Befugniß, die Landesofficianten auch allein zu wählen, selbst nicht beizählet, sondern der Societät bloß das Gewähletwerden allein zueignen wollet, hinfüro nicht weiter erwarten, daß die Mitglieder solcher Gesellschaft sich, wie zu Unserm Erstaunen wohl eher gewagt ist, wieder einfallen lassen werden, auf dem Landtage irgend etwas ohne Zuziehung aller versammelten Landstände, zu unternehmen, ihre Beschlüsse in die Reihe gemeiner Landesbeschlüsse zu stellen, dazu die Landtagsprotocolle zu mißbrauchen und einen großen Theil Unserer Vasallen von landtägigen Deliberationen auszuschließen; vielmehr werden Wir Diese — von denen wir ebenmäßig hinfüro eine so indolente Fahrlässigkeit in ihren Landständischen Rechten und Pflichten, als die ist, sich von einigen ihrer Mitbrüder eigenmächtig zurückweisen zu lassen, nicht weiter erwarten wollen — insgesammt, und jeden einzelnen darunter, allezeit mit landesherrlichem Nachdruck bei ihrer gleichen Concurrenz und ihrem Stimmrechte zu allem, was auf den Landtägen vorkommt, zu schützen wissen, auch nichts für ein Landtags-Protocoll gelten lassen, was nicht unter der ganzen versammelten Ritter- und Landschaft, sondern etwan in einer Conferenz der Societäts-Mitglieder, abgehalten ist.

Euch, die Landräthe und Deputirte Unserer Ritterschaft zum Engern Ausschuß, erinnern Wir hiermit ernstlich: eurer Bestimmung, und des Zwecks von eurem Dasein hinfüro besser eingedenk zu sein, und desfalls den 7. Artikel des Landesvergleichs, insbesondere die §§. 178 und 190 jederzeit vor Augen zu haben, nach welchen ihr von Unsern Vorfahren und Uns bloß verordnet seid: die

gesammte Ritter- und Landschaft,

nicht aber einige adeliche Familien, vorzustellen, und zwar bloß:

um die ritter- und landschaftlichen Angelegenheiten,

mithin nicht die einer sich aufgeworfenen Societät

an Uns und bei Uns zu besorgen:

dergestalt, daß, was ihr in Landessachen Instructionsmäßig vornehmet und ausrichtet, also,

als geschehe es von Ritter- und Landschaft selbst

angesehen und gehalten werden soll. Daraus folget evidentermaaßen: daß es höchste Ungebühr sei, wenn ihr daher, daß eure Personen gerade auch zu der vorgeblichen Societät sich rechnen, Veranlassung nehmet, nicht die gemeinsamen Angelegenheiten der gesammten Ritterschaft, sondern die der Societät, die doch den mehreren unter jener entgegen sind, zu besorgen, und also unter der Ritterschaft für einen Theil gegen den andern Parthei zu nehmen und zu machen, dadurch auch die intendirte Unterdrückung derjenigen, vor welchen ihr persönliche doch bestrittene Vorzüge zu haben glaubet, deren Repräsentanten und Geschäftsträger ihr aber völlig ebenso, als der übrigen seid und sein sollet, zu begünstigen und zu erleichtern, mithin euer Officium zu Privatabsichten zu gebrauchen. Da die Nicht-Mitglieder der vermeinten Societät aus dem Landesvergleich gerade eben so viel Recht besitzen, Repräsentanten und einen Engern Ausschuß zu haben, und in dem Betrachte noch mehr, da ihre Anzahl die größere ist; So müssen sie entweder ihren eigenen zweiten Engern Ausschuß haben, oder auch, da dieses nicht gestattet werden kann, müsset ihr ihnen, so wie den andern, gemein bleiben, und euch nicht von dem Platze des die sämmtlichen Landstände vorstellenden Collegii, auf den Platz der Geschäftsträger von andern gegen jene, herabsetzen lassen.

Wir erlassen daher das gegenwärtige Rescript keinesweges an euch, als wenn ihr Gevollmächtigte solcher Societät wäret, sondern als an den Engern Ausschuß Unserer gesammten eingesessenen Ritterschaft; und Wir befehlen euch: dasselbe allen Mitgliedern derselben ohne Ausnahme gehörig mitzutheilen, damit ein jeder wisse, wornach er sich auf Landtägen und sonst zu verhalten habe. Und so wie Wir fortan von euch dergleichen Trennung des gemeinsamen Interesse der Ritterschaft, und solche Partheinehmung für einen Theil gegen den andern, schlechterdings nicht weiter erwarten, so haben hingegen diejenigen, welche sich zu der Societät rechnen und obgedachte Rechte haben wollen, einen oder mehr andere Gevollmächtigte zu wählen, und zu ihren etwanigen Vorträgen an Uns gehörig zu legitimiren, wie denn dieses die übrigen Mitglieder der Ritterschaft ebenmäßig thun müssen.

Wir bestimmen übrigens hiermit eine Zeit von zwei Monaten, binnen welcher alle diejenigen Personen, welche sich zu der vorgeblichen Societät rechnen, und an fortgesetzter Behauptung deren Rechte Theil nehmen wollen, sich namhaft machen, vorgedachte Bevollmächtigte ernennen und durch selbige in genauerer Befolgung Unseres hiebevorigen Rescripts Uns sämmtliche Regeln ihrer Gesellschaft und die Beweise der Rechtlichkeit von deren Existenz, sowie von jeder einzelnen der vorgedachten Befugnisse vollständig vorlegen sollen, damit Wir solches alles noch gründlicher prüfen und nach Befinden die zu Erhaltung der Landesverfassung und Manutenirung des Landesvergleichs, zugleich aber auch zu Conservirung der erworbenen Rechte eines Jeden, nöthigenfalls gebührenden Beschließungen landesherrlich nehmen können. Dieses habet ihr gleichmäßig allen sich zu der Societät rechnenden Mitgliedern zu eröffnen und, wie solches geschehen, an Uns unterthänigst zu berichten.

Wir verbleiben euch mit Gnaden gewogen. Gegeben p. p. Schwerin den 18. November 1793. Friedrich Franz Herz. zu Meckl.

St. W. von Dewitz.

Der Aufforderung am Schlusse dieses Rescripts genügten die sich zum eingeb. und recip. Adel rechnenden Mitglieder der Ritterschaft, indem sie zur Ausführung ihrer Rechte zweie aus ihrer Mitte ernannten, nämlich von Meerheimb auf Gr. Gischow und von Flotow auf Reppelin. Diese reichten eine von ihnen gefertigte, vom 20. Mai 1795 datirte „Deductivische Vorstellung" u. s. w. ein, in welcher die Ausübung der behaupteten Vorrechte der weisen landesherrlichen
Leitung unterworfen wurde. Hierauf erfolgten zwei Rescripte vom 19. Juni 1795.
und 7. Novbr. 1795, durch welche eine Verhandlung zwischen den altadeligen und den bürgerlichen Gutsbesitzern unter Vermittlung der Landesregierung angebahnt werden sollte, diese Aufforderung blieb jedoch ohne Erfolg und so blieb die ganze Angelegenheit (auf 40 Jahre) auf sich beruhen. Inzwischen hatte der eingeborne Adel — und zwar bald nach obigem Schritte — einestheils unter sich eine festere, heimliche Verbindung geschlossen, anderntheils erfolgreiche Maaßregeln getroffen, um die nicht recipirten Adeligen zu beschwichtigen.

Vereinsacte des Adels vom Jahre 1795. P

Um die Rechte des Corps der Mecklenburgischen Ritterschaft gegen alle, jetzt 1795.
leider nur zu sehr bekannt gewordene öffentliche und heimliche Angriffe und

Einflüsse, so viel möglich sicher zu stellen, damit durch sie in Gemäßheit der bisherigen Erfahrung die gesegnete Verfassung des Vaterlandes aufrecht und ungekränkt erhalten werden möge;

Haben sämmtliche auf gegenwärtigem allgemeinen Landtage versammelte Mitglieder des angesessenen Mecklenburgischen Adels, begründet auf dasjenige, was auf vorigjährigem Landtage zu Malchin von den damals gegenwärtigen Mitgliedern des eingebornen und recipirten Adels in Ansehung der Eingeborenheitsrechte, und der darüber bei dem Durchlauchtigsten Landesherrn unterthänigst nachzusuchenden Bestätigung beschlossen worden, dem auch nachhin Abwesende durch ihre Unterschriften nach Ausweis der vorhandenen Vollmachten beigetreten sind, nützlich und nothwendig erachtet, zuvörderst eine durchgängige Einigkeit und Uebereinstimmung unter den gesammten Adeligen, Eingebornen und Nichteingebornen Eingesessenen des Landes aufzurichten, auch dergestalt zu documentiren, daß dadurch jeder, aus einer etwanigen Uneinigkeit unter dem Corps der Ritterschaft herzuleitende Zweifel gegen die Anwendlichkeit der Serenissimo nach dem oben erwähnten Beschlusse vorzutragenden Grundregeln der Eingeborenheitsrechte entfernt werden möge.

Wie nun die Glieder der eingeborenen und recipirten Ritterschaft zu ihren geehrtesten Mitbrüdern, die zu den Eingeborenheitsrechten bisher nicht aufgenommen worden, das Vertrauen haben, daß sie nicht die Absicht haben, Vorrechte, welche sie und ihre Vorfahren bei ihrem Einzuge in Mecklenburg als herkömmlich und als Landesobservanz vorgefunden haben, mit einem mißlichen dem ganzen Corps der Mecklenburgischen Ritterschaft bei jetzigen Zeitläuften gefährlichen Versuche zu bestreiten; so machen sie sich hinwiederum ein angenehmes Geschäft daraus, ihnen die nähere Vereinigung mit dem Corpore des ursprünglich Mecklenburgischen Adels, so bald sie ihnen wünschenswerth scheinen wird, zu erleichtern und auf Bedingungen zu eröffnen, die ihren Grund einzig nur aus derjenigen Vorsicht hernehmen, die ein auf die Achtung nicht nur des deutschen Vaterlandes, sondern wie es so viele Thatsachen der Mecklenburgischen Geschichte bewahrheiten, auch anderer Reiche und Länder Anspruch machendes Corps sich selbst in der Wahl seiner Mitglieder schuldig ist; und sie schmeicheln sich dabei mit der Hoffnung: daß ihre noch nicht aufgenommene Mitglieder die Ueberzeugung von ihrer eigenen Biederkeit und ihrer patriotischen Denkungsart nicht für einen zu hohen Preis der innigen Vereinigung mit einem so alten, berühmten, zum Glück des Vaterlandes und zur Aufrechthaltung seiner glücklichen Verfassung so wirksamen Staatskörpers ansehen werden.

Nach diesen Gesinnungen nun wollen sie

1) die hundertjährige Ansässigkeit adeliger Voreltern,
2) die Aufnahme durch Stimmenmehrheit facta intimatione auf dem Landtage gegen eine Recognition von 500 Thlr. an jedes der drei Landesklöster und endlich
3) die Aufnahme propter bene merita personalia durch gleichmäßige Stimmenmehrheit, ohne alle Recognition, als diejenigen Bestimmungen und Wege für die Zukunft, für sich und ihre Nachkommen festsetzen, durch welche nur jeder adeliger Landbegüterter die Vorzugsrechte der Eingeborenheit des Mecklenburgischen Adels in der Maaße, wie solche observanzmäßig bisher genossen und geübet worden, erlangen kann. Auch wollen sie diese Principien der Aufnahme ungesäumt und unab-

änderlich in Anwendung bringen, sobald die von dem eingebornen und recipirten Adel auf landesherrliche Aufforderung, durch ihre Bevollmächtigte, den Herrn Landrath von Meerheimb auf Gischow und Herrn von Flotow auf Repplin entamirte, und mit dem landesherrlichen Beifall beglückte Unterhandlung in dieser Schache ihre Endschaft erreicht haben wird.

Nachdem nun vorstehende künftige unabänderliche Grundreguln und Formen der Aufnahme unter den eingebornen Mecklenburgischen Adel von allen Anwesenden beliebet, anerkannt und als nähere Bestimmung der bisherigen Observanz zu einer ewigen Richtschnur festgesetzet worden, so haben Namens des eingebornen und recipirten Adels seine oben benannte und ad acta legitimirte Bevollmächtigte, Namens der noch nicht recipirten adeligen Landbegüterten aber sämmtliche Anwesende für sich und ihre Nachkommen diese Vereinigungsacte unterschrieben und besiegelt, versprechen auch für sich und ihre Erben, darob nicht nur fest stets und unverbrüchlich zu halten, sondern auch allem demjenigen willig die Hand zu bieten und mit Person und Gut mitzuwirken, was nach gemeinsamer Beliebung zu Aufrechthaltung der Gerechtsame des Standes die Zeitläufte erheischen werden, wowider sie dann keine Ausflucht oder Einwendung, keine Rechtswohlthat schützen soll, weil sie ihnen allen gleich, als wären sie hier namentlich benannt, sammt der Rechtsregul, die einen solchen allgemeinen Verzicht ungültig machen könnte, entsagen, und die genaueste Erfüllung bei adeligem Wort und Ehren sich wechselseitig zusichern.

Geschehen zu Sternberg auf dem allgemeinen Landtage in der besonderen Versammlung des Adels am 3. Decbr. 1795.

Levin Joachim Freiherr von Meerheimb (L. S.) Adolph Albert Wilhelm von Flotow auf Reppelin (L. S.)

beide in Vollmacht und in Gegenwart des versammelten eingebornen und recipirten Adels in Mecklenburg und der nicht gegenwärtigen Committe desselben.

(Hierauf folgen neunzehn Namen von adligen Gutsbesitzern. Später ist die Acte successive noch von sechs und dreißig adligen Rittern unterschrieben, und außerdem von zweien auf besonderen Abschriften. Die letzten sind von Päpcke und von Meyenn.)

Auf dem Landtage von 1798 beschloß der eingeborne Adel: Das ehrwürdige, grundgesetzlich im Allgemeinen und jedem Einzelnen zu Nutz und Erhaltung bestätigte Herkommen wäre der Mecklenburgischen Ritterschaft als Grundlage ihrer Verfassung zu theuer, als daß sie nicht jeden Zweig der Rechte, welche sich darauf gründeten, treulichst und mit einmüthiger Verehrung pflegen sollte. Diesem Gemeingeist und Sinne sollte denn auch diejenige Verfassung in der Ritterschaft zur wachsamen Vertheidigung bei gericht- und außergerichtlichen Angehungen ferner anvertraut bleiben, nach welcher zur Bekleidung der Landes- und Klosterämter im unverrückten Herkommen der eingeborne und recipirte Adel unter der Ritterschaft nur qualificirt ist, und die zu ihm gehörigen Familien nur eintrittsfähig in die adligen Klosterplätze sind, von ihm auch das Recht geachtete und würdige Mitbrüder unter sich und zu diesen Rechten aufzunehmen behauptet, erhalten und ausgeübt ist. Wie es denn nun fernerhin bei treuer und standhafter Beobachtung dessen und der über die Ausübung dieser Rechte genommenen Landesbeschlüsse, insonderheit auch bei der den Klosterprovi- Q. 1798.

soren über die Einschreibung in den Klöstern unter ritter- und landschaftlicher Autorität vorgeschriebenen Instruction sein Bewenden behält, insoweit nachfolgendermaßen jenen Landtagsbeschlüssen nicht ausdrücklich eine Abänderung gegeben wird; so hat, entfernt zwar, in das Wesen und den Umfang des über die Rechte selbst waltenden Herkommens einzugreifen, als wozu man ohne allerhöchste Einwirkung der interessirenden deutschen, aus Mecklenburg originirenden Familien halber nicht befugt ist, dennoch über die Ausübungsart dieser Rechte in der Mecklenburgischen Ritterschaft und zur Erleichterung der befugten Mittheilung an würdige Mitbrüder Modificationen zu treffen, zu beschließen und dadurch dem vaterländischen Gemeingeiste und der einträchtigen Verbindung, um die Ehre und Würde des Ritterstandes ein brüderliches Unterpfand zu stiften, man sich so berechtigt, als pflichtig gehalten. Ist demnach mit dem immer fortlaufenden Schritt der Zeit, in deren Gefolge Vergänglichkeit ist, wodurch auch Familien vertilgt werden, die einst gewählte Milderung in der Anerkennung des eingebornen Adels nach seiner Ansässigkeit im Jahre 1572 jetzt minder wohlthätig, als diesem Zeitpunct näher, sie war und wird mit dem Fortschritt von einem Normaljahre der Vergangenheit ab und der Zukunft entgegen die Entfernung immer größer und weniger unter uns von denen, deren Familien-Dauer der Gewalt der Zeit widerstand; so ist beschlossen: daß außer der nachzuweisenden Ansässigkeit der Voreltern im Jahre 1572 mit Landgütern in Mecklenburg, auch schon die hundertjährige Ansässigkeit adeliger Voreltern in Mecklenburg mit einem Landgute, sobald solche nachgewiesen wird, zu allen Vorzugsrechten der Eingeborenheit des Mecklenburgischen Adels in der Maaße, wie solche observanzmäßig bisher genossen und geübt worden sind, berechtigen und die Zulassung zu solchen Rechten bewirken soll.

Um jedoch ferner denenjenigen, welche Hoffnung, diese Vorzugsrechte mit zu genießen, nicht nach dieser Dauer der Ansässigkeit in Mecklenburg, sondern nach ihren Verdiensten und der erworbenen Achtung im Vaterlande berechnen können, die Erfüllung ihrer Wünsche erleichtern und den Anreiz für Vaterland und Stand durch Annäherung der nachgestrebten Ansicht zu vermehren, so soll nach Intimation des Receptionsgesuches auf einem Landtage und sonst nicht, auf dem nächstfolgenden Landtage über die Reception durch die Mehrheit der Stimmen des gegenwärtigen eingebornen Adels entschieden werden; ferner soll nie mehr, noch minder als die Summe von 1500 Thlr. N. ⅔ erlegt, und die Summe an die drei Landesklöster in gleicher, oder auch nach Umständen dann zu bestimmender angemessener Vertheilung zur Besserung des Fonds und Mehrung der adeligen Klosterstellen bezahlt werden, jedoch bleibt die Reception propter bene merita auch ohne solche Recognition und unentgeltlich durch Mehrheit der Stimmen absonderlich zu beschließen, daneben vorbehalten. (Wolff Repert., 2. Forts. S. 47 ff.)

R. 1799. Dieser Beschluß wurde dann durch einen weiteren Beschluß vom 25. November 1799 noch weiter erläutert, dahin daß 1) in Betreff der Form und Zeit der Reclamirung und Intimation a. auf jedem ordentlichen Landtage, wenn der Tag der Wahlen bestimmt wird, auch der Tag bestimmt werden soll, bis zu welchem Reclamirungs- oder Receptionsgesuche nur angenommen werden sollen; b. sowie es bei Receptionsgesuchen schon festgesetzt ist, auch auf Reclamirungen auf demselben Landtage nichts weiter als nach Befinden die Intimation zum künftigen Landtage beschlossen werden kann, damit die regulativmäßigen requisita und Berechtigungen zur Reclamirung gehörig geprüft werden können; und c. soll, andere besondere Bestimmungen vorbehältlich, von den ritterschaftlichen Mitgliedern des Engern Ausschusses bei der etwa aufgetragen werdenden Intimation auf dem Ante-Comitialconvente die gewissenhafte Anzeige über die Zulassung und Uebereinstimmung derjenigen Requisitorum, welche nach dem Regulativ zu dieser Reclamirung berechtigen, gemacht werden; 2) ist der Ausdruck hundertjährige Ansässigkeit adeliger Voreltern nach richtigem Sprachgebrauch schon keiner Zweideutigkeit unterworfen, indessen will die Ritterschaft zum Ueberflusse und um alle Zweifel zu entfernen, ihre Meinung dahin declariren, daß nichts anderes, als hundertjährige Ansässigkeit adeliger Voreltern und zwar von dem Tage an zurückgerechnet, an welchem auf einem Landtage diese Reclamirung wirklich an und ad Protocollum gebracht wurde, gemeint sei."

Großherzoglich Mecklenb. Schwerinsches Rescript an die Ritter- und Landschaft vom 6. November 1841 (wesentlich gleichlautend auch von der Strelitzschen Landesregierung sub d. 7. November 1841). S. 1841.

Wenngleich Wir nach dem gegenwärtigen Stande der Verhandlungen über die zwischen einer Zahl bürgerlicher Gutsbesitzer und den Gutsbesitzern vom eingebornen und recipirten Adel — aus Veranlassung des bei den Engern Ausschuß-Wahlen im Jahre 1838 beobachteten Verfahrens — entstandenen Differenzen mit Unserer definitiven Entschließung über diese Angelegenheit annoch Anstand nehmen, so finden Wir Uns doch zur Sicherung eines geregelten Verfahrens bei den von Unsern jetzt versammelten getreuen Ständen vorzunehmenden Wahlen zum Engern Ausschuß und zu Klosterverwaltungsstellen bewogen, Unsern getreuen Ständen hierdurch zu eröffnen: daß nach dem Ergebnisse der bisherigen Verhandlungen und Nachforschungen in der gedachten Angelegenheit mindestens schon jetzt so viel unbezweifelt feststeht, daß die Gutsbesitzer vom eingebornen und recipirten Adel, abgesehen von deren durch den §. 167 des Landesvergleichs bestätigten Vorrechte der ausschließlichen passiven Wahlfähigkeit zu Landrathsstellen, seit einer langen Reihe von Jahren sich im Besitze der ausschließlichen passiven Wahlfähigkeit für die ritterschaftlichen Stellen des Engern Ausschusses, sowie — insoweit nicht Unsere Landschaft dabei landesvergleichsmäßig und herkömmlich zu concurriren hat, der ausschließlichen Verwaltung der Landesklöster und Besetzung der Klosterstellen, endlich auch des Rechtes, neue Mitglieder in ihre Corporation auf dem Landtage zu recipiren, befunden haben, es auch bei diesem Besitzstande einstweilen, bis im Wege einer demnächstigen definitiven Entscheidung oder gütlichen Vereinbarung etwa ein Anderes bestimmt werden sollte, das Bewenden behalten muß. Sowie Wir daher diesen Besitzstand aufrecht erhalten und schützen werden, so soll dagegen diese Unsere provisorische Bestimmung der definitiven Entschließung über diese Angelegenheit in keiner Weise präjudizirlich sein.

Großherzoglich Mecklenb. Schwerinsches Rescript an die Landtags-Commissarien vom 25. Novbr. 1841. T. 1841.

Wir haben nicht ohne Befremden die vermittelst Beschlusses der Landtagsversammlung euch zugestellte Protestation mehrerer bürgerlichen Gutsbesitzer gegen Unsern Erlaß vom 6. Novbr. und gegen die auf dem Wahltage vorzunehmenden Wahlen in den Engern Ausschuß, zur Klosterverwaltung und gegen die Receptionen entgegen genommen. Ihr habt diese Unsere Ansicht der Landtagsversammlung zu eröffnen und ihr zu erklären, wie Wir zwar stets bereit sein werden, einem jeden Unserer Unterthanen die Verfolgung seines Rechts zu gestatten, wie Wir aber ebenso gesonnen sind, Unsere landesherrlichen Befugnisse und Erlasse gegen jede Auflehnung aufrecht zu erhalten.

Es wird demnach Unsere reiflich geprüfte und wohlbegründete Bestimmung vom 6. Novbr. d. J. ohne Berücksichtigung der in unziemender Sprache und mit unangemessener Beurtheilung Unserer Erlasse abgefaßten Protestationen mehrerer bürgerlichen Gutsbesitzer, als Norm des landtäglichen Verfahrens gelten und von Uns auch außerhalb Landtägen mit allem Nachdruck in Kraft gehalten werden.

In Gemäßheit eines von beiden Landesregierungen gleichlautend an den E. A. der Ritterschaft erlassenen Rescriptes vom 29. Septbr. und resp. 13. October 1843, abzielend auf die verlangte Kenntnißnahme „von dem jetzigen Verfahren bei Receptionen unter den eingebornen und recipirten Adel", und die Einreichung eines specificirten Verzeichnisses sämmtlicher Gutsbesitzer „welche jetzt zu solchem Adel gehören", berichtete der E. A. unterm 16. Octbr. 1843:

Es hat bisher:

ad I. die Aufnahme unter den eingebornen Adel auf zweierlei Weise stattgefunden, nämlich durch Agnition und durch Reception im engern Sinne des Wortes und sind die Erfordernisse und Bedingungen verschieden, jenachdem die Aufnahme auf die eine oder andere Weise geschieht. — Beide erfordern zunächst die Nachweisung des Adels und kann

1) Die Agnition als zum eingebornen Adel gehörend nur dann verlangt werden, wenn entweder

a. die Ansässigkeit der Voreltern im Jahre 1572 — oder

b. die hundertjährige Ansässigkeit adeliger Voreltern in Mecklenburg mit einem Landgute und zwar von dem Tage an zurückgerechnet, an welchem auf einem Landtage der Antrag auf Agnition ad Protocollum gebracht wird,

genügend nachzuweisen ist.

2) Die Reception geschieht entweder

a. auf Antrag des zu Recipirenden — oder

b. ohne Antrag wegen besonderer Verdienste um das Vaterland.

In beiden Fällen müssen die zu Recipirenden, — und zwar die darauf Antragenden vor der Intimation, und die ohne Antrag zu Recipirenden vor der Ertheilung der Receptionsacte — eine Vereinigungsacte unterschrieben haben, wodurch die Verhältnisse worin sie treten im Allgemeinen bezeichnet und die Grundsätze der Agnitionen und Receptionen näher angegeben sind. Ferner ist ihre Ansässigkeit mit einem ritterschaftlichen Gute in Mecklenburg als Regel erforderlich, jedoch haben bei Receptionen propter bene merita auch einzelne seltene Ausnahmen stattgefunden wie z. B. zuletzt bei der Reception des Herrn Canzleidirector von Gülich im Jahre 1823, der für seine Person sofort, für seine männliche und weibliche Descendenz aber nur auf den Fall recipirt ist, wenn er sich oder diese sich mit einem ritterschaftlichen Landgute im hiesigen Lande ansässig machen würde. — Außerdem haben aber diejenigen, welche auf eigenen Antrag recipirt werden, an jedes der drei Landesklöster 500 Thlr. zu zahlen, wozu aber diejenigen nicht verpflichtet sind, welche aus eigener Entschließung des eingebornen Adels aufgenommen werden. Einzelne Ausnahmen sind durch besondere Umstände motivirt und hin und wieder diese Zahlungen ganz oder theilweise erlassen. —

Was nun

3) Das Verfahren, die Form der Aufnahme, betrifft, so ist solches folgendes:

a. Der Antrag auf Agnition oder Reception oder der Vorschlag zur Aufnahme propter bene merita ist auf einem allgemeinen Landtage innerhalb der an dem Wahltage bestimmten Frist zu Protocoll und zu dem nächsten Landtage für intimirt anzunehmen.

b. Bei Agnitionsgesuchen ist die Prüfung der erforderlichen Nachweisungen zuweilen dem ritterschaftlichen E. A., zuweilen aber auch besonders dazu ernannten Personen aus dem eingeb. Adel übertragen.

c) Auf dem Ante-Comitialconvente werden die Agnitions- und Receptionsgesuche wiederum vorgelegt und geschieht

d) an dem Wahltage in dem gesammten Pleno die Beschlußnahme über die Agnitions- und Receptionsgesuche, jedoch ohne Theilnahme der nicht zum eingebornen Adel gehörenden Mitglieder der Ritterschaft, sowie der Landschaft. Ueber Receptionen wird allemal per schedulas abgestimmt und entscheidet die Stimmenmehrheit für die Aufnahme oder Ablehnung. Bei Agnitionsgesuchen wird das Genügende der zu gebenden Nachweisungen geprüft und es erfolgt die Agnition wenn dieserwegen Alles vollständig vorliegt, weil das Vorhandenseln der Bedingungen zur Agnition solche von selbst zur Folge hat. Nur bei verschiedenen Ansichten über das Genügende der gegebenen Nachweisung kann eine Abstimmung erfolgen.

e) In Gemäßheit der auf dem Landtage beschlossenen Agnition oder Reception wird demnächst dem Agnoscirten oder Recipirten eine von den Landräthen und Landmarschällen ausgestellte Acte über die geschehene Agnition oder Reception ertheilt.

4) Ueber die Grundsätze, nach welchen Receptionen geschehen, sind keine besondern Bestimmungen vorhanden. Für Agnitionen normiren lediglich die factischen Umstände, die Abstammung von Vorfahren, welche im Jahre 1572 mit einem ritterschaftlichen Gute in Mecklenburg ansäßig gewesen sind, oder der ununterbrochene Besitz eines ritterschaftlichen Gutes von Seiten des zu Agnoscirenden und seiner Voreltern. — Receptionen propter bene merita können nur durch Verdienste, welche der zu Recipirende um Mecklenburg in irgend öffentlichen Beziehungen 2c. hat, motivirt sein und haben selbige nur den Grund zu solchen Aufnahmen abgegeben. Bei beantragten Receptionsgesuchen hat aber nur erwogen werden können, ob Gründe, sei es aus persönlichen oder sonstigen Rücksichten, vorhanden sind, welche für die Nichtaufnahme überwiegend erscheinen, was jedem Einzelnen bei Abgabe seines Stimmzettels zur eigenen Erwägung überlassen bleiben müssen. Zuweilen hat aber auch der Umstand die Aufnahme motivirt, daß dem Antragenden nur noch wenige Jahre an der Besitzzeit gefehlt, haben, die ihn zur Agnition berechtigen würde.

Das Vorstehende enthält das Verfahren bei Receptionen unter den eingebornen Adel, sowie solches in den neueren Zeiten stattgefunden hat und die dabei in Anwendung gekommenen Grundsätze. Zur Vollständigkeit und Nachweisung der Richtigkeit unserer vorstehenden ehrerb. Relation überreichen wir jedoch noch hiebei sub A. und B. Extracte aus den Landtagsprotocollen de 19. November ff. 1798 und de 19. November ff. 1799. sowie sub C. die am 3. December 1795 verfaßte und demnächst von allen Agnoscirten und Recipirten unterschriebene Vereinigungsacte, welcher später die vorerwähnten Extracte aus dem Landtagsprotocoll als Ergänzung beigefügt worden sind.

ad II. Ein specielles Verzeichniß sämmtlicher Gutsbesitzer, welche jetzt zum eingeb. oder recip. Adel gehören, haben wir zwar angefertigt und überreichen solches in der Anlage sub D, müssen hiebei aber ehrerbietigst bevorworten; daß dasselbe nicht als ein solches angesehen werden könne, was durchaus vollständig sei und den darin nicht aufgeführten die Angehörigkeit zum eingeb. oder recip. Adel abspreche. Wir haben bei diesem Verzeichnisse nämlich nur den diesjährigen Staatscalender und die Notificatorien E. K. H. Lehnkammer über Besitzveränderungen bei ritterschaftlichen Gütern in dem offic. Wochenblatte aus diesem Jahre grundleglich machen können und wäre es möglich, daß hiebei eine Uebergehung stattgefunden hätte oder ein Besitzer von uns als zum eingeb. Adel nicht gehörend angesehen worden, ohnerachtet er dazu gehört. Deshalb bitten wir submissest, daß Ew. Königl. Hoheit geruhen wollen, das Verzeichniß nur als ein solches anzusehen worin diejenigen Gutsbesitzer aufgeführt worden sind, die wir als zum eingebornen oder recipirten Adel gehörend nach den uns darüber vorliegenden Acten betrachten müssen.

V.
1843.

Schwerinsches Rescript an die Landtagscommissarien vom 4. November 1843.

Durch die in Folge Unseres Rescripts vom 26. Novbr. v. J. an die Landtagsversammlung in Malchin eingeleitete Verhandlung zur Vermittelung der Differenzen, welche in Unserer Ritterschaft zwischen den Gutsbesitzern vom eingebornen und recipirten Adel und den Gutsbesitzern bürgerlichen Standes obwalten, ist der beabsichtigte Zweck bedauerlich nicht erreicht worden, indem die am Schlusse des abschriftlich beikommenden Diariums vom 28. März d. J. vorbehaltenen Erklärungen von beiden Theilen ablehnend abgegehen sind.

— — — — — — — — — — — — — — — — — — — — — — — —

Inmittelst muß es bei den provisorischen Bestimmungen und dem Rescripte vom 6. Novbr. 1841 um so mehr das Bewenden behalten, als die denselben grundleglich gemachte Zweifellosigkeit thatsächlicher Verhältnisse noch jetzt fortbesteht. Zur Beseitigung aufgekommener Mißdeutungen jenes Rescripts erklären Wir jedoch ausdrücklich, daß so wenig die darin enthaltenen provisorischen Bestimmungen selbst, als die denselben untergelegten Gründe und die in dem Rescript gebrauchten Ausdrücke „Besitz" und „Besitzstand" den beiderseitigen vermeintlichen Rechtsansprüchen irgend etwas einräumen oder absprechen sollen.

W.
1843.

Schwerinsches Rescript an die Landtagsversammlung vom 23. November 1843 (ähnlich von Strelitz 25. November.)

Wir haben mit großer Befriedigung vernommen, daß die Gutsbesitzer vom eingebornen und recipirten Adel, um ihrerseits möglichst zur Beseitigung der in Unserer Ritterschaft entstandenen Zwietracht beizutragen, auf das bisher von ihnen ausgeübte Vorrecht der ausschließlich passiven Wahlfähigkeit zu den ritterschaftlichen Deputirtenstellen in dem Engern Ausschuß freiwillig verzichtet haben.

Indem Wir den patriotischen Gesinnungen, aus welchen dieser Beschluß hervorgegangen ist, Unsere landesherrliche volle Anerkennung nicht versagen können, wollen Wir demselben hierdurch Unsere Zustimmung und Bestätigung ertheilt haben.

Damit nun aber auch über Unsere landesherrlichen An- und Absichten in Ansehung der sonstigen, von den Gutsbesitzern eingebornen und recipirten Adels in Anspruch genommenen und bisher ausgeübten Vorrechte kein fernerer Zweifel obwalte, und den darüber entstandenen Differenzen so viel an Uns ist, ein Ende gemacht werde, so wollen Wir Uns im Nachstehenden bestimmt und vollständig über jene Vorrechte aussprechen.

1) So wie es bei der im §. 167 des Landesvergleichs grundgesetzlich festgestellten, ausschließlich passiven Wahlfähigkeit der Gutsbesitzer vom eingebornen und recipirten Adel zu den Landrathsstellen, wie sich übrigens von selbst versteht, das Bewenden behält, so leidet es auch keinen Zweifel, daß unter dem Ausdruck „eingeborner und recipirter Adel" nur der alte Mecklenb. Adel und der von diesem durch Agnition oder Reception in die Gemeinschaft seiner Rechte aufgenommene Adel verstanden werden muß.

2) So viel sodann die Landesklöster betrifft, so hat Uns eine wiederholte Prüfung die Ueberzeugung gewähren müssen, daß die desfallsigen, von dem eingebornen und recipirten Adel in Anspruch genommenen und seit einer sehr langen Reihe von Jahren ununterbrochen ausgeübten Vorrechte, denenzufolge, abgesehen von den bezüglichen Rechten der Landschaft die nicht zum eingeborenen und recipirten Adel gehörigen Mitglieder der Ritterschaft sowohl vom Genusse der Klosterstellen, als von jeglicher Theilnahme an der Administration der Klöster bisher ausgeschlossen gewesen, für wohlbegründet und den Verhältnissen entsprechend zu halten, daher Wir Uns nicht bewogen finden können, den auf Abänderung des bisherigen Zustandes gerichteten Forderungen der Gutsbesitzer bürgerlichen Standes nachzugeben, vielmehr landesherrlicher Seits die Aufrechthaltung des bisherigen Verhältnisses der Landesklöster schützen werden, ohne jedoch irgend Jemand an der Geltendmachung seiner vermeintlichen Ansprüche im Wege Rechtens verhindern zu wollen.

3) Den Gutsbesitzern vom eingebornen und recipirten Adel verbleibt unbeschadet Unsers landesherrlichen Oberaufsichtsrechts — nach wie vor die Befugniß, nach Befinden auch andere adeliche Personen und Familien in herkömmlicher Art durch Agnition oder Reception zur Gemeinschaft an dem, dem eingebornen und recipirten Adel ausschließlich zustehenden Rechte aufzunehmen.

Schließlich behalten Wir Uns ausdrücklich vor, nach zuvoriger Berathung mit den Gutsbesitzern vom eingebornen und recipirten Adel, Zwecks bestimmter Begrenzung und Feststellung der demselben zustehenden vorgedachten Berechtigungen und deren Ausübung, ein landesherrliches Reglement zu ertheilen.

Schwerinsches (gleichl. Strelitz) Rescript an die Landtagscommissarien vom 14. November 1844. X. 1844.

In Unserm Rescripte an den vorigjährigen Landtag vom 23. Novbr. 1843 in Betreff der Differenzen zwischen den Gutsbesitzern vom eingebornen und recipirten Adel und den bürgerlichen Gutsbesitzern ist die Ertheilung eines Reglements Zwecks bestimmterer Begrenzung und Feststellung der Rechte des eingeborenen und recipirten Adels nach zuvoriger Berathung mit den Deputirten des letzteren vorbehalten worden.

Diese Berathung hat nun zwar stattgefunden, jedoch nur zu der Ueberzeugung geführt, daß es der Ertheilung eines solchen förmlichen Reglements nicht bedarf. Im Uebrigen behält es bei dem Inhalte des oberwähnten Rescripts in allen sonstigen Punkten lediglich das Bewenden und wird das Corps des eingebornen und recipirten Adels von der Ritterschaft hiedurch wiederholt als zur Ausübung der in jenem Rescripte namentlich aufgeführten Vorrechte in bisheriger Art berechtigt von Uns anerkannt.

Y. Landtag von 1844 9. December.

1844. Herr Obrist von Bassewitz auf Schimm, Herr Kammerherr von Plessen auf Dolgen, Herr Geh. Justizrath von Oertzen auf Leppin gaben zu Protocoll:

Wir erlauben uns, den Vorschlag zu machen, daß das Corps des eingeb. und recipirten Adels von der Ritterschaft die nachstehenden Modificationen der bei Agnitionen und Receptionen geltenden Bestimmungen, wie solche in dem Berichte des ritterschaftlichen E. A. ad Summ. Sermum. v. 16. Decbr. 1843 sich angegeben finden, auf dem gegenwärtigen Landtage zu dem Ende für intimiret annehmen möge, damit darüber auf dem nächsten Landtage ein Beschluß des eingeb. und recip. Adels von der Ritterschaft gefaßt werde.

1) Wenngleich es den im Lande angesessenen adelichen Personen nach wie vor freistehen würde, durch Nachweisung der bisherigen Erfordernisse, insonderheit also auch durch Nachweisung einer hundertjährigen ununterbrochenen Ansässigkeit ihrer Familien mit einem ritterschaftl. Gute in Mecklenb. ihre Agnition zum Meklenb. Adel zu bewirken, so würde daneben nunmehr bestimmt, daß eine fünfzigjährige ununterbrochene Ansässigkeit adeliger Personen mit einem und demselben Gute in Mecklenb., wobei die Besitzzeit adeliger Ascendenten oder auch solcher adeliger Vorgänger im Besitze, welche derselben Familie angehören und denselben Namen führen, mit angerechnet würde, genügen solle, um den Anspruch auf Agnition zu begründen.

2) Denjenigen adeligen Personen, welche als solche in den Besitz eines ritterschaftl. Gutes in Mecklenburg, über welches von einem verstorbenen Vorgänger im Besitze ein landesherrlich bestätigtes, dauerhaftes Familienfideicommniß errichtet worden succedirt sind, würde ein Anspruch auf Agnition in den eingeb. Adel auch dann zugestanden, wenn das Gut noch nicht funfzig Jahre in der Familie gewesen sein sollte.

3) Für die Zukunft würde überall, wo es auf Nachweisung des Adels in Agnitions- oder Receptions-Angelegenheiten ankommt, in Zweifelsfällen nur derjenige Adel anerkannt, welcher dem zu Zeiten des deutschen Reichs vom Kaiser verliehenen Adel gleich zu achten und solle es um dies zu entscheiden, auf die ausdrückliche Anerkennung beider allerdurchl. Landesherrn und nur auf diese ankommen.

4) Bei Receptionen würde das Erforderniß der Unterschrift der Vereinbarungsacte d. d. 3. Decbr. 1795 für die Zukunft aufgehoben. Ausnahmen von der Regel, nach welchen nur mit einem ritterschaftlichen Gute angesessene Männer von Adel recipirt werden können, sollen künftig nicht stattfinden.

5) In Rücksicht sonstiger Erfordernisse bei Agnitionen sowohl als Receptionen, nicht minder wegen des dabei zu beobachtenden Verfahrens, würden die Bestimmungen der darüber bestehenden Beschlüsse und das Herkommen zwar im Uebrigen bei Bestand bleiben, jedoch würde in Zukunft von jeder erfolgten

Agnition oder Reception beiden allerdurchl. Landesherrn die Anzeige zu machen sein.

6) Die Berechtigungen, welche durch die nach diesen Bestimmungen künftig erfolgenden Agnitionen und Receptionen ertheilt werden, würden, wie sich von selbst versteht, ganz dieselben sein, welche dem eingeb. und recip. Adel zustehen; — was aber die Einschreibung von Töchtern in die drei Landesklöster betrifft, so würde der Landtagsbeschluß vom 28. Novbr. 1822, wonach die weiblichen Nachkommen der künftig in den Mecklenb. eingeb. Adel zu Recipirenden nur dann in die Klöster eingeschrieben werden können, wenn ihre Väter einen Grundbesitz oder ein Domicilium in Mecklenb. haben oder zur Zeit ihres Todes gehabt haben, auch auf diejenigen Familien und deren Töchter zur Anwendung zu bringen sein, deren Agnition oder Reception überhaupt von nun an erfolgen wird.

— Auf diesen Vortrag beschloß das Corps des eingeb. Adels die Intimation zum nächsten Landtage, obwohl mehrere bürgerliche Gutsbesitzer und die Landschaft dagegen protestirten, und auf dem Landtage des Jahres 1845 wurde der Antrag selbst trotz eines ähnlichen Protestes, dem sich nun auch die Stadt Rostock anschloß, durch einen Beschluß „der Ritterschaft vom eingeb. und recip. Adel" angenommen. 1845.

(Zehntes Sendschreiben p. p. S. 137 f.)

Auf dem L. T. v. J. 1845 gaben am 5. Decbr. drei adelige Mitglieder der Ritterschaft zu Protocoll: Z. 1845.

Es sind am 26. v. Mts. verschiedene Dictamina theils v. S. der verehrlichen Landschaft, theils v. S. der Herren Deputirten der Stadt Rostock, theils von zahlreichen Mitgliedern der Ritterschaft, welche nicht zum eingeb. Meckl. Adel gehören, zum L. T. Protoc. gekommen, worin Verwahrungen gegen die Anerkennung des eingeb. und recip. Adels als einer besonderen Corporation niedergelegt sind. Der eingeb. und recip. Mecklenb. Adel hat nie etwas anderes behauptet, als daß ihm, abgesehen von einem freiwillig aufgegebenen Rechte, diejenigen Berechtigungen zustehen, welche er von je her öffentlich ausgeübt hat und welche nicht bloß auf Landtagen seit unvordenklicher Zeit sondern auch von landesherrlicher Seite durch das Rescript vom 23. Novbr. 1843 und zwar sub 1, 2 und 3 speciell und ausdrücklich anerkannt worden sind. Diese Berechtigungen nimmt der eingeb. Adel nicht als eine besondere Corporation in Anspruch, sie sind vielmehr von der Beschaffenheit, daß sie denjenigen Mitgliedern der Ritterschaft, welche zum alten Mecklenb. Adel oder zu dem von diesem durch Agnition oder Reception in die Gemeinschaft seiner Rechte aufgenommenen Adel gehören und zwar der Gesammtheit dieser Berechtigten zustehen. Sowie es nun einerseits nothwendig eines Ausdruckes bedarf, um die Gesammtheit dieser mit einigen besonderen Berechtigungen von je her versehenen Mitglieder der Ritterschaft zu bezeichnen, — in welcher Hinsicht der eingeb. Adel durch einige seiner Mitglieder ohne Widerspruch der übrigen bereits auf dem L. T. 1844 öffentlich zum L. T. Protoc. erklärt hat, daß alle zu jenem Zweck gebrauchten Bezeichnungen für gleichbedeutend zu achten seien, — so würde andererseits bei diesen vorliegenden bestimmten Erklärungen die Meinung, als beabsichtige der eingeb. Adel aus dem hin und wieder auch gebrauchten Ausdruck „das Corps des eingeb. und recip. Adels von der Rittersch." neue, bis dahin nicht behauptete Rechte abzuleiten, nicht zu erklären sein, wenn nicht in dieser Hinsicht durch Druckschriften Verdächtigungen gegen den eingeb. Adel verbreitet wären, deren Motive und sonstige Beschaffenheit hier nicht erörtert werden sollen.

Die Einheit und Unzertrennlichkeit der Mecklenb. Ritterschaft ist ein wesentlicher Bestandtheil unserer angestammten Landesverfassung und es mag dem unparteiischen Richterspruch der Geschichte überlassen bleiben, welche Bestandtheile der Ritterschaft sie begründet, befestigt, gegen schwere Stürme der Zeiten aufrecht erhalten haben. Durch eine Verschiedenheit einzelner Berechtigungen der älteren und neueren Elemente wird sie nicht beeinträchtigt, wohl aber durch eine Gesinnung, die das von Alters her überlieferte Recht nicht achtet.

Indem wir nun noch bestimmter, als es von irgend einer Seite geschehen kann, gegen diese Neuerung innerhalb der einen und unzertrennlichen Mecklenb. Rittersch. protestiren und dagegen, daß man den eingeb. Adel als eine besondere von der Rittersch. getrennte Corporation ansehe, wiederholte Verwahrung niederlegen, fügen wir, was die von jeher und auch auf dem gegenwärtigen Landtage ausgeübte Receptions- und Agnitionsberechtigung betrifft nur Folgendes hinzu:

Dem eingeb. und recip. Adel steht, wie auch durch das allerh. großh. Meckl. Schw. Resc. v. 23. Novbr. 1843 und durch ein gleichlautendes großh. Meckl. Strel. allerh. Rescr. mit Vorbehalt des landesherrlichen Oberaufsichtsrechtes anerkannt ist, die Befugniß zu: nach Befinden auch andere adelige Personen oder Familien in herkömmlicher Art durch Agnition oder Reception zur Gemeinschaft an den dem eingeb. und recip. Adel ausschließlich zustehenden Rechten aufzunehmen. Nach dem notorischen Herkommen sind auch die Modalitäten der Ausübung jener Befugniß stets auf öffentlichem Landtage von Seiten der Berechtigten, nöthigenfalls durch Stimmenmehrheit, näher bestimmt worden. Und da durch diejenigen Beschlüsse, welche in Hinsicht der, Inhalts der 5. Proposition des ritterschaftl. E. A. intimirten Punkte auf dem gegenwärtigen Landtage gefaßt sind, etwas Weiteres nicht enthalten, als die Bestimmung solcher Modalitäten, und die Möglichmachung des freilich bisher nicht ausgeübten landesherrl. Oberaufsichtsrechtes, dessen Anerkennung aber durch sich selbst gerechtfertigt erscheint, so muß auch jeder entfernte Schein, als ob der eingeb. Adel Berechtigungen erstrebe, die er herkömmlich und verfassungsmäßig nicht gehabt habe, dahinschwinden.

Ebensowenig kann von einer Beeinträchtigung mitständischer Rechte durch das Receptionsrecht des eingeb. Adels die Rede sein. Der §. 147 des L. G. G. E. V. bekräftigt das Herkommen in Rücksicht der Art, wie bei den auf Landtagen vorfallenden Handlungen gestimmt wird, und der §. 167 begründet für den eingeb. und recip. Adel ein bestimmtes rechtliches Verhältniß. Daß aber die Worte „von dem eingeb. und recip. Adel", welche daselbst gebraucht sind, keinen andern Sinn haben können, als eine Beziehung auf die schon damals seit langer Zeit öffentlich ausgeübte Befugniß des eingeb. Adels, Receptionshandlungen auf Landtägen vorzunehmen, kann überall nicht zweifelhaft sein. — — — — — —

(Zehntes Sendschreiben p. p. S. 168—171.)

# Beilage Nr. 22.

## Auszüge aus dem Landesgrundgesetzlichen Erbvergleich von 1755.

### Dritter Artikel.

### Von den Klöstern und deren sowohl, als der übrigen Landgüter Rechten und Steuer-Pflichten.

§. 121.

Die drei Klöster, Dobbertin, Ribnitz und Malchow, sollen bei ihrer Consistenz und bei ihren Rechten, wie darunter die Reversales vom Jahr 1572, Art. 4 und das Herkommen Maaße geben, gelassen und geschützet werden.

§. 122.

Der Ritter- und Landschaft bleibt auch die Wahl, Bestellung und beliebige Veränderung der Provisorum und Beamten unbenommen, und sollen sowohl die bereits erwählte und ernannte, als die künftig zu erwählende und zu ernennende Kloster-Provisores und Hauptleute, jetzt und künftig allemal unweigerlich und unaufhältlich, gewöhnlichermaaßen Landes-Fürstlich bestätiget werden, und wenn die gesuchte Bestätigung binnen Jahr und Tag nicht erfolget, sollen selbige eo ipso pro confirmatis geachtet sein.

§. 123.

Die von der Landesherrschaft bishero nicht abgenommenen Rechnungen dieser dreyen Klöster, sollen nach Inhalt vorangezogener Reversalen, von Uns und den Ritter- und Landschaftlichen Deputirten aufgenommen, auch solcher Gestalt alle Jahr gefertiget und abgeleget werden.

§. 124.

Unsrer erb-unterthänigen Stadt Rostock, und den übrigen Städten Unsrer Lande, bleiben ihre respective, den Reversalen, dem Herkommen, und mit der Ritterschaft getroffenen Vergleich gemäße Gerechtsame, in Ansehung der beiden Klöster Dobbertin und Ribnitz, in ihrem ganzen Umfang, mithin auch der Ritterschaft ihre Jura an dem Kloster zum heiligen Kreuz zu Rostock, hiemit ausdrücklich gewahret und beibehalten.

§. 125.

Es hat auch bei dem, auf dem Landtage zu Güstrow am 14. Novbr. 1737 zwischen Ritter- und Landschaft getroffenen Schluß in Ansehung der Städtischen Theilhabung an den Klöstern, sein Bewenden; Jedoch mit dieser Erklärung: Daß den Landstädten über die, in dem Kloster Dobbertin habende drei Plätze zur vollen Hebung, noch sechs Plätze zur halben Geldhebung, als zweene in dem Kloster Dobbertin, zweene in dem Kloster Ribnitz, und Zweene in dem Kloster Malchau, jede zu Sechszig Reichsthaler jährlichen Einkommens, jedoch weiter nichts, mithin weder Wohnung noch Victualien, hiemit verordnet werden. Wogegen sich die Städte hiedurch verbindlich machen, daß sie ferner und zu ewigen Zeiten unter keinerlei Vorwand, mehrere Stellen in allen dreien Klöstern, es mögen dieselben vermehrt oder verbessert werden, verlangen, noch sich sonstige Jura als sie bishero exerciret, anmaaßen, und also in Ansehung der Wahl der Provisorum und Klosterhauptleute auch bei Aufnahme der Klosterrechnung, sowie bishero bei Dobbertin, also auch in gleicher Maaße und nicht weiter, bei den Klöstern Ribnitz und Malchau, concurriren wollen.

§. 131.

Im übrigen wird hiemit den Klöstern, der Ankauf und die Erwerbung mehrerer Landgüter, es sei aus adelichen oder städtischen Dörfern, ohne vorhergängigen Landes-Fürstlichen ausdrücklichen Consens, und der gesammten Ritter- und Landschaftlichen Einwilligung, von nuñ an bis zu ewigen Zeiten, gänzlich benommen.

§. 132.

Jedoch soll ihnen frei bleiben, Permutationes zu treffen, und mit den ersparten Geldern auswärts liegende Gründe anzuschaffen.

§. 133.

Und gleich wie sie bei ihren jetzigen Gütern, Dörfern, und Besitzthümern, in der Eigenschaft wie sie solche erworben, nochmals bestätiget sein sollen; Also werden hingegen alle künftige Acquisitiones der Klöster an liegenden Gründen und Gütern innerhalb Landes, jetzt als dann, und dann als jetzt, vernichtiget.

§. 134.

Doch soll, im Fall von den jetzigen Klostergütern, insonderheit des Klosters Ribnitz, einige reluiret werden sollten, den Klöstern, und besonders dem Kloster Ribnitz freistehen, mit dem Gelde andere Güter innerhalb Landes an sich zu bringen, wozu nöthigen Falls, der Landesfürstliche Consens, nicht geweigert werden soll.

§. 135.

Auch wollen Wir und Unsere Successores Uns eines juris primariarum precum, für Uns oder Unsere Fürstliche Gemahlinnen, an gesammten Klöstern nimmermehr anmaßen, noch dasselbe begehren. Was insonderheit das Kloster Ribnitz betrifft, so wird der im Jahre 1669 den 18. September desfalls getroffene Vergleich, hiemit, ganzen Inhalts, wiederholet und bestätiget.

§. 136.

Und wollen Wir demselben zu Folge Unsern Lehnsherrlichen Consens, dem Kloster Ribnitz sowohl zu dem angekauften Gute Wulfshagen, als zu dem, bis auf Dreizehn Tausend Thaler annoch zu acquirirenden Gute, ohne Erlegung einiger Canzlei- oder anderer Gebühren, ertheilen, und solches pro allodio, ohne alle Reservation, erklären.

§. 137.

Im übrigen werden die Klöster, die Eigenthümer und Besitzer der übrigen vorbenannten Güter, wie von Alters her, zu Landtägen nicht verschrieben, noch gestattet, sondern die Klöster und deren Güter werden von der Ritter- und Landschaft, und die Oerter des Rostock'schen Districts von der Stadt Rostock, auf Landtägen und sonst vertreten.

## Vierter Artikel.

### Von der Union der Landstände.

§. 138.

Dieweil Unsere Ritter- und Landschaft nicht nur in einer natürlichen Verbindung stehet, sondern selbige auch im Jahre 1523 in eine unzertrennliche Union getreten ist. So bleibt dieselbe unter gesammter Ritter- und Landschaft nach wie vor, in ihrer unwandelbaren verbindlichen Kraft und Wirkung. Gestalt Wir sie dahin, wie in dem Hamburgischen Vergleich vom 8. Merz 1701 geschehen, hiemit abereinst anerkannt und bestätiget haben wollen.

§. 139.

Es verstehet sich also die Landes-Union theils von der Verbindung der Provinzen unter sich, theils von der Verbindung der Landstände, nämlich der Ritterschaft und der Städte, in Ansehung ihrer selbst, unter einander.

§. 140.

Was die Verbindung der Provinzen unter sich betrift; So so soll die Union dahin vestgesetzet und verstanden werden, daß die Eingesessene von Ritter- und Landschaft in Unsern Herzogthümern Schwerin und Güstrow, mit Inbegrif der Ritter- und Landschaft des Stargardischen Crayses, in einer unverrücklichen Gleichheit an Rechten, Privilegien, und Gerechtigkeiten, bestehen, und gelassen werden; der Gestalt, daß obgedachte drey Crayse, nach einerley Gesetzen, Landes-Ordnungen, und Verträgen, zu regieren, mithin in solcher Gleichheit und Gemeinschaft wie am Hofgericht und Consistorio, so auch an den Land-Tägen, und gesammten Contributionali, nicht weniger an den Landes-Clöstern, nach Innhalt des oberwehnten Hamburgischen Vergleichs vom 8. März 1701 §. 8, 9 und 10, folglich an allen anderen Rechten, Vorzügen und Freyheiten, einander in allen gemeinen Anliegenheiten und Nothfällen, mit Rath und That, nach rechtlicher Ordnung, sich untereinander zu vertreten und beyzustehen haben sollen und mögen.

§. 141.

Anlangend die Union der Ritterschaft und der Städte unter ihnen selbst; So soll dieselbe in unverrücklicher Gemeinschaft und Theilnehmung an allen, der Ritter- und Landschaft zustehenden Gerechtsamen und Befugnissen bestehen, solchermaßen: daß die Stadt Rostock sowohl, als die übrige Städte an ihrer Concurrenz zu den Land-Tägen, zum Hofgericht, und Engern-Ausschuß, zu den Clöstern, und überhaupt zu allen Ritter- und Landschaftlichen gemeinsamen Rechten und Pflichten, nach wie vor, dem Herkommen gemäß, nirgend beeinträchtiget, zurückgesetzet, oder ausgeschlossen werden sollen.

§. 142.

Wie denn auch ein Stand, ohne Zuziehung und Einwilligung des andern, eine Verbindung über gemeinsame Rechte zu treffen, nicht befugt seyn, allen Falls aber solche für null und nichtig geachtet werden soll.

## Fünfter Articul.

### Von Land-Tägen.

§. 145.

Land-Täge wollen Wir, wie von jeher gebräuchlich gewesen, alle Jahr anordnen und ausschreiben, damit Theils das alljährige Contributions-Wesen Vergleichsmäßig eingerichtet, Theils in Ansehung der künftigen Reichs- Crayß- und Princeßin-Steuern, jedesmahl das Gehörige reguliret, Theils über die nöthig befundene und zu erlassende allgemeine Landes-Contributiones berathschlaget, und endlich alles dasjenige, was unter dem Nahmen von Landes-Angelegenheiten oder Beschwerden vorkommen möchte, durch Landes-Fürstliche Erledigung abgethan werden könne.

§. 146.

Die Land-Täge sollen der Gestalt allgemein bleiben und angeordnet werden, wie es der Hamburgische Vergleich vom 8. März 1701 §. 8 vorschreibet, als welchem Wir nachzugehen, hiemit in Gnaden versprechen.

§. 147.

Gestalt dem zu Folge, alle und jede eingesessene Landstände aller dreyer Crayse zu den Land-Tägen durch Landes-Fürstliche Ausschreiben berufen, und auf den Land-Tägen, dem Herkommen gemäß, bey den, darauf vorfallenden Handlungen, ohngehindert, Stand und Stimme haben und behalten sollen.

---

# Beilage Nr. 23.

## Verhandlungen des Rostocker Convocationstages vom Jahre 1808 und Vergleich über die Klöster vom Jahre 1809 nebst dessen landesherrlicher Ratification.

A. Die Convocationstagsproposition vom 1. Septbr. 1808 stellte neben der allgemeinen Revision der Landesverfassung auch die gänzliche Vertilgung mehrerer Uebel und die Verbesserung mancher besonderer Einrichtungen als zeitgemäß und nothwendig hin, und führte in letzterer Beziehung unter anderen Punkten besonders auch die „angemessene Verfügung über die Klöster zur Erleichterung des allgemeinen Bedrucks" an. (Ditmar Sammlung 2c. Bd. I. S. 21.)

Bekanntlich gingen die Landstände auf diese ganze Proposition wenig oder gar nicht ein, insbesondere übergingen sie auch den Punkt wegen der Klöster in ihrer Antwort vom 8. Septbr. gänzlich mit Stillschweigen.

Darauf folgte die Fürstliche Resolution vom 10. Septbr., in welcher es heißt: „Was aber die Klöster anbetrifft, so ist das eine Sache, die vorzüglich nur das directe Interesse derjenigen angeht, welche bisher im unbezweifelten Genusse der Klöster sind. Eine landesherrliche Revision ihrer zeitherigen Verwaltung möchte vielleicht jetzt eben so zweckmäßig, als legal sein, und wenn gleich Serenissimus von dem, aus dem ehemaligen Reichs-Deputations-Schluß, Ihnen zustehenden Rechte nach Ihren landesväterlichen Gesinnungen so wenig jetzt Gebrauch machen mögten, als Sie es bisher gethan haben; so wird dennoch ein angemessenes Opfer für ihren Landesherrn auf dem Altare des Vaterlandes, in diesen bedrängten Zeiten, darzubringen, diesem frommen Institute keineswegs unanständig sein." (Ditmar a. a. O. S. 39.)

B. Die Antwort der Stände auf diese Resolution ging, wie in vielen anderen Punkten, so auch in Betreff der Klöster aus einander.

In der privativen ritterschaftlichen Antwort (30. Septbr.) heißt es: „I. Gewärtigen Ew. Herzogl. Durchl. sofort zur Erleichterung Höchstihrer Finanzen eine Summe von 80,000 Thlr. Da indirecte Quellen fehlen, und durch die sonst nöthigen Aufbringungen die directen Quellen völlig erschöpft werden, so setzt die höchste Erwartung die treugehorsamste Ritterschaft besonders deshalb in den tiefsten Kummer, weil sie derselben zu entsprechen, die Mittel in sich nicht zu finden weiß. Sollten die drei Landesklöster hier ins Mittel treten, so wird dies bei den Meinungen von ihren Reichthümern vielleicht ein verächtliches Opfer scheinen, — und doch kann es, wenn die Vorsehung nicht bald einen günstigen Wandel der Conjuncturen lenkt, sehr fühlbar werden. Die Klöster haben Capitalien bei dem Landkasten, sie sind aus den Einschreibegeldern der Exspectivirten und durch Erlegnisse für Aufnahmen in die berechtigten Familien entstanden. Diese anwachsenden Capitalien zu Schätzen anschwellen zu lassen, wäre unverantwortlich gewesen; sie wurden belegt und zur Vermehrung und Verbesserung der Hebungen angewandt, eine Pflicht gegen diejenigen, die für diesen Genuß eine manchen wohl lästige Ausgabe machten. Die zeitigen Unglücksfälle des Landes drücken auch schwer die Klöster. Mit Durchzügen und Plünderungen sind die Besitzungen der Klöster Dobbertin und Malchow heimgesucht worden, nicht bloß Pächte sind ausgefallen, auch nicht beizutreiben, sondern auch Unterstützungen für Bauern und Unterthanen nothwendig geworden. Die Etats aller drei Klöster sind hart angegriffen, und die Dauer dieser unglücklichen Zeitumstände läßt die Nothwendigkeit fürchten, doch endlich durch Einziehung der jüngeren Hebungen die Bedürfenden zu bekümmern. Das Kloster Dobbertin mögte sich zu besseren Zeiten erholen können, wenn der Absatz des Holzes wieder eröffnet ist; bis dahin kränkelt es auch an den Wunden, die es durch den Ruin der Pächter und Bauern litt. Dies sind die Quellen, woraus ein Opfer zu nehmen ist; sie werden sich so darlegen, wenn Ew. Herzogl. Durchlaucht die Rechnungsaufnahme durch höchste Commissarien verordnen. Die Ritter- und Landschaft wünscht es, und hofft dabei eine milde Verschonung mit den Kosten dahin, daß, wie nur immer üblich in Klöstern gewesen, diesen nichts weiter als die Defrayirung zur Last falle. Dann werden Ew. Herzogl. Durchl. Höchstsich überzeugen, daß 80,000 Thlr. ein großes Opfer ist, welches die Ritterschaft besonders aus den Klöstern auf den Altar des Vaterlandes bringen würde. Die Stellen und Hebungen der Landschaft sind von der Ritterschaft garantirt und können keinen Abbruch leiden, also opfern die Berechtigten von der Ritterschaft viel, die Sorgfalt für ihre Kinder, — der Abhülfe der Sorgen Sr. Herzogl. Durchl."

Nun folgt ein Vorbehalt wegen der Nicht-Theilnahme der Ritterschaft des Stargardischen Kreises, „Ihr Beitritt, wenigstens ihre Genehmigung, ist gleich nothwendig wie die unsrige, denn sie theilen mit uns gleiche Gefahr am Ausgehen der Hebungen für die unsrigen, und die Garantie an die Städte, die uns desto bedächtlicher machen muß, jemehr dieser Zuverlaß auf Garantie einige Repräsentanten Ew. Herzogl. Durchl. Städte vermogt hat, mit Ausgelassenheit die Anziehung der Klöster bis zur Vernichtung zu votiren, ohngeachtet ihnen mit uns die Vertretung der Klöster vom Gesetz zum gewissenhaften Beruf gelegt ist, und sie die Umstände und das Unvermögen der Klöster so gut kennen, als wir, und als Ew. Herzogl. Durchl. es bald Höchstselbst kennen werden. Um daher die Berechtigung der Ritter- und Landschaft Stargardischen Kreises nicht aus den Augen zu verlieren, und die Klostervorsteher des Klosters Dobbertin, welche ihnen mit vereidet und verpflichtet sind, über die Befolgung unsers einseitigen Auftrages sicher zu stellen, bitten wir Ew. Herzogl. Durchl. ehrerbietigst, bis zur erfolgenden Genehmigung der Ritter- und Landschaft Stargardischen Kreises, diese Leistung des Klosters Dobbertin von 80,000 Thlr. n. ²/₃ mit etwanigen Umsatzkosten als eine Anleihe an Ew. Herzogl. Durchl. ganzes Land anzusehen, von welchem Ew. Herzogl. Durchl. diese sofortige und provisorische Erleichterung Höchstihrer Finanzen erwarteten."

Demnächst wird nun noch ein hierauf lautender bündiger Revers erbeten und daneben nicht bloß die zuversichtliche Hoffnung, sondern auch die flehentlichste Bitte ausgesprochen, nunmehr auch gewiß „die Alterirung des wohlerworbenen Besitzes und der Ritter- und Landschaft überwiesenen

Administration der Klöster niemals geschehen zu lassen." (Ditmar a. a. O. S. 607—610.)

C. Dagegen spricht sich die Landschaft in ihrer privativen Antwort (1. Octbr.), in Betreff der Abhülfe des interimistischen Finanzbedürfnisses und Herbeischaffung der verlangten 80,000 Thlr., zwar ebenfalls dahin aus: sie sehe zur Aufbringung dieser Summe kein anderes Mittel, als eine schon vorläufige Anziehung der Landesklöster, — sie fährt aber alsdann fort:

„In Gemeinschaft mit der geehrten Ritterschaft also, mit welcher sie ungeachtet ihres minderen pecuniären Interesse dennoch das Recht der Administration dieser Stiftungen ohne irgend eine denkbare Zurücksetzung theilt, wird sie die Kräfte derselben und das Maß der in deren Etats hiedurch bevorstehenden Erschütterung fordersamst prüfen lassen und nach Maßgabe dieser Prüfung sich über die Art der wirklichen Uebernahme dieser versprochenen Summe hoffentlich zum gnädigsten Beifall Ew. Herzogl. Durchl. erklären. Nach der mit der Ritter- und Landschaft des Stargardischen Kreises bestehenden Union aber und nach dem unstreitigen Anrechte derselben an diese Landesklöster, setzt sie deren Einwilligung in dieses Opfer voraus" u. s. w. (Ditmar a. a. O. S. 621.)

D. In Bezug auf diese Erklärungen sprach sich nun der Convocationstagsabschied vom 4. October 1808 dahin aus:

Sr. Herzogl. Durchl. nehmen es gnädigst gerne an: — — — — — — —
2) daß die Landesklöster außerdem Ihrer Renterei eine, ihren näher zu untersuchenden Kräften angemessene Hülfe aus den sich ergebenden Ueberschüssen leisten, vorläufig aber zu den dringendsten Bedürfnissen des Augenblicks 80,000 Thlr. mit den etwanigen Umsatzkosten für dieselbe verwenden sollen. — Der Wunsch, die brüderliche Eintracht mit dem Stargardischen Kreise zu erhalten, hat Ihren gnädigsten Beifall, und Sr. Herzogl. Durchl. werden dazu beitragen, was sich für Sie geziemet, Sie können nicht vermuthen, daß die aus diesem Kreise zu einer Theilnahme an den, in Sr. Herzogl. Durchl., unsers gnädigsten Herrn, Landen belegenen Klöstern Berechtigte gegen die billigen Beiträge der Klöster etwas einwenden werden; wäre es aber möglich, so genehmigen und bestätigen Sr. Herzogl. Durchl. die Deckung ihrer Ritter- und Landschaft wegen der 80,000 Rthlr. in der vorgeschlagenen Maaße, und behalten Sich sodann überhaupt wegen der Klöster das Weitere bevor. (Ditmar a. a. O. S. 51 u. 56 f.)

E. An diese Vorverhandlungen schließt sich nun folgende, landesherrlich ratificirte Vereinbarung wegen der Landesklöster, — in welche auch die Ritter- und Landschaft des Stargardischen Kreises mit einbegriffen erscheint. (Ditmar Samml. B. I. S. 171—173.)

Wir Fr. Fr. v. G. G. S. H. z. M. 2c.

Urkunden und bekennen hiemit für Uns und Unsere Nachfolger, regierende Herzoge zu Mecklenburg, gegen Jedermann: demnach zwischen Unserm Ministerio und dem Ritter- und Landschaftlichen Bevollmächtigten, Landrath von Vieregg, über den weitern Besitz, Genuß und die Administration der drei Landesklöster Dobbertin, Malchow und Ribnitz nach bisherigem Herkommen, unterm zwei und zwanzigsten April Eintausend Achthundert und Neun die nachfolgende Vereinbarung, bis auf Unsere höchste Ratification, verabredet und vollzogen worden:

Zwischen den Endesunterschriebenen, von Sr. Durchlaucht dem regierenden Herzog zu Mecklenburg, ihrem souverainen Fürsten und gnädigsten Herrn, dazu besonders beauftragten Ministern, und dem Landrath v. Vieregg, als dazu von

R. und L. gehörig Bevollmächtigten, ist wegen der drei Landesklöster Dobbertin, Malchow und Ribnitz folgendes, unter Voraussetzung und Vorbehalt höchster Genehmigung, verabredet und festgesetzet worden:

§. 1. Nachdem, mit Zustimmung der R. und L. aus dem Vermögen der Klöster 80,000 Rthlr. N. $^2/_3$, zur Beihülfe des Abtrags einer während und wegen der letzten Kriegs-Drangsale contrahirten Schuld, gegeben und verwandt worden sind, auch

§. 2. um Sr. Herzogl. Durchl. eine neue Gelegenheit zu verschaffen, verdienstvollen Herzogl. Bedienten, deren Töchter Statutenmäßig nicht in die Landesklöster kommen können, Ihre Gnade zu beweisen, von R. und L. in den genannten drei Landesklöstern vier ganze und zwei halbe Hebungen in baarem Gelde, also ohne Wohnung und Naturalien, jede der ersteren zu Zweihundert und Funfzig Rthlr. N. $^2/_3$, und jede der letzteren zu Hundert und Fünf und zwanzig Rthlr. N. $^2/_3$, von Johannis dieses Jahres exclusive an, fundiret sein werden;

§. 3. So geruhen Sr. Herzogl. Durchl. nicht allein diese patriotischen und legalen Anerbietungen gnädigst zu erkennen und anzunehmen, sondern Sie wollen auch Sich alles Ihnen aus dem letzten Reichs-Deputations-Schlusse zustehenden Rechtes auf die Klöster aus Landesherrlicher Zuneigung dergestalt begeben, daß Sie Ihrer getreuen Ritter- und Landschaft den Besitz und Genuß, auch die Administration derselben in der bisherigen Maaße hiedurch zusichern; und Sich nur

1) Die freie Disposition über die nach §. 2 neu errichteten Stellen, und
2) Ihr unumschränktes Landesherrliches Recht der Oberaufsicht über die Klöster vorbehalten.

§. 4. In Folge dessen wollen Sie fördersamst, und demnächst, so oft Sie es für nöthig finden werden, durch eine Commission den Zustand der Klöster und ihre Administration nachsehen lassen, um sich von der Zweckmäßigkeit derselben zu überzeugen.

§. 5. Alles dieses wird von R. und L. für die zu den Klöstern herkömmlichen Berechtigten, unterthänigst angelobt und angenommen.

Urkundlich dessen, haben sowohl die beiden Herzogl. Minister, als der zu diesem Geschäft von R. und L. deputirte Landrath v. Vieregg auf Steinhausen, diese Vereinbarung eigenhändig unterschrieben und besiegelt.

Ludwigslust den 22. April 1809.

A. G. v. Brandenstein. L. H. v. Plessen.

Adam Otto Vieregg.

Daß Wir darauf die gedachte vorstehende in Fünf Paragraphen verfassete Vereinbarung alles Inhalts wissend und wohlbedächtlich genehmiget und ratificiret haben, auch Kraft dieses völlig und in bündigster Form genehmigen und ratificiren, mithin zu Unserm Theile auf das genaueste zu erfüllen für Uns und Unsere Nachfolger an der Regierung Uns verbindlich machen.

Zu Urkund dessen haben Wir diese Unsere Ratification nicht nur eigenhändig unterschrieben und mit Unserm aufgedrucktem Herzoglichen Insiegel bekräftigen lassen, sondern solche ist auch von Unserm Sohne, des Erbprinzen Durchlaucht und Liebden, vollzogen worden.

Gegeben auf Unserer Vestung Schwerin, d. 25. April 1809.

Fr. Fr.

Fr. Ludwig.

# Beilage Nr. 24.

## In dem (Landesherrlich herausgegebenen) Entwurf des Staatsgrundgesetzes für das Großherzogthum Mecklenburg-Schwerin (1848)

lautete

Art. 120:

Allen Stiftungen ohne Ausnahme, sie mögen für kirchliche Zwecke, für den Unterricht oder die Wohlthätigkeit bestimmt sein, wird der volle Besitz und Genuß ihres Vermögens und Einkommens zugesichert. Dasselbe steht unter dem besonderen Schutze des Staats und darf zum Staatsvermögen nicht eingezogen werden.

Würde der ursprüngliche stiftungsmäßige Zweck sich nicht mehr in seinem ganzen Umfange oder doch nicht mehr in zeitgemäßiger Weise erreichen lassen, so ist es zulässig, das stiftungsmäßige Vermögen zu einem andern Zwecke zu verwenden, jedoch muß dieser Zweck ein ähnlicher sein und kann die Verwendung nur mit Zustimmung der betheiligten Privatpersonen und Gemeinden und sofern Anstalten in Betracht kommen, welche das ganze Land angehen, nur mit Zustimmung der Abgeordneten-Kammer geschehen.

Die Motive bemerken hiezu das Folgende:

Eine specielle Berücksichtigung erfordern die Beziehungen der Ritter- und Landschaft zu den drei Landesklöstern, welche aus den Reversalen vom 2. Juli 1572, Art. 4 originiren. Es kommen hier in Betracht:

1) die Verwaltung der Landesklöster, und

2) deren Nutzung.

Was zunächst das Recht der Ritter- und Landschaft in Bezug auf die Verwaltung anlangt, so äußerte sich dasselbe dahin, daß unter Vorbehalt der Landesherrlichen Bestätigung und des obersten Aufsichtsrechtes der Ritter- und Landschaft die Befugniß zustand, die Klostervorsteher zu ernennen und über die geführte Verwaltung sich Rechnung ablegen zu lassen, auch die Grundsätze, nach denen die Verwaltung zu führen sei, festzustellen.

Mit der Auflösung der Ritter- und Landschaft wird das Subject der fraglichen Befugniß hinwegfallen, welche entschieden der Classe der öffentlichen Rechte angehört und niemals diesen Character verloren hat. Dieselbe muß dorthin zurückgehen, woher sie ihren Ausgang genommen und steht somit zur Disposition des Staats.

Die von den Mitgliedern des eingebornen und recipirten Adels bisher geübte Prärogative der passiven Wahlfähigkeit zu den Stellen der Klostervorsteher ist eine aus dem Rechte der Ritter- und Landschaft abgeleitete Befugniß, deren Wirksamkeit sich nicht weiter erstrecken kann, als das Recht, von welchem sie abgeleitet worden ist, und die daher ihre bisherige Bedeutung ebenfalls verliert, ohne daß es einer Untersuchung darüber bedarf, ob die fragliche Prärogative im Bereiche der landständischen Verfassung wirklich zu Recht beständig gewesen sei. Es ist dies um so zweifelloser, als dieselbe niemals von den Mitgliedern des eingebornen und recipirten Adels, als solchen, in Anspruch genommen worden ist, sondern auf der wesentlichen Voraussetzung des Besitzes der Landstandschaft beruhte, an welcher Qualität es fortan ermangelt und deren bisheriges Erforderniß den sichersten Beweis liefert, daß die mehrgedachte Befugniß unter einen privatrechtlichen Gesichtspunct sich nicht bringen läßt.

In Betreff der Nutzungsfrage sind zu unterscheiden:

a) die Rechte derjenigen, welche im Besitze von Klosterhebungen sich befinden, so wie derjenigen, welche in dem bisher verfassungsmäßigen Wege darauf eingeschrieben worden sind,

b) die Rechte der Ritter- und Landschaft,

c) die Rechte der Familien des eingebornen und recipirten Adels.

ad a. Die hier genannten Rechte können nur der Classe der wohlerworbenen Privatrechte beigezählt werden, woraus folgt, daß sie ihre Geltung behalten müssen, da die Sicherung der Privatrechte einer der Hauptzwecke eines Rechtsstaates ist.

ad b. Die Rechte der Ritter- und Landschaft können dagegen aus keinem andern Gesichtspuncte als demjenigen des öffentlichen Rechts beurtheilt werden. Es sind nämlich Ritter- und Landschaft von jeher nur politische Stände gewesen, und es ist nicht nachzuweisen, daß Ritter- und Landschaft die doppelte Qualität, einmal von politischen und zweitens von privatrechtlichen Corporationen inne gehabt haben, dergestalt, daß mit dem Hinwegfallen jener ersteren Qualität die letztere von Bestand bleiben müsse.

Abgesehen nun davon, daß von Ritter- und Landschaft derartige Ansprüche gar nicht erhoben worden sind, so hat auch für den größeren Theil der Ritterschaft das fernere Bestehen eines privatrechtlichen Corporationsverhältnisses überall kein Interesse und stellt sich dasselbe geradezu als zweckwidrig dar, zumal mit dem Aufhören der Landstandschaft der Begriff eines Hauptgutes alle staatsrechtliche Bedeutung verliert und mit den Grundsätzen einer Repräsentiv-Verfassung es nicht zu vereinbaren ist, an den bloßen Erwerb von Grundbesitz, dessen Theilung und Verkleinerung die neue Verfassung freigiebt, privatrechtliche Bevorzugungen zu knüpfen.

Der Fortbestand der Landschaft, als privatrechtliche Corporation, ist rechtlich noch weniger haltbar. Denn nicht zu gedenken, daß die den Gemeindeverfassungen unterzulegenden Grundsätze solches nicht zulassen, so haben auch unzweifelhaft die einzelnen Mitglieder der Magistrate die Landstandschaft nicht in Folge einer besonderen privatrechtlichen Erwerbung, sondern als Ausfluß ihrer amtlichen Stellung geübt, und es können die mit der Landstandschaft verbundenen öffentlichen Rechte nicht in das Gebiet des Privatrechts übergehen.

ad c. Was nun aber die von den Familien des eingebornen und recipirten Adels behaupteten Rechte in Bezug auf die Nutzung der Landesklöster anlangt, so gewährt die Untersuchung darüber, ob dieselben als bevorzugte Standesrechte, nach dem bisherigen Rechtsstaate begründet gewesen oder nicht, keinen Nutzen, indem sie als solche, in dem neuen Rechtsstaate nicht fortbestehen können.

In Betracht kommt jedoch, daß die Betheiligten die Nutzung der Landesklöster als ein ihnen zuständiges Privatrecht in Anspruch genommen haben und da wenigstens so viel vorliegt, daß jene Nutzung in keinem unmittelbaren Zusammenhange mit der Ritterschaft und dem politischen Rechte der Landstandschaft gestanden, indem Mitglieder von nicht ansässigen Familien dazu concurrirten, so wird die Staatsgewalt sich nicht für befugt halten dürfen, derselben den Charakter eines Privatrechts von vorneherein abzusprechen, wohingegen auf der andern Seite zu einer förmlichen Anerkennung der privatrechtlichen Qualität eben so wenig ausreichende Gründe klar ermittelt vorliegen. Die Gerechtigkeit erfordert demnach, daß die Entscheidung dieses zweifelhaften Verhältnisses durch richterlichen Spruch erfolge und es wird der Staat der Ausmachung der Sache im Wege Rechtens sich nicht zu entziehen haben.

Die bloße Anmeldung zu Klosterstellen ist begreiflicher Weise nicht auszuschließen. Es werden aber bis zur ausgemachten Sache bestimmte Anrechte daraus nicht erwachsen können und je nach dem Ausfall der richterlichen Entscheidung wird die weitere Verfügung über die drei Landesklöster, in Beihalt der durch die neue Verfassung hinsichtlich der Stiftungen festzustellenden Bestimmungen, eine verschiedene sein müssen. Auf alle Fälle aber vernothwendigt sich für die Folge eine solche Verfügung in Betreff der von der Landschaft benutzten Hebungen, so wie derjenigen vier ganzen und zwei halben Hebungen, worüber nach §. 2 der Vereinbarung vom 22. April 1809 der Landesherrschaft die Disposition zusteht und werden die von der Staatsgewalt zu treffenden Anordnungen sich gleichfalls auf das Kloster zum heiligen Kreuz in Rostock zu erstrecken haben, da dasselbe in Ansehung seines im Jahre 1584 festgestellten Zweckes derselben Beurtheilung unterliegt, indem es zur christlichen Auferziehung und Erhaltung inländischer Jungfrauen bestimmt worden ist.

Im Anschlusse an diese Auffassung der staatsrechtlichen Verhältnisse verordnete das Einführungsgesetz zum Staatsgrundgesetz v. 10. Oct. 1849 in seinem zweiten Artikel das Nachstehende:

Folgende Behörden, zu denen die Landstände bisher concurrirt haben:

1) die dirigirende Commission des Landarbeitshauses,
2) die Commission zur Visitation und Revision der Landes-Receptur-Casse,
3) die Schuldentilgungs-Commission,
4) die Militair-Districtsbehörden,
5) die Recrutirungsbehörden,
6) die für die Eisenbahn und einzelne Chaussee- und Wasserbauten, so wie für die Entwässerung von Ländereien bestellten Expropriations-Commissionen,
7) die Administration der Landesklöster

bleiben einstweilen in Function und ressortiren zu den durch die Verordnung über die Organisation der höchsten Staatsbehörden bezeichneten Ministerien.

während die Ausübung sonstiger bisheriger landständischer Rechte im ganzen Bereiche der Landesverwaltung nach Art. 3 und 4 sofort auf die Ministerien übertragen wurde und übertragen werden mußte, wie z. B. die Verwaltung des Landkastens, der Landes-Receptur-Casse u. s. w. Des ritterschaftlichen Creditvereins, der ritterschaftlichen Brandcasse, des städtischen Brandcassenwesens, des landschaftlichen Rathswittwennstituts — geschieht hier überall keine Erwähnung, wie denn dazu wohl auch schwerlich eine genügende Veranlassung vorlag.

# Beilage Nr. 25.

In den dem außerordentlichen Landtage zu Anfang d. J. vorgelegten „Grundzügen zu einer Modification der bestehenden Landesverfassung" lautet der §. 26 wörtlich folgendermaßen:

Die Ritter= und die Landschaft bleiben als Privat=Korporationen für ihre korporativen Angelegenheiten, z. B. Klostersachen, Kreditvereine, städtisches Brandcassenwesen bei Bestande.

Die Verwaltung dieser Angelegenheiten verbleibt den Verbänden der Ritter= und Landschaft, bzw. den interessirenden Mitgliedern derselben nach Maßgabe des bestehenden Rechtes.

Hierüber äußert sich der vorgelegte Comittenbericht, wie nachsteht:

Der §. 26 nimmt Bezug auf verschiedene korporative Angelegenheiten der Ritterschaft und der Landschaft, — rücksichtlich welcher beim Aufhören der Landstandschaft für diese beiden Stände die unmittelbare Verbindung, in welche solche Angelegenheiten bisher mit den Landtags= oder Convents=Verhandlungen gesetzt waren, nicht ferner aufrecht erhalten werden kann, — welchen aber die Unverletzlichkeit, wie sie wohlerworbenen Rechten gebührt, auch ferner zu gewährleisten ist, wenngleich die äußere Organisation dafür künftig in theilweise andere Formen sich kleiden und sich neu gestalten muß.

Hierfür bedurfte es einer allgemeinen Wahrung, ohne für die bestehenden Rechte durch deren Legalisirung in diesen Grundzügen etwas hinzuzuthun oder ihnen etwas zu entziehen. Die Kommitte ist von der Meinung ausgegangen, daß die Fassung des §. 26 dies nicht mit der nöthigen Schärfe erkennen lasse; und gestattet sie sich den Vorschlag, daß der Inhalt dieses Paragraphen vielmehr nachstehend formulirt werde:

Ritter= und Landschaft verwalten ihre gemeinsamen — beziehungsweise privativen — korporativen Angelegenheiten ohne Theilnahme des Landtags. Insbesondere bleiben die Rechtsverhältnisse der zu diesen Angelegenheiten gehörenden Klöster, des Kreditvereins, der ritterschaftlichen Brandcasse, des landschaftlichen Raths=Wittwen=Instituts ꝛc. unverändert.

GPSR Compliance

*The European Union's (EU) General Product Safety Regulation (GPSR) is a set of rules that requires consumer products to be safe and our obligations to ensure this.*

*If you have any concerns about our products, you can contact us on ProductSafety@springernature.com*

In case Publisher is established outside the EU, the EU authorized representative is:

Springer Nature Customer Service Center GmbH
Europaplatz 3
69115 Heidelberg, Germany

**Batch number: 10844675**

Printed by Printforce, the Netherlands